LA BORRACHERA

Breve etnografia sull'uso e abuso di alcool
nella città di Sicuani e nella Provincia di
Canchis, Perù

MARCO GASPARI

INDICE

INTRODUZIONE

L'attitudine umana a consumare alcool attraverso bevande trattate e rese commestibili al palato, è sempre stata oggetto di studio e di speculazione intellettuale da parte di studiosi, filosofi, letterati, storici, poeti.

Vizio, medicamento del corpo e dell'anima, strumento per accedere a stati alterati di coscienza, ritualizzato, de-ritualizzato, amato, oltraggiato, proibito, accompagna da sempre la storia dell'uomo. Che se ne usufruisca sotto forma di birra (che è la sostanza alcolica più antica di cui si è trovata traccia[1]) distillato, vino o altro, poco importa: le bevande a base di alcool sono sempre state presenti nella storia del bipede che ha conquistato la terra. I modelli di uso (e molto spesso di abuso) possono differire secondo un ventaglio di possibilità molto ampio. A seconda dell'approccio personale versus la sostanza di chi consuma, ma anche in riferimento ad altre variabili: comunitarie, sociali, storiche, culturali, politiche. Popoli, nazioni, etnie,

---

[1] Durante numerosi scavi nell'alto e basso Egitto, numerosi archeologi hanno rinvenuto anfore di terracotta che presumibilmente furono utilizzate per conservare bevande a base di mais o orzo fermentato: le verifiche effettuate con la tecnica del radiocarbonio le hanno datate in un periodo compreso fra 1000 e 1200 A.C.

hanno sviluppato molteplici e differenti grammatiche d'impiego. Il peso della tradizione e della cultura è preponderante: riti e particolari modelli di approccio all'uso appresi in maniera "naturale", spesso già in età adolescenziale, tramandate di padre in figlio, strutturano e creano delle vere e proprie "culture dell'alcool" (e del conseguente abuso alcolico).

Il sociologo A. Cottino[2] nel suo libro, ha così suddiviso i principali *patterns* culturali di approccio alle sostanze alcoliche:

1) Quelli contraddistinti dalla presenza della cosiddetta "cultura del vino", tipica di paesi come Italia, Francia ma anche di Argentina, Cile, Uruguay[3] (per tali paesi è stato coniato il termine sociologico "mangiatori di vino").

2) Quelli legati ad approcci di esposizione più tesi alla ricerca dell'ebrezza (Spagna e la cultura della Sangria, Portogallo).

---

[2] Cottino A., *"Le culture dell'alcool: sociologia del bere quotidiano fra teoria e intervento"*, Franco Angeli, Milano, 1992.

[3] Queste tre nazioni, benché collocate geograficamente in America Latina hanno sviluppato approcci di uso più vicini al modello di Italia e Francia, dovuto anche all'elevato numero di emigranti (in particolare dall'Italia) arrivati ai primi del Secolo XIX.

3) Quelli collegati a situazioni climatiche e sociali particolari dove è preminente la "cultura del pub" (Australia, Belgio, Canada, Germania, Olanda, Regno Unito e Irlanda, USA, Canada), anch'essi spesso teatro di ricerca dell'ebrezza.

4) Quelli connessi in modo totale a situazioni climatiche estreme (Russia, Scandinavia, Est Europa), dove l'alcool sembra avere una funzione "riscaldante".

5) Quelli caratterizzati da una ritualità quasi esasperata dell'atto, tipica dell'Estremo oriente (Cina, Coree, Giappone.)

6) Quelli legati alla cultura della canna da zucchero, in particolare nella zona caraibica e in alcune aree del centro e Sudamerica (Brasile, Cuba, Giamaica, Messico.)[4] Anche questo è un approccio tendente all'estasi alcolica.

7) Infine, quelli, legati alla cultura della *borrachera,* tesi all'ottenimento dell'estasi alcolica (America Latina, in particolare nell'area andina, con l'esclusione delle aree urbane di Argentina, Cile e Uruguay). Tali modelli di utilizzo ancora oggi sono sovente associati

---

[4] Il Brasile pur essendo situato geograficamente in America latina ha sviluppato una cultura dell'approccio all'alcool che lo accomuna all'area caraibica.

alla componente indigena di tali paesi, rinforzando e mantenendo in voga il vecchio stereotipo dell'*indio borracho*, vecchio di cinque secoli.

Come affermato anche dallo stesso autore, tale lista è da considerarsi assolutamente incompleta e frutto di un'elaborazione teorica: è importante non prendere le presenti descrizioni dei modelli come un dato assoluto. I confini fra le differenti culture del bere sono oggi molto più mobili e impermeabili. Il consumo di birra nel mediterraneo e nel mondo è in netto aumento (ne sono prova, il fenomeno dei birrifici artigianali nel nostro paese) così come quello di cocktail a base di super alcolici, mentre diminuisce il consumo di vino in tutta Europa e aumenta nelle Americhe.

Alcuni anni fa, addetti ai lavori e giornalisti (in particolare operatori pubblici e privati di servizi per le tossicodipendenze italiani) spesero fiumi d'inchiostro nel descrivere il fenomeno del *binge drinking*, evento particolarmente legato alla *movida* del venerdì e sabato sera nelle principali città italiane: le grammatiche di consumo sono rappresentate (perché permane, pur avendo perso da qualche tempo le prime pagine dei giornali) da modalità di approccio all'alcool tese unicamente al raggiungimento dello stato estatico messe in atto solo nei fine settimana fra ragazzi che solitamente non bevono vino a pasto in famiglia[5]. Questo fenomeno è antropologicamente interessante perché unisce fra loro modelli di consumo culturalmente e geograficamente distanti: nordico nella scelta delle sostanze (quasi mai vino ma sempre super alcolici e birra) declinato versus modalità più mediterranee di utilizzo, come il bere sociale in luoghi aperti. I confini sono sempre in continua ridefinizione.

Nell'area geografica scelta dallo scrivente per portare a termine l'indagine etnografica, l'America Latina andina, il modello più diffuso di approccio all'alcool è quello legato *alla borrachera*[6]: grammatiche di consumo che presuppongono un uso quasi sempre eccessivo e teso al raggiungimento dell'ebrezza, spesso circoscritto all'interno di momenti di festa, denominati *"Compromisos"*. Le sostanze d'elezione sono, in particolare nell'America Andina, comunemente, rappresentate da super alcolici, *cerveza* (birra), e improbabili, e molto nocive per la salute, miscele fra alcool metilico e bevande fruttate usate per tagliarlo. Totalmente assente o quasi il vino, misconosciuto

---

[5] Come evidenziato dal lavoro di ricerca effettuato dallo scrivente negli anni 2005/2006 sul consumo di alcool fra i giovani in due zone genovesi.

[6] *"Borrachera"* è una parola spagnola che indica letteralmente ubriacatura e ubriacarsi.

in questi luoghi. Approcciare dal punto di vista antropologico e culturale un fenomeno come quello testé descritto non è semplice, ma credo sia possibile, e oggi, assolutamente necessario. "L'antropologo è come un salmone", ripeteva nelle sue lezioni Francesco Remotti, riferendosi alla necessità per chi fa ricerca, di ripercorrere a ritroso, le consuetudini, le *routines*, le regole apprese in maniera semi-incoscia di compiere determinati atti. Di fare cultura. Di fare antropopoiesi.

Cogliere, per quanto possibile, l'origine culturale e storica della *borrachera andina* è stato il principale l'obiettivo della mia indagine: ho cercato di "risalire la corrente della cultura e della storia" alla ricerca di nessi e di collegamenti fra i modelli di uso storici e attuali. Cercare di comprendere non significa giustificare o sottovalutare un fenomeno davvero troppo complesso come quello dell'uso/abuso di alcool. Non ho inteso in nessun modo, sottostimare il pericolo, che questi comportamenti hanno per la salute degli individui. Scorrendo questo lavoro, il lettore non potrà non accorgersi della grande importanza che per me hanno avuto, i dati strettamente medici reperiti presso l'ospedale pubblico di Sicuani. Dati che ho provato, spero con successo, a interpretare e rileggere alla luce del mio disegno di ricerca. Il tema dell'abuso di alcool, con cui ho cominciato l'introduzione, è sempre stato scarsamente sondato in chiave antropologica: spesso davanti all'urgenza socio-sanitaria, si è preferito non perdere troppo tempo a indagare gli aspetti meramente culturali di tale fenomeno. Le truppe di medici, psicologi, assistenti sociali e educatori si sono spesso dimenticati di arruolare gli antropologi come alleati sul campo nelle loro "campagne d'inverno". Sembra giunto il momento di colmare queste distanze.

Questo lavoro di ricerca mi ha offerto l'opportunità di dimostrare come anche l'antropologia culturale possa essere utilizzata nella comprensione di questo fenomeno complesso e ubiquo, senza che se ne snaturi la sua essenza. Il fatto che questo avvenga in una cittadina peruviana a 3600 di altitudine e non a Genova o in Italia, dove per almeno otto anni ho avuto modo di occuparmene, è la reificazione pratica dell'importanza del *"giro più lungo"*[7]. La speranza professionale era rientrare da questo "viaggio alcolico" fra le

---

[7] Aime M., *"Il primo libro di antropologia"*, Einaudi, Torino, 2008, pag. 22. M. Aime riflette sull'importanza per chi fa ricerca sul campo di tipo etnografico, di uscire dalla propria cultura di appartenenza e andare ad osservare i significati di altre culture differenti: questo allontanarsi può aiutare a rileggere la propria di cultura utilizzando i termini di paragone appresi negli altri contesti, rilevandone in questo modo, aspetti prima non messi in rilievo. In sostanza è solo allontanandosene che a volte si riesce a comprendere appiano il contesto in cui si vive.

Ande peruviane, arricchito di strumenti, visioni, conoscenze e buone pratiche apprese *"sotto altri cieli"*, di *enfrentamiento*[8] a questo complesso fenomeno, da poter poi applicare, ovviamente rivisitate e tradotte, anche ai nostri contesti, ormai sempre più multiculturali[9].

---

[8] Contrasto in lingua spagnola.

[9] Nella città di Genova, risiede la più gande comunità ecuadoriana fuori dall'America Latina, circa 25. 000 persone, oltre a 7.000 peruviani circa (dati 2015, Comune di Genova).

PREMESSE E STRUTTURA DELL'OPERA

La Paz, Bolivia, sei della mattina del lunedì: corpi inerti, devastati da ore e ore di abuso alcolico iniziato molte ore prima, giacciono esanimi per strada o adagiati sopra gli scheletri di metallo del mercato della domenica, ancora montati. Puno, Perù, ore 23 della sera, celebrazione della *Candelaria*[10]: stormi di uomini totalmente ubriachi vagano senza meta nel centro cittadino, orinando ovunque. Sicuani, Perù, ordinaria domenica di festa, tardo pomeriggio: provenienti dai vari bar o *peñas* [11] del centro cittadino si odono in maniera chiara, urla e schiamazzi vari, inconfondibili segni di riconoscimento di fantastiche orge etiliche che termineranno non prima della sei di mattina del giorno dopo.

Un invisibile *fil rouge,* collega fra loro tutte le mie

---

[10] Il festival della *Candelaria* si tiene ogni anno a Puno, capitale folkloristica del Perù: dal 2010 è stata inserita fra i patrimoni immateriali dell'Unesco. Durante le due settimane di festa, tutte le scuole di danza della regione sfilano nelle vie principali. La proclamazione della scuola vincitrice viene fatta invece nella giornata di chiusura, solitamente l'ultima domenica di celebrazioni all'interno dello stadio cittadino. Ogni anno attira da 500 mila, al milione di visitatori da tutte le parti del mondo.

[11] Tipica taverna andina.

esperienze latino americane[12]: l'osservazione del fenomeno della *borrachera*, rilevato sia in Bolivia, sia in Argentina[13] sia in Perù: un modello di approccio all'alcool teso esclusivamente al raggiungimento dell'ebrezza alcolica, in particolare fra gli uomini, confinato all'interno di eventi sociali denominati *Compromisos[14]*.

La scelta di utilizzare il bagaglio scientifico recentemente acquisito, frutto del mio percorso di studi in Antropologia Culturale, per comprendere le grammatiche di consumo osservate nei contesti latinoamericani è datata fine estate

---

[12] Ho vissuto quasi un anno in Bolivia nel 2001/2002, dove ho prestato la mia opera di operatore sociale volontario all'interno di un progetto/intervento di scolarizzazione a favore di bambini-lavoratori operanti nella grande discarica a cielo aperto di El Alto/La Paz; ho trascorso un periodo di due mesi nel *Centro de salud y accìon comunitaria* n° 24 Eva Peron situato nel recinto geografico dell'omonima *Villa Miseria* a Buenos Aires, occupandomi in particolare di violenza di genere, tutto all'interno del progetto d'intercambio per operatori sociali chiamato *CIF international;* dal gennaio 2012 al 31/12/2015 sono stato referente unico di un intervento di supporto professionale nell'ambito dei servizi sociali presso la città di Sicuani, Perù, per conto dell'associazione italiana assistenti sociali senza frontiere

[13] In particolare nelle zone povere di Buenos Aires (*Villas*) fra gli immigrati di origine boliviana e peruviana.

[14] La parola significa impegno, in realtà all'interno dei contesti di uso e abuso il significato attribuitole è totalmente differente.

2013.

Teatro e laboratorio ideale dove realizzare "un'etnografia dell'abuso alcolico" sulla Ande, la città peruviana di Sicuani: scelta dettata da una serie di considerazioni, che provo ad elencare:

- precedente conoscenza del contesto da parte dello scrivente e possibilità di trovare l'appoggio logistico necessario per realizzare progetti del genere. La piccola città peruviana è stata, dal gennaio 2012 al dicembre 2015, sede di un progetto/intervento di cooperazione allo sviluppo messo in atto dell'associazione assistenti sociali senza frontiere (quest'aspetto verrà approfondito nel corso del primo capitolo).

- nel corso del primo e unico studio di fattibilità datato ottobre-novembre 2011 (eseguito dallo scrivente) teso a individuare eventuali target d'intervento e spazi di collaborazione futuri fra l'associazione ASSF[15] e i committenti dell'intervento[16], l'abuso di alcool era emerso come una fra le problematiche principali della

---

[15] Assistenti sociali senza frontiere.

[16] Il R.P. Don Luciano Ibba e il gruppo di operatori sociali e volontari a lui facenti capo.

17

città e della provincia dove ipotizzare e prevedere azioni di tipo preventivo.

- la città peruviana (situata fra i 3600 m della parte "urbana" e i 4300 m delle zone montane più impervie) rappresenta uno stimolante laboratorio antropologico in quanto interessata da almeno dieci anni, da processi di forte cambiamento culturale in atto e da tensioni fra istanze di modernità e istanze di mantenimento delle tradizione.

- la città e la provincia si trovano al centro del cosiddetto "trapezio andino"[17], culturalmente connotato come una delle zone a più alta percentuale di *quequa* puri dell'intero Sudamerica. Solo in quest'angolo di mondo era possibile osservare da vicino il fenomeno della *boracchera,* modello di approccio all'alcool specifico dell'America Latina Andina[18].

Questo lavoro di ricerca, ha rappresentato una sorta di

---

[17] Viene chiamata trapezio andino l'area geografica ad altissima percentuale indigena incuneata fra Cuzco e Puno in Perù e La Paz in Bolivia.

[18] Cottino A., *"Le culture dell'alcool: sociologia del bere quotidiano fra teoria e intervento"*, Franco Angeli, Milano, 1992.

progetto "cerniera" che ha unito, idealmente, le mie precedenti esperienze sul campo in progetti di cooperazione e sviluppo nell'ambito dei servizi sociali in area latinoamericana, ai miei successivi studi in Antropologia Culturale ed Etnologia presso l'Università di Torino, non dimenticando le varie esperienze genovesi di lavoro nell'ambito delle dipendenze. L'obiettivo scientifico prevalente di questa etnografia, era approfondire in maniera dettagliata uno degli aspetti problematici già riscontrati e osservati a Sicuani e in tutta la provincia di Canchis nel ottobre-novembre 2011: il consumo-uso-abuso di alcool in particolare fra uomini e adolescenti.

La mia ipotesi di partenza era dimostrare che il forte consumo di alcool nell'area oggetto della ricerca, svolgesse la funzione di "anestetico naturale" a situazioni di povertà, sia economica sia culturale (questa declinata non tanto e non solo come assoluta e "oggettiva", ma connessa a fenomeni di perdita e modificazione della cultura di appartenenza).

Tramite interviste ad attori significativi, utili nel fornirmi preziose indicazioni sul fenomeno, osservazioni di campo e raccolta di materiale scientifico sull'argomento, ho cercato di comprendere se fosse possibile individuare e tracciare un nesso di causa ed effetto fra uso/abuso e appunto situazioni di povertà economica e perdita di identità culturale.

19

Dal punto di vista strettamente antropologico questo è stato un lavoro di ricerca incuneato fra tre filoni di studio specifici:

- **Antropologia della violenza**: la violenza sembra essere una caratteristica intrinsecamente connessa all'uso/abuso di alcool, sembra esservi associata in svariati modi: l'alcool ha sempre funzionato come fattore detonante. Inoltre la società peruviana e in particolare quella andina sembrano essere immerse da secoli in un "brodo" culturale intriso di violenza e sopraffazione che colpisce in particolare la sua componente più povera, quella indigena e campesina. La donna rappresenta la base di questa scala della violenza, all'interno del recinto india-campesina-donna. Quest'orientamento e filone di studio antropologico approfondisce come la violenza in tutte le sue manifestazioni, entri nei processi di costruzione della persona in contesti culturali e geografici precisi (come quello andino).

- **Antropologia della povertà**, intesa in senso molto ampio. Povertà non solo economica, ma anche culturale (intesa come perdita ed erosione costante delle caratteristiche culturali indigene e *campesine*).

Ripeto quanto detto per l'antropologia della violenza: compito del ricercatore che svolge lavoro sul campo in quest'area, è quello di approfondire come la povertà, struttura e plasma l'essere umano, partendo dall'osservazione di fenomeni quotidiani o extra quotidiani (come l'uso/abuso di alcool).

- **Antropologia applicata/dello sviluppo,** considerato che questo tipo di ricerca si situa (ed è bene non dimenticarlo) all'interno di una cornice d'intervento di cooperazione allo sviluppo in atto già da alcuni anni, quella dell'Associazione ASSF[19]. La problematica dell'uso/abuso di alcool era già stata evidenziata come uno dei target d'intervento dai risultati del primo studio di fattibilità effettuato in loco dallo scrivente nell'ottobre/novembre 2011. L'Antropologia dello sviluppo è quel settore dell'Antropologia applicata che ha come obiettivo specifico quello di tradurre con parole indigene, il linguaggio spesso assolutamente etnocentrico della cooperazione, in molte occasioni, intraducibile per i

---

[19] Assistenti sociali senza frontiere.

destinatari dell'intervento. Inoltre l'antropologia applicata può essere impiegata anche per risolvere problematiche locali (come quella del consumo dell'alcool appunto) utilizzando strumenti culturali indigeni, attraverso un'attualizzazione, traduzione e rimodulazione di concetti, idee, azioni culturalmente condivise a livello comunitario, identitario e sociale. Infine era interessante sperimentare nella prassi, quello che sia F. Remotti sia M. Aime chiamano "il giro più lungo". Come spesso per riuscire a capire e analizzare in modo migliore fenomeni complessi nel nostro contesto, sia utile andare ad osservarli anche" sotto altri cieli". Per verificare se davvero come ha affermato Geertz che "*i problemi sono comuni ma le risposte diverse e ciò che le differenzia non è altro che la cultura*". Dopo la presente premessa e l'introduzione, lo sviluppo del seguente lavoro seguirà in questa maniera:

- **Nel primo capitolo** ho inquadrato il contesto della ricerca da svariati punti di vista (geografica, storico, sociale) e riportato brevemente alcune parti dello studio di fattibilità effettuato nell'ottobre/novembre 2011 dallo scrivente per

22

conto dell'associazione assistenti sociali senza frontiere; in relazione a quanto detto, si inserisce la testimonianza di un' attore chiave: il missionario italiano R.P. Luciano Ibba che descrive magistralmente i cambiamenti e le problematiche ad essi collegate, avvenuti nella città negli ultimi quattordici anni.

- **Nel secondo capitolo** ho esposto la cornice teorico/concettuale della ricerca cercando di far capire quali chiavi di lettura o *passe-por tout* ho utilizzato per cercare di comprendere i fenomeni osservati; altresì ho fornito elementi utili a capire sia il disegno sia l'attualizzazione pratica del lavoro di ricerca; infine, ho offerto una fotografia attuale, arricchita di dati quantitativi, del fenomeno in esame.

- **Nel terzo capitolo** ho approfondito l'origine storica del consumo di alcool e *chicha* nelle Ande; analizzando anche le diverse modalità di approccio alla sostanza di spagnoli e indigeni, ulteriore prova dello scontro-incontro fra due mondi e non soltanto fra due modelli di consumo

23

apparentemente antitetici. In questo capitolo ho utilizzato sia le fonti di letteratura gentilmente messe a disposizione dal *Centro Bartolomè de Las Casas* di Cuzco, sia l'importante contributo in termini di conoscenza del fenomeno offertomi dalla docente universitaria e antropologa Dott.ssa Carmen Escalante.

- **Nel quarto capitolo** ho affrontato il delicato tema della connessione fra alcool e violenza, povertà e machismo nel Perù e a Sicuani: prima approfondendo i temi in questione su scala nazionale e in seguito cercando di stabilirne i termini di connessione con l'uso/abuso di alcool nel contesto geografico interessato alla ricerca.

- **Il quinto capitolo** è dedicato interamente alla descrizione del fenomeno uso e abuso di alcool nella città oggetto della ricerca, compiuta sia attraverso interviste ad attori esperti della problematica (medici, antropologi, mediatori dei conflitti, ecc), sia attraverso lo strumento dell'osservazione partecipante effettuata prevalentemente in contesti caratterizzati da un uso molto elevato delle sostanze in questione. Il capitolo aveva l'obiettivo di sondare gli aspetti culturali della *borrachera* utilizzando chiavi di lettura e modelli teorici tratti dai lavori di P. Bourdieu, N. Scheper-Hughes, J. Galtung, O. Lewis.

- **Il sesto e ultimo capitolo,** contiene le considerazioni conclusive, tese a confermare o sconfermare le mie ipotesi di partenza, oltre ad alcuni suggerimenti di taglio operativo da lasciare come memoria, in particolare a chi si occupa di questo tema, con la speranza e il desiderio di aver contributo, in qualche maniera, alla migliore comprensione di questo fenomeno.

A completamento del lavoro di ricerca ho inserito il seguente materiale:
- un album fotografico
- l'estratto totale di tutte le interviste realizzate durante il lavoro di ricerca nel periodo gennaio/marzo 2014.
- una ricca bibliografia di riferimento

RINGRAZIAMENTI

Il primo e sentito ringraziamento va di dovere a Don Luciano Ibba: senza il suo consenso e la sua collaborazione questo lavoro di ricerca non avrebbe mai visto la luce; in successione, i miei ringraziamenti vanno poi a Roberta Teresa Di Rosa presidente di ASSF che mi ha gentilmente concesso questa "divagazione antropologica" all'interno dell'intervento dell'associazione in Peru; alle mie colleghe che ormai da anni sopportano stoicamente e con rassegnazione le mie lunghe assenze sul luogo di lavoro; a Mara Morelli e Danilo De Luise che senza saperlo, hanno riattivato in me il sacro fuoco della curiosità per il prossimo; alla Famiglia Gabriel-Yactayo che mi ha offerto ospitalità in quel di Lima; alla professoressa Carmen Escalante che mi ha illuminato, con la sua competenza storica sul fenomeno della *borrachera andina*; al Professor Melis, le cui indicazioni nell'ambito di testi fondamentali sono state preziosissime; a tutte le persone intervistate che hanno dedicato, rubandolo alle loro occupazioni, un po' del loro tempo; a tutte le persone che invece, pur non entrando con il loro nome all'interno del presente lavoro, hanno svolto un ruolo cruciale come orientatori e facilitatori del mio lavoro di campo, grazie davvero anche a loro; grazie ai miei amici di oggi, di ieri, di sempre; alla Professoressa Giletti che ha creduto in questo lavoro; al Professor Antonio Guerci che sedici anni orsono mi fece innamorare dell'Antropologia Culturale; ad Edoardo Galeano, autore del saggio "*Las venas abiertas de America Latina*", la cui lettura in età giovanile mi dischiuse l'orizzonte latinoamericano, sino ad allora, per me semi sconosciuto.

The last but not the least uno speciale ringraziamento alla collega Lara Lupoli per il prezioso lavoro di editing finale.

Ma, soprattutto, grazie ai miei due fantastici genitori e a mio fratello, sempre presente, stella polare della mia vita, che da lassù mi ha illuminato il cammino. E a Cristiano, fratello a modo suo.

CAPITOLO PRIMO: IL CONTESTO AREALE E GEOGRAFICO

Il contesto areale di riferimento. La città di Sicuani. Lo studio di fattibilità dell'ottobre/novembre 2011: le principali problematiche riscontrate. Le problematiche di una città che cambia.

1.1. Il contesto areale di riferimento

E' doveroso iniziare questo capitolo, con la descrizione degli eventi che hanno portato lo scrivente a Sicuani nel 2011 e nel 2014. E per fare ciò è assolutamente necessario risalire al "lontano" gennaio 2011, in quel di Catania e dare una breve descrizione dell'associazione italiana Assistenti Sociali Senza Frontiere.

L'Associazione ASSF:

Assf nasce nel 2008 su stimolo di Enzo Nocifora, sociologo ex direttore del corso di laurea in sociologia all'Università della Sapienza di Roma, in questo momento direttore del corso di laurea in servizio sociale (sempre all'interno dello stesso ateneo) e di Roberta Teresa di Rosa, assistente sociale, sociologa, ricercatrice e docente di principi e fondamenti del servizio sociale, e sociologia dello sviluppo presso il corso di laurea in servizio sociale all'Università di Palermo.

La nascita dell'associazione scaturì dalla constatazione e dalla riflessione della necessità di un allargamento degli orizzonti della professione di assistente sociale nel nostro paese. A differenza di altri contesti europei e mondiali, in Italia, la figura dell'assistente sociale sembra storicamente caratterizzarsi da un eccessivo radicamento territoriale, e da una scarsa (se non quasi nulla) apertura all'esterno. Inoltre emerge come troppo spesso in diversi progetti di cooperazione, competenze eminentemente sociali fossero spesso ricoperte da operatori con strumenti affini ma non di servizio sociale (laureati in scienze politiche e filosofia in particolare).

I due fondatori stabilirono che fosse necessario diminuire il gap che distanziava il servizio sociale italiano da quello di alcuni paesi europei[20]. Lo fecero iniziando a lavorare su più fronti, che provo a elencare:

- promozione delle competenze del servizio sociale all'interno degli spazi di cooperazione allo sviluppo.

- promozione e implementazione d'interventi di servizio

---

[20] Germania, paesi scandinavi, Spagna in particolare.

sociale "dello sviluppo" in contesti del sud del mondo fatta direttamente dall'associazione

- necessità di rivedere in parte la formazione teorico-pratica degli assistenti sociali introducendo competenze più' legate agli ambiti della cooperazione. Creazione di una serie di linee guida teoriche per il social work nei progetti di cooperazione

- necessità di iniziare uno scambio a livello teorico-pratico e metodologico con i colleghi dei paesi in via di sviluppo;

- promozione di momenti di formazione ad hoc, come le *Summer School* che inizino a preparare e a fornire strumenti ad una nuova generazione di assistenti sociali.

Su queste premesse nel 2009 l'associazione si dotò di uno statuto (gennaio) e iniziò la campagna di "arruolamento".

Nel settembre 2009, in collaborazione con l'Università di Roma/La Sapienza, ASSF riuscì ad organizzare la prima *Summer School* in quel di Montefiascone, in provincia di Viterbo.

Lo scrivente vinse una borsa indetta dall'associazione e partecipò a tale evento formativo. Da quel momento iniziò una collaborazione che sino al gennaio del 2011, fu tesa essenzialmente alla raccolta fondi e alla pubblicizzazione delle attività di ASSF. Nel gennaio del 2011 l'associazione ricevette la prima richiesta d'intervento: Don Luciano Ibba missionario italiano che dal 2000 si trovava nella città peruviana di Sicuani, chiese una contributo di tipo professionale e tecnico per ripensare, adeguare e rimodellare gli interventi di servizio sociale che la sua associazione metteva in atto da anni, di fatto vicariando gli inesistenti servizi sociali pubblici.

La rimodulazione degli interventi di servizio sociale era legata all'inarrestabile crescita demografica avvenuta negli ultimi quindici anni. La città era passata, infatti, dai 20.000 abitanti, data dell'arrivo del sacerdote nel 2000, ai 62.000 odierni: anche le risposte in termini di welfare che lui offriva (e continua tutt'oggi a offrire), richiedevano una revisione e di un adeguamento (anche metodologico) che tenesse conto dell'avvenuto cambiamento demografico.

Il sacerdote gestisce due comunità (una aperta nel 2002 ed una trovata già funzionante al momento del suo arrivo). *La Posada de Belem*, nata nel 2002 per dare un tetto ai tanti bambini di strada e abbandonati dai genitori, oggi è principalmente rivolta a bambini di età molto bassa 0-14 anni e da ragazze adolescenti vittime di violenza sessuale. La comunità è collegata all'equivalente peruviano del Tribunale dei Minorenni italiano (qui *Fiscalia de la famili*a) che una volta ultimate le consuete procedure giuridiche di rito, dispone la collocazione (spesso contro la volontà dei genitori stessi) dei minori alla Posada. Le problematiche più' diffuse che portano all'inserimento dei bambini nella comunità, sono abbandono e inadeguatezza genitoriale, violenza assistita e a volte subita, alcolismo, e abusi sessuali (purtroppo anche su bambini di pochi anni di vita) sempre ad opera dei genitori o di parenti stretti.

La seconda comunità chiamata *Manuel Prado* (dalla zona dove si trova) si occupa invece di adolescenti, dai quattordici ai diciotto anni (con situazioni che sono tenute in carico sino al 21° anno di età). Le problematiche che portano questi ragazzi all'interno dell'*hogar*[21] sono simili a quelle riscontrate nell'altra comunità. Spesso vi è un passaggio una volta compiuti i quattordici anni da una comunità all'altra. In entrambe vi è una particolare attenzione socio-psico-pedagogica agli ospiti: la metodologia d'intervento cerca di integrare questi tre aspetti, inoltre, dove questo è possibile si continua a lavorare con le famiglie di appartenenza per prepararle a eventuali rientri dei ragazzi una volta raggiunta la maggiore età.

---

[21] Comunità/luogo di riparo in lingua spagnola.

Vi è inoltre un'ottima integrazione con le scuole frequentate dai ragazzi.

Il terzo intervento è *El Proyecto S.Lorenzo* che prevede un sostegno didattico extra-scolastico messo in campo da insegnanti volontari, cinque giorni alla settimana. Si occupa di fornire supporto e aiuto scolastico, in particolare ai ragazzi originari della periferia di Sicuani e delle zone più alte, originari della parte più povera della città. Dopo un primo colloquio con i genitori, più' che altro minimamente conoscitivo, si fa accedere il ragazzo all'interno del progetto, totalmente gratuito: all'interno dello stesso è prevista anche la somministrazione del pranzo (che per molti ragazzi spesso resta l'unico pasto vero della giornata).

Dal 2012 inoltre, si è costituito un gruppo di lavoro coordinato dal R.P. Luciano Ibba auto denominatosi "osservatorio della gioventù", composto da tutte le realtà che in qualche modo si occupano di adolescenti nella città, con l'obbiettivo di proporre e promuovere azioni di approfondimento, ricerca e azione sulla situazione giovanile (in qualche modo anche il mio lavoro di ricerca può essere pensato come un sotto-prodotto dell'osservatorio).

Ricapitolando, nel 2011 l'associazione fu chiamata a svolgere un breve studio di fattibilità con l'obiettivo sia di studio del contesto sia di proposta di azioni pratiche di lavoro sociale. In sostanza quello che fu chiesto ad ASSF era cercare di capire su quali binari progettuali potessero ipotizzarsi interventi di attualizzazione e rimodulazione dei servizi per minori e adolescenti in città, che tenessero conto dei cambiamenti in atto.

Per ragioni legate sia alla conoscenza del contesto latinoamericano (Bolivia 2002, Argentina 2010) sia alla padronanza dell'idioma castigliano, l'allora direttivo dell'associazione ASSF decise di affidare lo studio di fattibilità e approfondimento del contesto allo scrivente. Il resto è già il presente.

Figura 1: Un momento di festa: compleanno di Florentino, Sicuani, Ottobre 2011.

1.2. La città di Sicuani

Sicuani costituisce una delle città intermedie del sud peruviano e all'interno del contesto regionale è la seconda città più importante dopo Cuzco. Grazie alla sua posizione strategica è diventata uno snodo importante in riferimento ai flussi socio-economici fra le città del sud peruviano. La popolazione attuale del distretto di Sicuani è di 63.247 abitanti, che rappresentano il 58,22% della popolazione locale della provincia di Canchis (108.626 abitanti) e il 4,82% de la popolazione totale della Regione del Cusco (1.311.231 abitanti).

POPOLAZIONE IDENTIFICATA CON DNI PER GRUPPI DI ETA' E SESSO AL 30 GIUGNO 2013[22]

LUGAR DE RESIDENCIA	TOTAL	MENORES DE EDAD (DE 0 A 17 AÑOS)			MAYORES DE EDAD (DE 18 A MÁS AÑOS)		
		TOTAL	MASCULINO	FEMENINO	TOTAL	MASCULINO	FEMENINO
CUSCO	1 311 231	455 340	231 420	223 920	855 891	427 383	428 508
CANCHI	108 626	37 467	19 004	18 463	71 159	34 420	36 739
CHECA CUPE	5 405	1 849	973	876	3 556	1 726	1 830
COMBA PATA	5 337	1 800	905	895	3 537	1 724	1 813
MARANGANI	11 872	3 942	1 951	1 991	7 930	3 651	4 279
PITU MARCA	7 939	3 031	1 512	1 519	4 908	2 346	2 562
SAN PABLO	5 645	1 674	835	839	3 971	1 968	2 003
SAN PEDRO	3 244	779	395	384	2 465	1 160	1 305
ICUANI	63 247	22 736	11 597	11 139	40 511	19 757	20 754

[22] Dati forniti dall'ufficio anagrafico di Sicuani e relativi all'ultimo censimento effettuato nel 2013.

Il primo dato che colpisce, osservando le percentuali legate alle età, è il numero della popolazione minore e adolescente, nel *range* 0-18 anni che ammonta, nel distretto di Sicuani a 22.736 persone. La popolazione maggiorenne raggiunge il numero di 40.511 abitanti. Osservate con occhi statistici queste cifre dicono questo: i minori rappresentano il 35% sul totale. Questo dato ci porta a riflettere sulle dimensioni effettive del fattore giovani in questa città, e su un impegno in termini di proposte educative, ricreative, di lavoro e di futuro, oggi non più rimandabile.

La popolazione che vive nei centri rurali nella maggioranza si trova in situazioni di pura sussistenza: le attività agricole e di allevamento non hanno in questa parte del paese nessun tipo di appoggio o tutela da parte dello Stato. Lo sviluppo dell'attività agricola sembra lasciato alla mera azione individuale dei singoli *campesinos*. Questo elemento non fa che accentuare e aumentare le differenze preesistenti. Non è previsto un intervento "livellatore" e re-distributore dello stato peruviano sul modello europeo e statunitense[23]: la legge prevede l'erogazione di contributi

_____

[23] In questi paesi sono previsti forti sussidi statali all'agricoltura che sono erogati nei momenti immediatamente successivi a grandi calamità naturali. Oltre a ciò lo stato, almeno in Italia e negli Usa, incentiva l'esportazione con forti finanziamenti.

economici soltanto a seguito di calamità naturali (come pioggia e siccità) ma spesso questa esigibilità non trova un riscontro pratico nella realtà delle situazioni. La produzione rurale è per la gran maggioranza destinata alla vendita nei vari mercati rionali, e solo una minima parte viene destinata all'autoconsumo. Questo elemento ha prodotto negli anni un effetto "congelatore" e di forte cristallizzazione delle situazioni di povertà rurale: non si è mai innestato quel circolo virtuoso che può, nel giro di un paio di generazioni, condurre il *campesino* fuori dalle logiche economiche della mera sussistenza e della totale dipendenza dal mercati.

Un elemento molto importante e non trascurabile, utile a dare una lettura globale del contesto, è la scarsa varietà di prodotti coltivati e la conseguente povertà della dieta alimentare, aspetti questi, che toccano variabili sia di culturale, sia di tipo economico. Tali fattori sono fortemente collegati sia ai processi di "cristallizzazione" economico-sociale di cui abbiamo testé parlato, sia ad ulteriori variabili di tipo geografiche/morfologico e ambientali (Sicuani si trova a 3.600 metri di altitudine). Queste tre "classi" di variabili (culturali, economiche, geografico-ambientali) sommate, contribuiscono a produrre quella che in letteratura è nota come "la dittatura della monocultura"[24], che abbiamo visto, non essere soltanto il risultato di scelte e di "saperi" di tipo tecnico applicati ad una data area arabile e coltivabile. Essa congloba in sé anche aspetti di altro genere, collegati nell'ultima fase (o filiera di produzione terminale) a quello che il mercato, sia locale sia mondiale impone, molto spesso, la coltivazione di determinati prodotti, assolutamente più redditizi di altri. Questo fattore forza le famiglie a coltivare in maniera privilegiata soltanto quei prodotti "vendibili", ovviamente trascurandone altri. Questa scelta, in qualche modo imposta, ha due effetti a breve e medio termine: impoverisce il suolo e priva i nuclei familiari di una dieta variata e equilibrata. La fabbrica del sottosviluppo, reificata.

Vandana Shiva,[25] celebre biologa indiana e grande paladina della biodiversità, ha sempre sostenuto che la monocultura rappresenta una delle maggiori cause di arretratezza delle società contadine in tutto il mondo. Nonostante sia un paese ricco, grazie alla varietà delle sue fasce climatiche (celebre la metafora *"el perù es un*

---

[24] E 'molto importante sottolineare questo aspetto: la multi-fattorialità insita nei processi di scelta agricolo-economica.

[25] Shiva V." *Terra madre, sopravvivere allo sviluppo,"* Feltrinelli", Torino, 2002, pag. 42

mendigos sentado sobre un banco de oro")[26] che permetterebbero la coltivazione di un numero molto alto di prodotti, utili a mantenere una dieta equilibrata, la maggior parte della popolazione (e in percentuali molto alte sulle Ande) è solita nutrirsi sempre con gli stessi alimenti, spesso cucinati costantemente allo stesso modo. Una delle ragioni di questa mono-dieta va ricercata anche nella scarsa attitudine "culturale" per l'elaborazione di piatti differenti, sicuramente presente fra i contadini delle terre alte. Questa "debolezza" culturale e tecnica legata alla capacità di saper utilizzare al meglio i prodotti della terra è stata oggetto di un intervento di educazione alimentare portato avanti dal Ministero dell'Agricoltura prima e dalle municipalità di Canchis poi, denominato *"proyecto vaso de leche"*[27] che è attivo a tutt'oggi. Tale progetto ha come obiettivo quello di trasmettere, in particolare alle donne di estrazione campesina, alcune competenze sia tipo tecnico nella preparazione dei cibi, sia di tipo teorico sull'importanza di offrire ai propri bambini e a se stesse una dieta equilibrata. Questo progetto si avvale di cucine comunitarie messe a disposizione dalla municipalità dove, le signore, sono seguite

---

[26] "Il Perù è come un mendicante seduto sopra un banco di oro".

[27] Progetto, bicchiere di latte in lingua spagnola.

attentamente da agronomi e nutrizionisti nella preparazione dei loro pasti della mattina e del mezzogiorno (colazione e pranzo).

Malgrado interventi illuminati come quello appena descritto, la maggior parte delle donne, dei bambini e delle famiglie continua ad avere un regime alimentare povero e disequilibrato: questo dato oggettivo va aggiunto senza dubbio alcuno, alle cause di sottosviluppo menzionate prima.

Distribuzione della popolazione:

La popolazione della città si distribuisce fra il centro urbano (3.580 m sul livello del mare) e le numerose comunità *campesine* e villaggi rurali compresi sotto il cappello amministrativo della municipalità. Questi insediamenti umani possono raggiungere quota 4.800 di altitudine e generalmente sono privi dei servizi di base (rete idrica e fognaria, elettricità garantita da gruppi elettrogeni).

La situazione d'isolamento appena descritta, che colpisce in particolare le comunità campesine situate nelle zone più inaccessibili della *Puna*, che vivono in situazioni dove spesso manca l'acqua potabile, la luce e strade degne di tal nome e assenza totale di prospettive per il futuro, ha prodotto negli ultimi quindici anni e continua a produrre, un movimento migratorio verso la città di Sicuani, che ha determinato in tale intervallo un aumento di quasi 40.000

abitanti.[28]

Tale flusso migratorio, sta modificando irrevocabilmente la realtà urbana e sociale della città, creando sempre più unità abitative periferiche. Tali unità abitative, in particolare nelle zone nord e sud della città, sono cresciute smisuratamente senza i servizi socio-sanitari adeguati e solo di recente alcune sono state raggiunte dalle reti di luce e acqua. In sostanza nel giro di poco meno di quindici anni gli abitanti della città hanno iniziato a familiarizzare e a fare i conti con un concetto sociologico totalmente nuovo: quello di centro e di periferia. La popolazione che abita questi spazi marginali e esterni è perlopiù povera e giovane: si stima che il 45% abbia meno di 15 anni e la mortalità infantile sia del 11%, inoltre la denutrizione cronica fra i bambini pare si attesti sul 65% circa.[29]

In realtà, quasi il 60% della popolazione totale della città si concentra oggi nei quartieri marginali; queste zone sono il naturale porto di approdo per chi arriva dalla campagna, grazie alla possibilità di reperimento di alloggi a buon mercato, anche se spesso privi di elementari servizi igienici

---

[28] Dati forniti dall'ufficio anagrafico di Sicuani e relativi all'ultimo censimento effettuato nel 2013.

[29] Dati forniti dall'ufficio relazioni esterne dell'ospedale di Sicuani, e riferiti all'anno 2011/2012.

al loro interno e fatiscenti. E' in atto un lento processo di *"favelizzazione"* (neologismo mio ripreso dai lavori del sociologo urbano Mike Davis):[30] si stanno formando ai limiti settentrionali e meridionali della città, zone cuscinetto, zone barriera, altro da sé rispetto al centro urbano, zone di transizione[31] (zone liminali con un ricambio e una mobilità abitativa molto alta, sono il primo rifugio per chi arriva da zona esterne e spesso vengono abbandonate appena le situazione economiche di chi le abita migliora anche sensibilmente) per chi arriva dalla *sierra*. Questo rapido incremento demografico ha reso molto dure le condizioni di vita all'interno delle periferie, questo a causa dell'inadeguatezza dei servizi di base e primari, servizi pensati e costruiti per una piccola città di 20.000 abitanti. Questi fenomeni hanno avuto (ed hanno) una forte ricaduta psico-sociale sui residenti portando spesso alla disgregazione

---

[30] Davis M.*," Planet of slums"*, Feltrinelli, Chicago, 2006, pag. 37 e 90. Termine che si riferisce alla creazione là dove prima non esistevano, di aree slegate dal centro urbano, spesso abitate da persone con basso reddito, edificate con materiali di scarto, quasi prive dei servizi di base e connotate culturalmente per essere considerate "altro dalla città e dai cittadini" anche se spesso le distanze fra queste due unità urbanistiche sono esigui. La maggior distanza sembra non essere geografica ma culturale.

[31] Hannertz U., *"Esplorare la città, antropologia della vita urbana"*, Il Mulino, New York, 1980, pag. 107.

familiare, all'esclusione sociale e al disagio giovanile[32] vaste fasce di popolazione.

Secondo stime offerte dalla locale camera di commercio della città,[33] il territorio è caratterizzato da una difficile situazione socio-economica, dove il 60% della popolazione vive in condizioni vicine alla povertà. Analizzando il report si osserva anche un altro dato assolutamente in controtendenza: un aumento delle attività produttive pari al 30% rispetto al 2010 e una lieve polarizzazione della ricchezza. Nel 2008, le famiglia che afferivano al CEDIF (*Centro de Desarollo Integral de la Familia*)[34] furono centoundici, contro le duecento dell'anno 2012. Nel breve intervallo di due anni, registriamo un aumento di settantanove famiglie (pari al 60%), un dato che fa discutere se affiancato a quello riguardante l'aumento delle attività produttive.

Una lettura più' sociologica che antropologica potrebbe

---

[32] Vedi i dati sulla violenza intra-familiare offerti dall'ospedale di Sicuani.

[33] *"Enforme sobre la situacion economica de la Ciudad de Sicuani"* Sicuani, 2013.

[34] Un centro statale che si occupa di fornire prestazioni socio-assistenziali alle famiglie più bisognose della città, che dimostrino di non riuscire a far fronte in modo autonomo ai bisogni elementari del nucleo e in cui vi siano al suo interno minori o anziani di età.

interpretare questa polarizzazione in atto come qualcosa di naturale all'interno di un processo di urbanizzazione: la modernizzazione e la deculturazione portano inesorabilmente al loro interno, germi di divaricazione economica, anche in contesti come quello alto-andino apparentemente tendenti all'egualitarismo. Forse è quello che sta avvenendo in quest' angolo del mondo.

Ritornando all'osservazione delle ricadute in termini di qualità della vita nelle periferie della città, è stato rilevato da operatori sanitari che a risentire maggiormente dei disagi provocati da questa realtà siano i bambini e gli adolescenti (e le donne ma questo è un capitolo a parte che tratterò in seguito). I maltrattamenti fisici e psicologici avvengono con frequenza in ambito familiare e a scuola. Il 18% dei minori è vittima di maltrattamenti fisici a scuola e il 48% ne è vittima a casa.[35] La violenza intra-familiare nei confronti delle donne registra indici altissimi (approfondirò in seguito quest'aspetto) ed è spesso connessa con l'abuso di alcool e collegata a una cultura, ancora profondamente machista.

La città, pur soggetta a un processo di urbanizzazione e modernizzazione in corso, che in meno di quindici anni l'ha portata a passare da piccolo centro semi-rurale a importante

---

[35] Dati forniti dal Centro Emergencia Mujer relativi agli anni 2012/2013.

centro di snodo commerciale, mantiene intatte alcune caratteristiche tipiche delle zone della *sierra*, come ad esempio, un ciclo lavorativo che inizia molto presto e in alcuni casi finisce molto presto, come se utilizzasse, come riferimento, ancora il ciclo solare, unico orologio che per secoli hanno usato i *campesinos*. La città sembra aver scelto un destino di *"Ciudad de negozio"*[36] elemento che sembra comunque insito nel suo Dna storico e nella sua collocazione geografica, a metà fra campo e centro urbano e in mezzo a due poli turistici di importanza mondiale come Puno e Cuzco.

Questo modello di sviluppo (senza modernità, parafrasando U. Pipitone)[37] sembra apparentemente non dare spazio a un pensiero e ad azioni di tipo intellettuale e culturale. Basta un dato: nella città non vi sono né librerie né biblioteche[38] né cinema né teatri. Forse, come ho ascoltato da tante voci diverse, non si ha il tempo di impegnarsi in attività che non abbiano un minimo di ritorno economico, il superfluo e l'improduttivo rappresentano un lusso. Tutto

---

[36] Città di affari in lingua spagnola.

[37] Pipitone U., *"Crescere non basta"*, Edizioni dell'Asino, Città del Messico, 2012, pag. 17/18.

[38] Fatta eccezione per quella gestita dal R.P. L. Ibba ubicata all'interno della casa delle gioventù.

appare legato e connesso al commercio, al fare soldi, e nel minor tempo possibile: il centro del paese è un proliferare di mini-attività (delle quali il 70% aperte negli ultimi 6 anni),[39] sembrano predominare istanze di recupero e accelerazione dei meccanismi di arricchimento individuale, come se fosse vitale riguadagnare il tempo perso. Questo modello microeconomico non va però oltre la soglia della mera e semplice soglia della sussistenza: a Sicuani non si lavora per vivere ma bensì per sopravvivere.

E ora un piccolo passo indietro di qualche anno.

1.3. Lo studio di fattibilità dell'ottobre/novembre 2011: le problematiche principali riscontrate

Come già ampiamente descritto nelle premesse nell'anno 2011 nei mesi di ottobre/novembre lo scrivente effettuò in nome e per conto dell'associazione Assf, una valutazione del contesto/studio di fattibilità, teso a valutare eventuali prospettive progettuali di collaborazione con il nostro committente R.P. Luciano Ibba nell'area dei servizi sociali.

Lo studio di fattibilità è uno strumento che, nato in

---

[39] *"Enforme sobre la situacion economica de la Ciudad de Sicuani"* Sicuani, 2013.

ambito puramente economico, ha finito per trovare nella cooperazione allo sviluppo la sua collocazione più adeguata. L'obiettivo degli studi di fattibilità è di svolgere una valutazione, in un tempo relativamente breve, delle possibilità e delle potenzialità progettuali legate solitamente a un contesto areale specifico. Gli strumenti tecnici solitamente usati sono molto vari e dipendono anche dal tipo d'intervento che si vorrebbe mettere in atto. Di solito però è imprescindibile una lettura molto analitica dal punto di vista sociale, storico e politico del contesto. Una buona lettura dell'area oggetto dell'intervento (o del gruppo umano), è utile a "contestualizzare" in seguito ogni intervento o azione di tipo pratico. La letteratura di cooperazione allo sviluppo è piena di esempi d'interventi falliti nel sud del mondo perché non supportati da studi di fattibilità ben confezionati. Gli strumenti tecnici più utilizzati per la valutazione futura d'interventi di tipo psico-sociale come quello di Sicuani sono la *S.W.A.T analysis* e l'albero dei problemi. La prima, dopo un'attenta lettura del contesto sotto svariati punti di vista, incrocia i quattro fattori chiave che possono dare indicazioni circa il successo o l'insuccesso di un intervento in loco: le opportunità vs rischi e punti di forza vs i punti di debolezza. Il secondo strumento, *the tree problem* (l'albero dei problemi) si esemplifica appunto con il disegno di un albero: si individua, anche qui grazie ad un eccellente lavoro di ricerca, quella che sembra essere la causa principale della situazione di sotto-sviluppo di un dato contesto, che può diventare la radice, se la causa sembra essere misconosciuta o il tronco. Dal tronco poi si diramano i rami che sono i problemi nati dalla causa principale. L'albero dei problemi è molto utilizzato in situazioni multi problematiche, dove non sempre si riesce a individuare il target bersaglio su cui intervenire.

In questa sede riporto soltanto alcuni estratti dello studio di fattibilità: ho scelto le parti che ritenevo più utili per una comprensione globale del contesto del presente lavoro di ricerca, chiaramente tralasciandone altre.

Lo studio ha utilizzato svariati metodi d'indagine e raccolta d'informazioni, da quelle che ho definito primarie, frutto d'interviste e *focus group* a operatori, funzionari pubblici o membri di ONG o associazioni a quelle secondarie, frutto di lavoro di ricerca documentale, di dati anagrafici o di letteratura.

In particolare è stato fondamentale nella raccolta d'informazioni sul contesto e su le sue problematiche, l'utilizzo dello strumento tecnico del *focus group*: il F.G. è molto utilizzato per sondare ed indagare la dimensione collettiva di determinati processi sociali. E' in sostanza una tecnica di rilevazione per la ricerca sociale, basata sulla discussione fra un piccolo gruppo di persone, alla presenza di uno o più moderatori, focalizzata su di un argomento che si vuole indagare in profondità. Vi sono approcci più' o meno strutturati di conduzione di un focus: in quelli più strutturati l'obbiettivo è quello di raccogliere risposte sulle domande poste dal ricercatore, i cui interessi sono dominanti; in quelli meno strutturati l'obiettivo è la comprensione del modo di pensare dei partecipanti, i cui interessi sono dominanti.[40]

Per ragioni di tempo e di razionalizzazione del lavoro di ricerca, ho scelto, per tutte le interviste di gruppo eseguite, di utilizzare la prima modalità di lavoro. La domanda guida in tutti i focus è stata la seguente: "Quali sono le principali problematiche che voi riscontrate a Sicuani, in particolare fra i giovani e gli adolescenti?"

Qui in calce riporto alcuni estratti d'interviste e focus group più rilevanti, eseguiti con funzionari pubblici o operatori sociali: scopo dichiarato di questi incontri era l'individuazione collettiva delle problematiche più importanti della cittadina.

---

[40] Della Porta D. "L'intervista qualitativa", Laterza, Bari, 2010, pag. 44.

Intervista Michael, coordinatore municipale progetto Proona *"Vaso de leche"* (intervista effettuata il giorno 21/10/11).

Per Michael il problema prioritario sembra essere la scarsità qualitativa della preparazione scolastica che non forma persone in grado di prendersi nel futuro le proprie responsabilità. Secondo M. da qui partono tutti i problemi della società peruviana e quindi la povertà, la deresponsabilizzazione genitoriale, la mancanza di un lavoro vero, l'assenza di un futuro, il machismo, la violenza, tutto è riconducibile a un'insufficiente preparazione scolastica. Questa è insufficiente per i seguenti motivi:

- insufficiente preparazione accademica degli insegnanti;
- scarsità' di mezzi a disposizione degli stessi;
- insufficiente remunerazione degli insegnanti;
- classi troppo numerose;
- scuole troppo scarse di numero e spesso lontano dai centri abitati o dai villaggi dei *campesinos;*
- condizioni oggettive geografiche come la lontananza, che costringono i ragazzi a farsi due ore di andata e due di ritorno per andare scuola; condizione oggettive economiche per le quali mandare uno o più figli a scuola rappresenta un

lusso per le famiglie che spesso li devono impiegare in lavori di cura del bestiame, commercio, ecc.;

- inoltre sembra che ancora oggi, tanti genitori non diano l'importanza dovuta allo studio e alla cultura.

Focus group insegnanti/operatori progetto S. Lorenzo (focus effettuato il giorno 06/11/11)

- nel primo focus group emerge come problema prioritario la condizione dei minori: questi spesso non hanno nessun tipo di famiglia alle spalle: quando le famiglie funzionano, i genitori sembrano talmente tanto impegnati nel lavoro, che qui è quasi al 90% nell'area del commercio, da non curarsi assolutamente della prole. Esistono anche tantissime situazioni dove spesso è la madre sola, lavoratrice (qui nessuno può permettersi di fare la casalinga) che si fa carico (come può) dei figli.

Tutti però indistintamente sembrano dare maggior importanza all'economia, al *"negocio"* che alla cura dei figli che sembra passare in secondo piano.

Secondo loro per risolvere questo problema o affrontarlo esistono alcune risposte:

1) aumentare i posti nei centri di sostegno extra scolastico;

2) sostenere economicamente le madri sole, senza cadere nell'assistenzialismo;

3) organizzare corsi di formazione per madri e padri, in particolare nell'area del sostegno alla genitorialità;

4) una maggiore disponibilità degli insegnanti a parlare e lavorare con i genitori.

Quindi in questo caso non solo si è evidenziato il problema ma addirittura si sono trovate anche alcune soluzioni.

Focus group operatori e volontari *Posada de Belem* (focus effettuato il giorno 08/11/11)

Il secondo focus group ha posto l'accento e evidenziato il problema enorme e sottovalutato dell'abuso fisico e psicologico sui minori.

Questo è un fenomeno presente sia nelle zone urbane sia nelle zone rurali, spesso collegato a forme di povertà' economica e culturale abissale (più la seconda che la prima).

Sembra che non sia riconosciuto ai bambini e giovani in particolare quel diritto a vivere l'età dell'infanzia che a queste latitudini è vissuta quasi con fastidio in quanto non produttiva.

Spesso i bambini sono testimoni di situazioni di violenza incredibile che non di rado sfociano nella morta per percosse della madre (come un caso arrivato da poco nella Posada di Belem che ha vegliato per 3 giorni il cadavere della madre uccisa dal padre).

Assoluta è l'ignoranza sui diritti dei minori, e non esiste a oggi un osservatorio su questo tema.

Sempre questo gruppo ha rilevato il forte aumento di uso e abuso di alcool e altre sostanze, in particolare in queste discoteche autorganizzate che nascono e muoiono in garage nel giro di settimane. Qui spesso i ragazzi in preda all'alcool danno vita a risse e rapporti sessuali a rischio, senza uso di preservativo.

La loro ricetta sarebbe la proibizione assoluta di vendere alcool dopo le 20.00 di sera, e sanzioni pesantissime a chi lo vende a minori.

Intervista Dott.ssa Doris, psicologa *Posada de Belem* e Progetto S. Lorenzo (intervista effettuata il giorno 16/11/11).

Per la psicologa Doris invece il problema principale sembra essere l'enorme numero di bambini che lavorano. Non ci sono dati sul numero di minori che studiano e lavorano contemporaneamente ma sembrano altissimi. Spesso le famiglie quando i bambini cominciano ad avere un età' che li rende più produttivi (12 anni in su) smettono di mandarli a scuola, perché ne hanno bisogno ("*lo necesito*") per mandare avanti l'attività di famiglia (commerciale o rurale che sia). Quindi, la situazione di lavoro e studio in contemporanea non è la peggiore. Non esiste la concezione che a questi piccoli gli si sta privando sia il futuro sia la salute.

Spesso durante i colloqui fatti dalla psicologa con i genitori che non mandavano più i ragazzi al centro si è provato a spiegare l'importanza dello studio ma ancora una volta le esigenze economiche sono risultate più importanti di quelle educative.

La principale preoccupazione di Doris è che se non cambia l'atteggiamento delle famiglie migliaia di ragazzi saranno destinati a vite durissime come e peggio di quelle dei loro genitori, ovvero lavorare come bestie per sopravvivere perché nessuno di loro imparerà un mestiere che le consenta di vivere degnamente riattivando quel circolo vizioso di povertà, violenza, alcolismo assenza di prospettive per il futuro.

Dalla connessione delle informazioni ottenute sia dalle fonti primarie che da quelle secondarie, emerse il seguente quadro di alcune delle problematiche più evidenti riscontrate nella cittadina, quadro che riporto integralmente:

- Gravi lacune e inadeguatezze dei servizi scolastici e scuole troppo lontane dai luoghi dove vivono i ragazzi: la condizione dei bambini e degli adolescenti che rappresentano il 45% della popolazione nel territorio non è facile. In particolare nell'area rurale, i servizi scolastici (più di 30.000 studenti) sono spesso inadeguati. I docenti dei centri educativi statali e privati non sempre dimostrano di possedere una sufficiente preparazione e la maggior parte di essi, oltre a ricevere salari molto bassi, è costretto a lavorare con scarsi strumenti materiali didattici.

La scuola che dovrebbe supportare le famiglie nell'educazione di base dei minori, non riesce a garantire una formazione completa.

Le scuole primarie nei piccoli villaggi dei *"campesinos"* non vengono infatti frequentate regolarmente dai bambini e spesso il numero delle lezioni è limitato sia per motivi legati alla distanza sia per a causa del limitato numero di insegnanti disponibili in queste zone.

Le lunghe camminate (a volte di ore) e la scarsa alimentazione hanno degli effetti negativi sull'apprendimento.

- <u>Maltrattamenti fisici e psicologici sui minori</u>: i minori spesso sono vittime di maltrattamenti fisici e psicologici in ambito familiare e anche in quello scolastico. Il 18% dei minori è vittima di maltrattamenti fisici a scuola e il 48% ne è vittima a casa. Molti sono i minori abbandonati a loro stessi (a livello fisico e morale) a causa del prevalente modello familiare disgregato.

Il modello di famiglia di Sicuani è infatti rappresentato dalla libera convivenza caratterizzata da una situazione più o meno stabile di coppie senza o con figli, spesso non riconosciuti o abbandonati dai loro genitori legittimi.

La precarietà istituzionale della convivenza, liberando da qualunque tipo di vincolo, non garantisce il riconoscimento e il mantenimento dei figli nati fuori dal matrimonio, la loro educazione e il loro diritto allo studio, alla salute e all'alimentazione. La condizione di coppie separata è comune a tante famiglie, e sono numerosi i casi di madri nubili e abbandonate che si occupano da sole della propria famiglia.

Diffusa è l'ignoranza sui diritti dei minori e la mancanza di consapevolezza della gravità dei fenomeni sociali negativi che interessano i bambini (come l'uso di alcool e di altre droghe ma ne parleremo a parte, la prostituzione e la violenza minorile).

- Assoluta mancanza di spazi ricreativi e culturali extra scolastici (eccetto ovviamente il progetto creato e coordinato da padre luciano) per bambini, adolescenti e giovani adulti: non esiste niente di simile, come sempre grandi parole ma nel concreto la politica sembra avere altre emergenze. In questa totale mancanza di spazi educativi e di svago per i giovani si è inserita da poco la "internet mania" che in maniera errata le istituzioni sembrano derubricare come problema di dipendenza. Il sottoscritto ha passato molte ore in questi internet caffè, e più che a un eventuale forma di *adiciòn*[41] questo fenomeno sembra legato alla mancanza di spazi per questa fascia di età.

Si sommi a questo il fatto che quasi nessuno dei giovani ha la possibilità di un collegamento internet a casa, questo spiega il grande boom delle sale internet.

Altro problema all'ordine del giorno è il proliferare di queste auto-discoteche situate anche in magazzini e garage dove sembra vi sia un gran consumo di alcool e altre

---

[41] Dipendenza, in lingua spagnola.

sostanze (non esistono dati, né ricerche su questi fenomeni, tutto è legato al passaparola comunitario).

Anche in questo caso, senza sottostimare eventuali problemi di consumo e abuso, comunque nocivi per tutti e non solo per i giovani, questo fenomeno sembra essere un indicatore, come per le sale internet, di una risposta autorganizzata dal basso, alla mancanza quasi totale di spazi adeguati per i giovani.

- <u>La condizione della donna</u>. <u>Il machismo e la</u> <u>violenza intra-familiare</u>: uno dei temi più' dibattuti e controversi è il problema della violenza familiare, molto praticata dagli uomini di questa zona del Perù. Le ragioni sono molteplici e provo a elencarle.

Questo fenomeno è collegato a doppio mandato al machismo, fenomeno molto presente in America Latina. Il machismi è un fenomeno che relega la donna in una posizione di eterna sudditanza rispetto al marito e lega la figura femminile alla produzione di figli, al compiacimento sessuale dell'uomo, alla successiva fuga e deresponsabilizzazione rispetto all'accudimento e mantenimento della prole; alla gestione e risoluzione violenta di ogni aspetto problematico della vita di coppia. Spesso tutto amplificato da un utilizzo dell'alcool non legato al piacere o alla moderazione, ma con il solo obiettivo di raggiungere lo stato di ebrezza.

Il numero di donne abbandonate dal marito con figli a carico è altissimo, questa condizione aumenta la possibilità, per le giovani madri, di cadere nella povertà assoluta, che infatti è più alta in questa tipologia di popolazione, rispetto alla totalità. Spesso le donne abbandonate trovano nel loro cammino personale e di vita un altro compagno, che per un certo periodo rimane stabile, di solito sino alla nascita di un figlio, per poi deresponsabilizzarsi a sua volta. Pur essendo un paese molto cattolico, il numero di situazioni familiari non regolari è altissima: si stima che nelle zone andine del Perù fra il 60% e il 65% delle coppie con figli non siano sposate regolarmente.

Una delle possibili spiegazioni è data dalla scarsa cultura della responsabilità paterna, riscontrabile a queste latitudini. Si calcola che fra il 35% e il 40% dei ragazzi adolescenti di oggi siano cresciuti con figure paterne poco presenti o totalmente inesistenti. E' chiaro che in questo modo, esiste il rischio che venga trasmessa e veicolata a livello culturale l'idea che crescere senza padre sia quasi un fatto naturale, diffuso, accettato e sovente riproposto dalla nuove generazioni.

Rispetto alle zone rurali, non vi sono dati sociologici precisi sulla violenza, ma ascoltati alcuni esperti questa sembra essere più attenuata che nelle zone urbane o para urbane (o solo più difficile dà investigare).

Emerge comunque un quadro che evidenzia come le donne siano il vero soggetto debole della città, insieme e forse più, dei giovani adolescenti.

- Il consumo di sostanze fra i giovani: altro grosso problema emerso sembra essere quello del consumo di sostanze in particolare fra i giovani (*range* 12/25 anni).

In generale i luoghi di maggior consumo sono queste discoteche autorganizzate, poco più di veri e propri garage. L'aspetto problematico di questo fenomeno delle discoteche "dal basso" è legato alla difficoltà di riuscire a sottoporle a regolari controlli da parte delle forze dell'ordine.

Non esistono dati precisi sul consumo di sostanze a Sicuani, ma è forte la percezione, a livello comunitario e sociale che questo problema sia in forte crescita. Non esistono interventi specifici di stato e società civile rispetto a tale fenomeno, anche, sembra essere viva e forte la preoccupazione delle istituzioni. Purtroppo tale problematica continua a essere derubricata essenzialmente come una preoccupazione di ordine pubblico.

- Il consumo problematico e l'abuso di alcool fra gli uomini: sembra accertato che non esista una modalità' di tipo moderato di consumo di alcool in questa città e in quest'area. In particolare gli uomini, non concepiscono un approccio all'alcool (birra, superalcolici) che non preveda e porti allo stato di ubriachezza finale. Questo costume culturale è presente sia nei giovani adulti come nelle persone più anziane e sembra legato, per una valutazione dello scrivente, essenzialmente alla forte valenza e capacità anestetica della sostanza dell'alcool. L'ipotesi proposta (ma non vi sono studi a riguardo) è che l'alcool sia utilizzato come auto medicamento e anestetico nei confronti di una realtà opprimente e senza vie di uscita. Questo problema parrebbe essere collegato con il numero altissimo di casi di violenza intra familiare che sembrano avere proprio nell'abuso di tale sostanza il principale fattore scatenante.

Lo scopo di ri-proporre (anche se in forma ridotta) i risultati dello studio di fattibilità effettuato nel 2011, era quello di ribadire e sottolineare il legame esistente, quasi la continuazione ideale, fra quel lavoro di studio e ricerca e quello realizzato nei mesi di gennaio, febbraio e marzo del 2014.

1.4. Le problematiche di una città che cambia

Intervista al R.P. Luciano Ibba, parroco dell'Arcidiocesi della provincia di Canchis e della città di Sicuani.

Sicuani, 3600 sul livello del mare, crocevia fra due grandi poli turistici come Cuzco e il lago Titicaca, è interessata da almeno un lustro da uno dei processi che attualmente caratterizzano molte aree sia dell'America Latina, sia del sud del mondo: quello di urbanizzazione dei centri periferici, legato all'attrazione che da sempre, le città esercitano nei confronti delle zone rurali.

Come già ampiamente descritto, Sicuani è passata, nel giro di quindici anni da circa 20.000 abitanti, ai 62.000 attuali. Un incremento netto di almeno 40.000 unità. Quest'aumento ha nei fatti, prodotto un quasi totale stravolgimento dell'assetto urbano della città.

Testimone privilegiato di questo passaggio è stato senz'altro padre Luciano Ibba, cinquantacinque anni, missionario: ordinato sacerdote nel 1988, dopo una breve parentesi africana (un anno, in Kenya) dall'anno 2000, è il parroco dell'arcidiocesi delle provincia di Canchis.

Il primo contatto fra il sacerdote e la città di Sicuani risale al 2000. Appena insediato, in quel primissimo periodo ricorda in particolare due cose: le sei ore di bus fra Cuzco e

Sicuani e la felicità per l'affrancamento dal cellulare, essendo la città ancora sprovvista di rete per la telefonia mobile.

Oggi, per attualizzare il tutto, afferma Luciano: "*Il tragitto fra il capoluogo di regione e Sicuani, si copre in due ore e mezzo*". Nel 2000, Sicuani è già un centro in forte espansione, "*ma (è sempre il sacerdote che parla) ritengo più corretto, quando si parla di processo di crescita della città a scapito delle zone rurali, misurarlo non nell'arco degli ultimi quindici anni, quelli che mi hanno visto testimone ma bensì negli ultimi quaranta*"

E' questo il range temporale di crescita della città, infatti, è proprio intorno agli anni '80 che Sicuani superando Tinta, Checacupe e Marangani, storici centri economici della zona, diventa capoluogo di provincia. Elemento centrale che ha permesso questo sorpasso, la felice posizione geografica della città, crocevia fra Puno e Cuzco e sino a pochi anni fa snodo fondamentale per la città di Arequipa.

Oggi, purtroppo (o per fortuna, i pareri non sono concordi su questo aspetto) la strada per la *Ciudad Blanca*[42] passa esternamente, di fatto tagliando fuori la città. Un altro aspetto importante che fece le fortune commerciali fu il

---

[42] Arequipa, dal colore del marmo con cui furono edificate le sue chiese.

passaggio del treno, interrotto nel 2000, che fu comunque se non il principale, uno dei volani economici dello sviluppo cittadino. Oggi il treno non passa più (la stessa sorte della strada per Arequipa), al suo posto rimane un convoglio turistico Cuzco-Puno che però, transita soltanto, ma non ferma in città. Riassumendo quanto detto sino ad ora si può' affermare con cognizione, che il passaggio del treno unito al ruolo di crocevia per le tre più importanti città del sud peruviano (Arequipa, Cuzco e Puno), hanno messo in moto e creato le condizioni di base per l'attuale processo di crescita economica. Sicuani, come ho affermato qualche pagina più avanti, oggi è considerata una città di affari (*negociòs*), dove regna incontrastata la vendita al dettaglio di generi diversissimi fra di loro. Dall'abbigliamento made in China, al commercio alimentare di prodotti della terra, ai tradizionali mercati del bestiame, sino a giungere ai due fenomeni economici che in questo momento stanno andando per la maggiore, la telefonia e il settore alberghiero e terziario in generale.

Il potere commerciale ed economico oggi è appannaggio dei settori testé descritti. Questo sviluppo in corso ha prodotto più ricchezza e maggiore potere di acquisizione delle famiglie, che in questi ultimi anni è aumentato considerevolmente. Il primo indicatore di quest'accresciuto livello economico (per alcuni) è stato l'adozione, nel lasso temporale di dieci anni circa, di tutti quei prodotti *status symbol*, come il cellulare e l'esplosione del fenomeno dei mototaxi, che hanno totalmente soppiantato le biciclette da trasporto, che per molto tempo sono state una delle immagini tipiche della città di Sicuani. Luciano ricorda con un misto di nostalgia *"le migliaia di risciò a forza viva che affollavano e coloravano Plaza de Armas al suo arrivo in città, di cui oggi non è rimasta nemmeno l'ombra"*.

Ma l'elemento più caratterizzante il cambiamento che la città sta subendo è rappresentato, per il sacerdote, dall'arrivo d'internet e dall'esplosione degli Internet bar. Luciano si spinge ad affermare che *"Internet ha cambiato o sta cambiando la famiglia, e in particolare negli ultimi cinque anni: i giovani si stanno globalizzando, in particolare nel modo di vestire e nel look, lasciando per strada un po' della loro cultura di origine"*. Il sacerdote poi rileva la preoccupazione, per alcuni trend economici già osservati da chi scrive, come l'inizio di una divaricazione fra chi ha e chi non ha, maggiore rispetto a prima. *"Rispetto ad anni fa,* continua, *è sicuramente aumentata la breccia fra ricchi e poveri, anche se non si può negare che l'avvento d'internet ha fornito a molti, più strumenti e canali di conoscenza, inoltre il fatto che circoli più denaro non significa che ci siano più persone e famiglie che vivono meglio. Anzi, dai dati in nostro possesso, parrebbe che negli ultimi due anni è addirittura aumentato il numero di persone che non riescono a soddisfare il loro fabbisogno di cibo e lavoro".*

Luciano ora si mette a mimare un improbabile bilancia e continua: *"Vi sono alcuni aspetti assolutamente positivi della globalizzazione come il maggior livello d'informazioni e di preparazione culturale che in qualche modo veicola, dall'altra parte, forse anche a causa di questa maggior interconnessione con il mondo, si sta osservando un lento ma inesorabile abbandono delle tradizioni culturali andine, tradizioni permeate di egualitarismo e eguaglianza che non sono certo i valori veicolati dalla rete. Inoltre, vi è tutto il tema della continua ricerca, fra gli adolescenti, del mito dell'originalità e del bel fisico, elementi anche questi (in particolare il primo) di difficile coniugazione con l'universo culturale andino".*

Sembra che l'elemento di cambiamento che il sacerdote italiano reputi più problematico (perché totalmente fuori controllo) sia quello riferito alla correlazione fra la maggior capacità economica e il cambiamento repentino dello stile di vita di molte famiglie. Luciano usa una metafora molto efficace e degna di nota *"è come essere passati nel giro di un intervallo brevissimo dal classico quaderno giallo usato dai maestri della sierra[43] alla ricerca su internet e al tablet, senza mai aver incontrato la soluzione intermedia, questo è quello che sta succedendo a Sicuani oggi e forse nel Perù intero".*

In verità, questa non è soltanto una metafora, è la realtà; oggi dal punto di vista didattico negli istituti scolastici, di ogni ordine e grado, si è davvero passati dal *cuaderno amarillo* a Wikipedia. Luciano ha solo metaforizzato questo evento, trasformandolo in uno strumento di comprensione e semplificazione della realtà. *"Questa nuova forma di comunicazione didattica sta producendo conseguenze negative sullo sviluppo educativo di molti giovani. Molti di loro non hanno le capacità minime per utilizzare al meglio forme di apprendimento così sofisticate, rischiando così di essere espulsi anzitempo dal circuito scolastico oggi diventato oltremodo competitivo".*

U. Pipitone, nel suo celebre saggio *"Crescere non basta",[44]* individua chiaramente, fra le principali cause di sottosviluppo dell'area latinoamericana, questa incapacità di collegare fra di loro i diversi aspetti dello sviluppo, di saper

---

[43] Il quaderno giallo è stato per anni l'unico strumento didattico usato dai maestri nelle zone montane. dell'America Latina, una sorta di compendio e sussidiario di tutte le materie insegnate.

[44] Pipitone U., *Ibidem*, pag. 17/18.

coniugare, la modernizzazione tecnologica con la qualità della vita e dei processi educativi, di saper coniugare in sostanza l'economico con il sociale e viceversa: modernizzazione senza sviluppo.

Sembra che dalla metafora di Luciano al celebre studioso italo-messicano il passo sia breve. Sembra, ascoltando la parola del sacerdote che questo cambio, questo sviluppo repentino non mediato da nessuna forma d'integrazione dei processi abbia portato all'emersione di problematiche nuove, nuove in questo contesto e rispetto al passato.

Luciano parla di fenomeni sociali nuovi:

1) *"la mobilità umana: la gente si sposta molto più di prima, sia nella città del Cuzco, sia in direzione di altre città del sud peruviano, soprattutto per motivi legati al lavoro. Fenomeno oramai abbastanza frequente il pendolarismo con Cuzco di lavoratori impegnati nel capoluogo del dipartimento dal lunedì al venerdì, che fanno ritorno a Sicuani solo per i week-end;*

2) *lo spostamento, graduale, ma inarrestabile, dalle campagne alla città;*

3) *la supremazia degli affari e del denaro, rispetto alle comunicazioni e alle relazioni affettive sentimentali e familiari. Questo produce*

ineluttabilmente una precarietà delle strutture sociali di base, prima fra tutte la famiglia".

Un altro fenomeno preoccupante è quello della lontananza fra genitori e figli: oltre all'esempio del genitore che lavora in altra città e che ritorna nei week end esiste anche la realtà degli adolescenti lasciati dai genitori a studiare da soli in città, realtà che si incontra, in particolare, nelle famiglie *campesine*. La regola è la seguente: mamma e papà continuano a vivere nella *puna*,[45] lasciando al figlio una dotazione in denaro per pagare l'affitto di casa e mantenersi. Di fatto, i minori in questa situazione rimangono fuori dal controllo della famiglia per tutto il periodo della scuola. Quanto descritto ha varie conseguenze sul piano sociale: pregiudica le relazioni familiari primarie anzitutto, ed ha un forte potere destrutturante sulle comunità *campesine* di origine dei ragazzi. Questa migrazione continua, di fatto, impedisce una vera e continua trasmissione dei valori comunitari agli esponenti più giovani della comunità, che finiranno per vivere così una situazione di pericolosa e perdurante liminalità:[46] non più portatori di valori e cultura

---

[45] Altopiano.

[46] Van Gennep A. *"I riti di passaggio"* Amsterdam, Il Mulino, 2002 (1912), pag. 80. Nei riti di passaggio la situazione di liminalità è quella in cui si abbandona uno stato (il vecchio) ma

andina ma nemmeno cittadini a tutti gli effetti.

Oggi, nella città, centro nevralgico di ogni attività, continua il missionario italiano *"prevalgono assolutamente l'aspetto più individuale e l'esito, il successo personale, più che l'aspetto comunitario e sociale che era la caratteristica, la virtù tipica e la ricchezza della cultura andina profonda"* cui aggiunge, con una punta di rammarico anche la progressiva perdita *"della dimensione religiosa della cosmogonia andina, con la sua dimensione spirituale, legata alla Pachamama[47] e relazionata agli Apus[48] presenza divina che permea ed è presente in ogni momento della vita, unite, collegate, "sincretizzate" e in qualche modo inglobata con la presenza cristiana"* oggi tutto questo viene messo in discussione *"con l'arrivo delle sette religiose cristiane[49] così intolleranti nei confronti di qualsiasi tipo di contaminazione e di allontanamento dalla purezza, ma collegate al mito del successo in terra, come riconoscimento delle benevolenza di Dio".*

---

ancora non si è entrati nel nuovo. Spesso questo distacco aiuta a riflettere sulla società appena abbandonata.

[47] Madre terra in lingua Quequa.

[48] Dei andini, presenti ovunque, dalle montagne, ai fiumi, ai ruscelli.

[49] Evangelisti, avventisti del 7° giorno.

Luciano la definisce la nuova conquista: la bibbia al servizio delle multinazionali nord americane ed europee delle miniere. Parlando di valori, prosegue il prete *"oggi ci troviamo di fronte ad una grande difficoltà nella trasmissione dei vecchi valori legati alla tradizione culturale andina".*

"Questi ultimi, sembrano irrimediabilmente soccombere di fronte a quelli veicolati dal progresso, di tipo materiale e edonistico".

Questi processi di cambiamento molto repentini portano con sé, una debolezza della struttura e della personalità dell'individuo e lo espongono, di conseguenza a un numero altissimo e spesso non fronteggiato adeguatamente, di tensioni, frustrazioni e pressioni.[50] I segnali tangibili di questo disagio trovano riscontro in una tassa di suicidi sempre più alta; in una depressione generalizzata;[51] in una frammentazione familiare; in una perdita di interesse per tutto ciò che è inter-comunitario; in una perdita, in un "annacquamento", in una costante erosione del quadro

---

[50] Moffat A." *Terapia de crisis, la emergencia psicologica*" Buenos Aires, Libro de ediciòn Argentina, 2007, pag. 37-40.

[51] Informazioni fornite dall'ufficio relazioni esterne dell'ospedale di Sicuani, e riferite all'anno 2011/2012.

valoriale tipico della cultura andina comunitaria.[52]

Luciano termina con un dato *"la cartina tornasole di questo cambiamento in corso, è la difficoltà nel trovare persone giovani che vogliano impegnarsi in attività di volontariato, sembra che l'aiuto al prossimo più' debole e in difficoltà sia un valore ormai passato di moda anche in questa parte di mondo. Non sono sicuro, ma credo che anche questo sia un sintomo dell'individualizzazione dei processi in atto. Oggi è molto più difficile rispetto a prima, intervenire in forma solidaria nella soluzione dei problemi, vi è una tensione a risolvere i conflitti in forma autonoma. Ma, ripeto questa forma di risoluzione delle controversie non fa parte della tradizione culturale andina".*

Un fatto sociale che testimonia questo cambiamento in atto è il rito dell'*empujadita*[53] economica che come tradizione, amici e parenti destinano alla nuova coppia: da semplice elemento di costume e di contorno sembra essere diventato il vero motore che porta una coppia a decidere di sposarsi. Spesso con quanto raccolto da questa colletta comunitaria, i neo sposi riescono a intraprendere piccole attività di tipo economico. La logica culturale del rito sembra

---

[52] Informazioni acquisite attraverso un incontro informale con alcuni operatori del CEDIF, avvenuto il giorno 06/02/14.

[53] Spintarella in lingua spagnola.

ribaltata.

Il mantra della competizione a tutti i costi, che oggi è diffuso, in particolar modo dalla scuola, mette in atto una pressione sociale molto forte, che espone in particolare i giovani e gli adolescenti, a progettare sogni che nella stragrande maggioranza dei casi, si trasformeranno in esperienze di frustrazione. Ne è un esempio evidente, il livello di pressioni cui è sottoposto uno studente di secondo grado da parte del suo gruppo familiare, per accedere all'università, tensioni che spesso portano a dei veri e propri casi di psicosi o esordi psichiatrici fra gli adolescenti, senza contare il tasso di suicidi (nel 2013, sette adolescenti fra i 13 e 17 anni si sono tolti la vita)[54] e appunto il fenomeno trait d'union con il mio lavoro di ricerca: l'uso/abuso di alcool.

Sono giunto alla fine di questo capitolo, orbene: l'obiettivo del quale era descrivere nella migliore e più chiara maniera possibile, il contesto ambientale, sociale, geografico teatro della mia ricerca. Spero di essere riuscito nell'intento di raccontare questo sperduto angolo del Perù, situato assolutamente fuori da ogni tipo di rotta turistica. Ho cercato di descrivere Sicuani, cercando di andare oltre le classiche immagini stereotipate dell'America Latina Andina,

---

[54] Informazioni fornite dall'ufficio relazioni esterne dell'ospedale di Sicuani, e riferite all'anno 2011/2012.

solite decantare come magiche queste terre, quasi mitizzandole, rinchiudendole, cristallizzandole, in una sorta di "presente etnografico" quasi a-storico, in una bolla impermeabile a ogni contaminazione e cambiamento.

Dietro l'apparente normalità della quotidianità, Sicuani è una città che soffre: modernità e tradizione ancora non riescono a trovare una sintesi culturale accettabile, che salvaguardi sia le esigenze di progresso sia quello di un minimo di stabilizzazione in termini identitari. Sicuani è da molto tempo una città di affari e di movimento economico, per cui non si può imputare alla sua vocazione mercantile la destabilizzazione culturale in atto: i principali imputati (se vogliamo utilizzare questo termine) sono le nuove tecnologie informatiche, che hanno connesso la città al mondo. Con internet è arrivato anche l'individualismo, la ricerca di originalità a volte esasperata, la competizione come valore assoluto, e la conseguente messa in discussione di tutta una serie di valori comunitarie e egualitari, non più ritenuti utili in un mondo che cambia a velocità folle. Il rischio magistralmente descritto da O. Lewis nel saggio *"Antropologia de la pobreza"* e di *"abbandonare la propria cultura, divorziare da essa, senza aver ricevuto in cambio nessun altro sostituto che oggetti materiali"[55]* o peggio aggiungo io, sogni totalmente irrealizzabili.

Rischio, accresciuto dalla constatazione, che la città non possiede ancora gli strumenti e gli anticorpi culturali per poter sincretizzare modernità e tradizione. L'incognita è appunto legata alla capacità di riuscire a elaborare per il futuro prossimo, una sintesi fra queste due tensioni. Una sfida ardua.

Figura 2: Lo scrivente in compagnia del R.P. Luciano Ibba, Sicuani 24/02/14

---

[55] Lewis O. "Five familias" (Mexican case study in the culture of poverty), Fondo de Cultura Economica, New York, 1959, pag. 13.

CAPITOLO SECONDO: LO STUDIO

Cornici e orizzonti teorici e metodologici di riferimento: l'antropologia applicata e dello sviluppo, l'antropologia della violenza, l'antropologia della povertà. Impostazione e disegno del lavoro di ricerca. Impostazioni metodologiche del lavoro di ricerca. Azioni pratiche del lavoro di ricerca: le interviste. Azioni pratiche del lavoro di ricerca: l'osservazione partecipante. Descrizione attuale del fenomeno uso-abuso di alcool a Sicuani.

2.1. Cornici e orizzonti teorici e metodologici di riferimento: l'antropologia applicata e dello sviluppo, l'antropologia della violenza, l'antropologia della povertà

Questo saggio si concentra, come ampiamente illustrato nel capitolo precedente, sull'analisi di un fenomeno, l'uso/abuso di alcool, circoscritto all'area geografica di Sicuani e della Provincia di Canchis, all'interno del Dipartimento del Cuzco, Perù.

Questo triangolo: Uso/abuso di alcool; violenza intra-familiare; trasmissione di una cultura dell'alcool è il nucleo problematico della ricerca.

L'ipotesi di partenza è che *in un ambiente particolare come quello alto andino, intriso di povertà, violenza e relativa mancanza di opportunità, l'uso/abuso dell'alcool rappresenti un anestetico, un auto-medicamento dell'anima a situazioni di vita così difficili.* Tale ipotesi nasce dall'osservazione effettuata dallo scrivente anche in altri contesti andini e latinoamericani delle modalità di utilizzo molto particolari della sostanza in questione, in particolare da parte degli uomini, ma come vedremo nel proseguo del lavoro, non solo. Storicamente, il problema dell'alcolismo è stato approfondito nell'area latinoamericana attraverso studi di tipo medico e psicologico[56] e, quasi mai (a parte il meticoloso lavoro di T. Saignes e Robert Randall)[57] con un taglio socio-antropologico. Quest'impostazione ha prodotto un notevole corpus di conoscenze e di letteratura adeguata a trattare il fenomeno secondo questi due punti di vista. Oggi più che mai però sembra necessario e non più rimandabile un allargamento, un arricchimento e un'integrazione della sfera

---

[56] Horwitz, Marconi, J & A. Castro "Bases para una epidemiologia del alcolismo en Peru y America Latina"(Acta) Buenos Aires, 1967, pag. 75-83.

[57] Saignes T. (a cura di), S alazar Soler C.,Randall R.,Harvey P.,Abercrombie T.,Healt D.B. "Boracchera y Memoria", Hisbol/IFEA, Lima, 1993.

culturale nello studio e nell'interpretazione dell'approccio all'alcool nei paesi andini.

Approcciare il fenomeno dal punto di vista medico (e in sott'ordine psicologico) ha portato a una naturale sottovalutazione e ad un misconoscimento delle origini culturali della *borrachera* andina: l'uso compulsivo viene derubricato e diagnosticato sovente come sintomo di problematiche di ordine sia sanitario sia psico-sociale e imprigionato all'interno di queste rappresentazioni. Come già ampiamente trattato nell'introduzione, dirigere il radar di ricerca verso altri aspetti che non siano eminentemente medici non significa sottostimare la portata sanitaria di questa problematica; credo sia esattamente il contrario se posso esprimere un parere. Riconoscere anche agli aspetti culturali dare "dignità", significa imparare a leggere in maniera globale un dato evento, e questo non può che portare ad una comprensione più lucida e totale di quanto "osservato" da qualcuno e "diagnosticato" da qualcun altro. E' chiaro dare riconoscimento alla prospettiva antropologica significa offrire un credito alla disciplina che ne definisce i termini e i confini: l'Antropologia Culturale.

Tale disciplina si propone di descrivere nel modo più ampio possibile, il senso dell'essere uomini. La prospettiva antropologica è olistica e quindi, nata per essere utilizzata in contesti multi-disciplinari di lavoro. E' comparativa ed evolutiva e si affida al concetto di cultura per spiegare le diversità dei modi umani di vivere. Come afferma l'Antropologo Britannico T. Ingold[58] *"il miglior testo di antropologia si distingue per la capacità di accogliere le idee provenienti dalla ricerca di materie del tutto lontane dai suoi confini convenzionali e di collegarle fra loro in modi che gli stessi loro autori non avrebbero riconosciuto pur avendo maggiormente approfondito la propria disciplina"*.

Giunto a questo punto è necessario svelare quali sono state le pietre miliari, i "concetti guardiani" che mi hanno guidato nell'interpretazione del fenomeno analizzato. Per rendere più semplice la comprensione utilizzerò lo schema grafico e sinottico in basso nella figura 1: l'insieme più grande rappresenta l'antropologia applicata che fa da cornice teorica- pratica al mio lavoro di ricerca. L'Antropologia applicata è una branca dell'antropologia che sfrutta l'informazione derivante da altre specializzazioni antropologiche per proporre soluzioni a problemi pratici. Alcuni antropologi possono utilizzare le idee di una

---

[58] Lavenda H.R.,Shultz E. A. *"Cultural Antropology: a perspective of the human condition"*, Zanichelli, Illinois, 2009, pag. 13.

particolare cultura in fatto di malattie e di salute per proporre nuove pratiche sanitarie in forme che i seguaci di quella cultura possano comprendere. Altri possono sfruttare la conoscenza dell'organizzazione sociale tradizionale per alleviare le difficoltà dei rifugiati che tentano di stabilirsi in un nuovo territorio.[59]

Negli anni recenti alcuni antropologi si sono impegnati in questioni politiche, partecipando attivamente ai processi sociali volti a disegnare il futuro di colore fra il quale operano:[60]ne è discesa una diversa comprensione di ciò che l'antropologia applicata costituisce. Les W. Field, per esempio, ha affrontato la storia dell'antropologia applicata alle riserve dei nativi americani, il "territorio indiano", negli Stati Uniti egli ha costatato che verso la fine del ventesimo secolo si è verificata una trasformazione di grande rilievo passando "dall'antropologia applicata nel territorio indiano, alle applicazioni, nel territorio indiano degli strumenti antropologici allo scopo di conseguire finalità tribali".[61]Questa nuova impostazione induce spesso gli

---

[59] Lavenda H.R.,Shultz E. A. "*Ibidem*" Illinois, 2009, pag. 10-11

[60] Segnalo fra i tanti. Moore Sally, Les W. Field, Stocks Anthony.

[61] Lavenda H.R.,Shultz E. A. "Ibidem" Illinois, 2009, pag. 11

antropologi a lavorare nell'arena legale, per offrire la propria competenza in svariate situazioni come per esempio favorire leggi volte alla restituzione, in America Settentrionale, di artefatti di valore o di terre tribali, ai nativi americani o ancora in difesa dell'integrità dei diritti territoriali indigeni in America Latina. Declinando quest'approccio specifico al mio lavoro di ricerca sul campo, uno degli obiettivi ipotizzabili era quello di scoprire se all'interno delle caratteristiche culturali osservate si potevano individuare elementi che attualizzati potevano diventare uno strumento di prevenzione e di contrasto del fenomeno. Se si poteva in sostanza, provare a immaginare un percorso di consapevolizzazione e di prevenzione rispetto alla problematica dell'alcolismo in quella parte del mondo, utilizzando non metodologie calate dall'alto e spesso originarie di altri contesti ma *"herramientas"*[62] locali.[63]

---

[62] Strumenti in spagnolo

[63] Come puntualmente avvenuto con le due metodologie importate dall'Europa e dagli Stati Uniti, gli alcolisti anonimi e l'associazione alcolisti in trattamento (metodo Hudolin): queste metodologie, in particolare la seconda, nata nel contesto Italiano negli anni '60, non sono mai riuscite a fare breccia nel differente contesto andino per la propria incapacità di "tradurre" e di rimodulare dal punto di vista culturale altrui l'impostazione teorica di base. Questa incapacità ne ha decretato nei fatti il fallimento.

All'interno dell'insieme troviamo anche l'antropologia dello sviluppo: la ragione della disposizione di questa branchia dentro l'insieme dell'antropologia applicata nasce dall'oggettivo riscontro della prossimità teorico-pratica fra questi due approcci di studio. Per esempio gli antropologi che lavorano per le agenzie governative o non governative (NGO), oppure semplicemente in contesti non accademici (es. centri di salute e di azione comunitaria in Argentina, CESAC), descrivono il loro lavoro come antropologia della pratica, sottolineando oltremodo la vicinanza fra A. dello sviluppo e A. applicata. L'antropologia dello sviluppo nasce con l'obiettivo riconosciuto di provare a ridurre le distanze fra le differenti concezioni della parola "sviluppo" appartenenti a chi i progetti li teorizzava prima li metteva in atto poi (Governi, Ong, cooperazione decentrata) e i destinatari finali, i target, di questi interventi: spesso gli abitanti dei paesi in via di sviluppo. Il linguaggio dello sviluppo, è spesso un linguaggio tecnico o addirittura iper-tecnico infarcito di aspetti paternalistici: fino a qualche anno fa, i popoli del sud del mondo e in particolare le proprie componenti indigene, erano presentati nei discorsi ufficiali come portatori di una "saggezza ancestrale" e come "guardiani della terra". Tali approcci non facevano altro che veicolare nell'immaginario collettivo e nell'ambito del mondo degli aiuti internazionali, un'immagine stereotipata dell'indigeno, portatore di una saggezza ancestrale ma rinchiuso in una bolla a-storica, immobile e insensibile ai cambiamenti, in perenne attesa di essere salvato dagli aiuti internazionali. Vari studi successivi (Bastide 1975; Malighetti 1990; Oliver de Sardan 1995; Gorza 2012; Colajanni 2000/2012) hanno dimostrato che in realtà, questa bolla è assolutamente qualcosa di costruito, artificiale, quasi un etero-percezione e una ricerca dell'etnico e dell'esotico a tutti i costi. Questi processi tendono a esaltare le peculiarità culturali più distanti da noi (in un continuum immaginario più vicino, più distante) e a occultare gli aspetti meno distanti dove emergono più visibili i segni di questa continuo fluire e mischiarsi delle culture. Spesso sono costruzioni create per "vendere" un'immagine e un'idea, di altro da noi, distante, puro, e buono per i turisti.

Le Comunità, indebolite culturalmente e soggette a una pressione economica non trascurabile (in tanti paesi in via di sviluppo il turismo è la principale entrata economica dello stato), finiscono per integrare queste etero-percezioni che arrivano dall'esterno, di fatto però, rielaborandole, in un continuo processo di mimesi e scambio fra vecchio e nuovo e fra locale e globale, inserendole a pieno titolo nel loro frame culturale. L'antropologia dello sviluppo (ma in realtà un po' tutta l'antropologia culturale) può diventare uno strumento adeguato per confutare appunto l'uso totalizzante del concetto di culture, uso che nato con fini para divulgativi, in un completo ribaltamento dei suo fini originari, ha finito spesso per diventare l'arma di chi della purezza e della difesa della cultura voleva fare uno strumento di esclusione.

Riferito al mio lavoro di ricerca sul campo, il rimando a questa branchia dell'Antropologia fa esplicito riferimento alla sistemazione dello stesso, all'interno di un progetto e di un intervento di cooperazione e sviluppo fra una realtà locale, la parrocchia di Sicuani (con personalità giuridica) ed una italiana, l'associazione italiana Assistenti Sociali Senza Frontiere. Cooperare con una realtà come quella peruviana in un ambito delicato e specifico come quello dei servizi sociali (con particolar enfasi alla parte di ri-progettazione dei servizi sociali) significa mettere costantemente alla prova le nostre conoscenze tecniche apprese nei percorsi universitari di professionisti del nord del mondo, una volta arrivati a contatto con sistemi culturali e di welfare differenti.

Contrariamente a quanto si è pensato per tanti anni in Italia, la conoscenza degli elementi culturali dei gruppi che a diverso titolo afferiscono ai servizi sociali sono fondamentali anche nella fase di programmazione di tali servizi. Una preconoscenza dei contesti di arrivo dei migranti per esempio unita ad una preparazione connessa alle loro concezione di social service può essere la discriminante fra un buon intervento e un intervento male organizzato quando non dannoso. Per tale motivo, l'intervento di ASSF in Perù, associazione che lo ripeto, compie interventi e progetti di servizio sociale, è stata preceduta da un accurato studio del contesto e delle caratteristiche socio-culturali dello stesso. Un certo tipo di antropologia della pratica è stata da subito uno degli strumenti e degli attrezzi del mestiere impiegati in questo contesto: una scheda di rilevazione dei fabbisogni basici di un minore non può essere semplicemente la trasposizione di quella utilizzata nei nostri servizi per minori in Italia, ma necessiterà di un "adeguamento", di una "traduzione" e di un inserimento di indicatori assolutamente sconosciuti nel nord del mondo. Porto ad esempio l'esperienza della partecipazione dello scrivente ad un colloquio nel 2011 ove venivano poste alla giovane madre alcune domande su alcuni aspetti che in altri contesti geografici verrebbero considerati fattori assolutamente scontanti come la domanda *"quanto e se il bambino ha mangiato oggi"*, o *"se la casa è in cemento, in legno o in adobe"*. La capacità di leggere le variabili culturali tipiche di un'area e di un gruppo umano e in seguito, estrarne le parti "traducibili" e "ri-convertibili", e inserirendole all'interno di un progetto di cooperazione, è una competenza tipica dell'antropologia dello sviluppo, strumento indispensabile quindi per un intervento come quello di Sicuani: un'antropologia applicata a un intervento di cooperazione e sviluppo nell'area dei servizi sociali.

Continuando nella descrizione della figura 1 passiamo in rassegna il terzo dei quattro pilastri teorici che mi hanno guidato in questo lavoro di ricerca: l'antropologia della violenza.

Nell'immaginario collettivo al di fuori dell'America Latina, il Perù andino è associato alle caratteristiche di correttezza, umiltà, non pericolosità, indios pacifici.

Nelle agende della *Lonely Planet,* come sul sito delle zone a rischio della Farnesina, determinati momenti storici a parte, (i dieci anni interessati dalle azioni dell'Organizzazione terroristico-rivoluzionaria *Sendero Luminoso*), Bolivia e Perù sono sempre stati considerati paesi a rischio contenuto.

Se si pensa a luoghi pericolosi nel continente centro e sudamericano, i primi paesi cui normalmente si fa riferimento sono il Brasile, il Venezuela, la Colombia oltre a Guatemala, Honduras, Salvador e Messico. Quasi mai il Perù. La realtà è ben diversa, come ogni studioso di questa parte del mondo sa alla perfezione.

Esistono vari tipi di violenza, ma due in particolare sono specifiche dell'area latinoamericana: quella più visibile e portatrice di percezioni d'insicurezza e quella latente, sotterranea, misconosciuta, spesso non percepibile La prima è quella tipica di determinati contesti dove il livello di violenza e di pericolosità, lo si avverte, lo si "annusa nell'aria", sviluppa un forte potere di condizionamento delle scelte anche quotidiane, in particolare rispetto agli spostamenti e sovente è tipica delle grandi città; la seconda può essere ovunque, non ha radicamenti territoriali precisi, è più una modalità di non espressione di sintomi visibili che un mero riferimento geografico. Senza tracciare confini assurdi e invalicabili, per quanto concerne la città oggetto dello studio posso senz'altro affermare che il livello di violenza presente si avvicina in maggior misura alla seconda tipologia. Sicuani sembra tutto tranne che una città insicura: si può sostare a tutte le ore della notte senza timore di incorrere in aggressioni di nessun tipo (se si è di sesso maschile, è bene evidenziarlo) ed è molto difficile anche essere testimoni di fenomeni di violenza urbana come risse, aggressioni.

Nonostante un traffico cittadino ai limiti dell'umana tolleranza e un totale disinteresse per le regole del codice della strada, non ho mai assistito a episodi di violenza stradale. La capitale delle Provincia di Canchis, se guardata con occhi superficiali sembra una città tranquilla. Sappiamo bene che però non è così: nell'anno 2013 i dati sulla violenza intra-familiare sono stati molto alti, le donne che hanno denunciato di essere state vittima e oggetto di violenza sono state 1.817 nella città di Sicuani su un totale di 2.452 accessi all'ospedale pubblico, mentre per la Provincia di Canchis parliamo di 3.639 su 4.631 accessi totali negli otto centri di salute sparsi per la provincia. Ricordiamo che la città di Sicuani ha una popolazione di 62.000 abitanti e la Provincia di Canchis ne ha 108.000. Numeri importanti, non serve lo scrivente ad affermarlo. Per capire meglio questa apparente incoerenza mi servirò di alcuni strumenti di analisi delle situazioni di violenza appresi durante un corso di perfezionamento biennale in mediazione comunitaria dei conflitti, corso organizzato dall'università di Genova e dall'Associazione San Marcellino che trae ispirazione dall'immenso bagaglio teorico del sociologo norvegese J. Galtung. Tale corso è stato organizzato in collaborazione con l'Associazione CIEDEPAX,[64] presente in tutti i paesi dell'America Latina, con sedi principali a Città del Messico

---

[64] Centro Internacional de Estudios sobre Democracia Y Paz Social Argentina.

e Buenos Aires: l'obbiettivo di questa formazione era di socializzare fuori dal contesto latinoamericano, l'esperienza del lavoro di mediazione comunitaria nei quartieri emarginati in Argentina, Bolivia, Brasile, Cile, Guatemala, Uruguay[65], e possibilmente di formare operatori in grado di utilizzare tali strumenti per fronteggiare le problematiche di gestione dei conflitti nel contesto urbano genovese e italiano.[66]

J. Galtung, sociologo di formazione, premio Nobel per la pace ha sempre sostenuto che la violenza e il conflitto formano parte della nostra vita quotidiana. A volte, un certo tipo di violenza sembra addirittura imprescindibile come diritto alla resistenza e all'oppressione. Esistono vari tipi di violenza e non tutti sono visibili: Galtung individua quattro macro famiglie di violenza consequenziali e legate in qualche modo, una all'altra. La violenza strutturale, la violenza istituzionale, la violenza psicologica e la violenza

---

[65] I docenti di questo corso erano tutti argentini: fra i più noti Alejandro Natò, difensore civico della Città di Buenos Aires e Carlos Vezzulla, professore a contratto presso l'università Pontificia di S. Paolo del Brasile.

[66] Nel 2014 è nata l'Associazione di Mediazione Comunitaria e di prossimità di Genova (AS.MED.COM) formata dai circa 70 operatori che hanno partecipato al corso di sensibilizzazione effettuato nell'anno 2012.

materiale. L'ordine non è casuale. In un'immaginaria piramide rovesciata, egli pone nella parte più altra la violenza strutturale, che si trova all'apice, segue a cascata l'istituzionale, la piscologica e alla base si trova quella materiale.[67]

L'impostazione teorica di Galtung è molto interessante e ben si adatta in particolare al contesto latinoamericano. La violenza fisica, materiale, visibile non sarebbe altro se non il risultato finale di una violenza che si annida in maniera profonda nei gangli della società e delle istituzioni e che trova appunto il suo terminale, la sua "pistola fumante" spesso nella parte più bassa della piramide sociale.

Una violenza che permea l'interno sistema, che tollera comportamenti più sottili e difficili da far emergere, che eleva la brutalità a sistema. Una violenza che prende parte e dà forma alla costruzione di esseri umani, che tenderanno così a routinizzare, normalizzare e naturalizzare le quattro forme individuate da Galtung all'interno dei loro percorsi di vita. L'antropologia conosce molto bene questi processi di naturalizzazione e incorporazione di determinate pratiche in determinati contesti. L'aspetto interessante dello schema di

---

[67] Materiale estratto dal corso di perfezionamento in mediazione comunitaria dei conflitti, docenza di A. Natò del giorno 04/03/12.

Galtung è la proporzionalità inversa dei livelli di visibilità delle pratiche di violenza. Più si sale (violenza strutturale e violenza istituzionale) più queste pratiche sembrano meno visibili, più si scende, verso la violenza materiala e più questi comportamenti acquistano visibilità. Non più una piramide rovesciata, ma un iceberg, dove la parte visibile è rappresentata dalla violenza materiale e fisica; tutti gli altri tipi di violenza analizzati da Galtung, si trovano invece sotto il livello dell'acqua. Utilizzando questa chiave teorica per spiegare la violenza riscontrata a Sicuani potremmo affermare che la tipologia riscontrata, la tipologia intra-familiare si situa a fra la violenza fisica e quella piscologica, e quindi si situerebbe nel nostro ipotetico iceberg sia nella parte emersa sia nella parte non emersa. Le modalità assolutamente "intra" farebbero propendere però per una collocazione più spinta verso la parte immersa. Allargando questa rielaborazione teorica (che altro non è), meglio si comprende perché spesso le zone alto andine siano considerate secondo una certo immaginario collettivo condiviso zone tranquille: il livello di violenza resta sommerso, sotterraneo, come un fiume coperto e deviato dal suo letto che aspetta la prima pioggia per esondare e spazzare via tutto. La violenza esiste e sovente si palesa nelle più meno visibili come appunto la violenza intra-familiare e piscologica (delle altre due tipologie "Galtunghiane" parlerò nel quarto capitolo).

La tragica esperienza dei dieci di guerra *Sucia*[68] fra *Sendero Luminoso* e l'esercito peruviano hanno rivelato[69] quanto profondo possa essere l'abisso di terrore raggiunto da queste parti del mondo.

E' importante inoltre non misconoscere i rilevanti processi storici che hanno "prodotto" e veicolato, più all'esterno che in patria quest'idea dell'apparente tranquillità dei popoli andini: da sempre queste aree sono state sottoposte a un livello di violenza prima da parte degli spagnoli e poi dei latifondisti, molto elevato. Da questo lato del mondo, gli indigeni e i campesinos (che spesso qui sono la stessa cosa) hanno elaborato strategie di resistenza, a

---

[68] Guerra sporca in lingua spagnola.

[69] Fra il 1980 e il 1994, l'autoproclamato gruppo guerrigliero partito comunista del Peru-Sendero Luminoso di ispirazione maiosta, guidato dal professor Abimael Guzman ingaggiò una lotta feroce per il potere con lo stato peruviano: alla fine della guerra civile e alla cattura nel 1994 del capo di Sendero, il risultato fu di circa 75.000 morti, dei quali 45.000 a carico del gruppo guerrigliero e il restante a capo dell'esercito peruviano. Gli indigeni e i campesinos furono loro malgrado i grandi protagonisti di questa pagina di storia sia come integranti di Sendero Luminoso (il 90%) sia come vittime delle opposte violenze (esercito e gruppo guerrigliero).

queste consuetudini di violenza coloniale e post-coloniale ben prima della grande stagione del riconoscimento dei diritti indigeni (anno '60 secolo scorso): queste strategie erano fatte sostanzialmente di pratiche quotidiane di sopportazione ed evitamento di situazioni considerate a rischio.[70] Juan Pablo Mamani Quispe, ex- docente e mediatore dei conflitti, intervistato dallo scrivente durante i due mesi di ricerca (e che avrà molto spazio nel capitolo dedicato alla violenza in Perù) racconta che *"ancora nei primi anni '60 il Perù era un paese del medioevo: i latifondisti erano proprietari non solo delle terre ma spesso anche dei corpi delle persone, bastava poco, uno sguardo, un atteggiamento poco remissivo per far scattare le ire dei terratenientes".[71]*

E ipotizzabile quindi che tali atteggiamenti di remissività e spesso timore incorporati nelle pratiche e negli *habitus* quotidiani[72] dei campesinos e degli indigeni abbiano

---

[70] Dall'intervista con J.P. Mamani Quispe effettuata il giorno 24/02/14.

[71] Proprietari terrieri in lingua spagnola.

[72] Concetto elaborato dal sociologo e filosofo francese P.Bourdieu durante il suo lavoro di campo nella Cabilia algerina negli anni 1958/1960, l'Habitus si riferisce in particolare ai processi e agli effetti di incorporazione della cultura, atti che divengono abitualizzati e naturalizzati, introiettati oltre che

contribuito a generare nell'immaginario collettivo occidentale, la rappresentazione distorta dell'autoctono alto andino come una persona pacata, non violenta e pacifica. Immagine molto distante dalla realtà delle cose.

Rimanendo sempre all'interno del quadro teorico e metodologico dell'antropologia della violenza due antropologi e un sociologo-filosofo in particolare hanno prodotto dei lavori di ricerca dei cui quali è impossibile non tener conto: mi riferisco ai contributi dell'americana Nancy Sheper-Hughes, dell'italiano Fabio Dei e ai concetti di violenza simbolica e di *habitus* di Pierre Bourdieu, francese.

La prima è una figura molto importante nello sviluppo di un lavoro di approfondimento sulle varie manifestazioni della violenza riscontrate a Sicuani (in particolare quella intra-familiare di genere) ed è una della più convinte fautrici della via "impegnata" dell'antropologia. Secondo l'antropologa americana l'antropologia non può più far finta di non vedere, mascherandosi dietro la pretesa di mancanza di strumenti teorici per analizzare la violenza, nelle situazioni di ricerca sul campo. La testimonianza etnografica della violenza deve condurre necessariamente a una

---

mentalmente anche nelle reazioni del corpo. Da Pavanello M. "*Fare Antropologia*" Torino, Zanichelli, 2010, pag. 57/58

concezione "militante" della disciplina.[73]

L'autrice nel saggio inserito nel libro curato da F. Dei, "Antropologia della violenza" passa in rassegna alcuni episodi di violenza estrema del secolo scorso, sempre con l'atteggiamento molto critico nei confronti della posizione "pilatesca" che in alcuni situazioni storiche ha contraddistinto l'Antropologia. Altresì rilegge in maniera critica, il contributo della "culturalizzazione" messa in atto in alcuni contesti (Sudafrica) e come il risultato di questo eccessiva modalità di approccio alle differenze, sia stato, in qualche modo responsabile delle politiche di segregazione razziale varate dal governo Sudafricano nel 1960.[74]

Il contributo più interessante e ricco di spunti ai fini anche del mio lavoro di ricerca è quello riguardante la teorizzazione del concetto di "piccoli genocidi quotidiani". Misconoscimento quotidiano di diritti, umani, sociali, di cittadinanza messi in atto in contesti a forte asimmetria di potere, spesso da genti dello Stato. L'antropologa ci rimanda a un'infinità di "piccole guerre e genocidi invisibili" condotti negli spazi sociali normativi; nelle scuole; negli ospedali; nei tribunali; sui luoghi di lavoro. Questo processo rinvia alla

---

[73] Dei F. (a cura di) "*Antropologia della violenza*", Meltemi, Roma, 2005, pag. 56.

[74] Dei F. (a cura di) "*Ibidem*" Meltemi, Roma, 2005, pag. 282.

capacità umana di ridurre gli altri allo stato di non-persone ed è un meccanismo che dà una struttura, un significato e una logica alle pratiche di violenza simbolica quotidiane.

Altro importante contributo dell'autrice e utile strumento per orientarmi nella lettura degli episodi di violenza analizzati a Sicuani, è l'aver collegato sofferenza e potere (ricordiamoci Galtung) attraverso una riflessione teorica che scompone e ridefinisce la violenza come qualcosa in più di un assalto fisico, diretto, visibile e chiaramente definito (la violenza fisica e materiale di Galtung).

La violenza, per l'antropologa americana, opera, come già ribadito, lungo un continuum che include dimensioni strutturali, simboliche, quotidiane e intime[75]. Il concetto di violenza strutturale si riferisce al modo in cui l'organizzazione politico-economica della società esercita la propria influenza devastante sulle categorie sociali più vulnerabili. Sheper-Hughes ha usato il concetto di violenza quotidiana per richiamare l'attenzione sulla produzione sociale d'indifferenza alla brutalità istituzionalizzata "culturalizzata". La sua analisi rivela, per esempio come il "genocidio invisibile" dei bambini che muoiono di fame

---

[75] Bourgois P. & Schonberg J. *"Reietti e fuorilegge: antropologia della violenza nella metropoli americana"*, Derive & Approdi, New York, 2009, pag. 35-36

nelle favelas brasiliane[76] sia normalizzato e legittimato dai rituali burocratici e dalle procedure mediche ordinarie e descrive la funzione consolatoria della religione per le madri povere.[77] Lo scrivente ha esteso e parzialmente cambiato il concetto della studiosa americana (l'esiguità del tempo a disposizione non mi ha dato la possibilità di soffermarmi e isolare aree dove era possibile riscontrare questo fenomeno) utilizzandolo, per comprendere l'intreccio fra violenza intra-familiare, violenza strutturale e uso-abuso di alcool.

Viene naturale agganciandoci al concetto di violenza simbolica proporre la variante proposta da Pierre Bourdieu: il filosofo e sociologo francese collega le pratiche e i sentimenti violenti che si manifestano nell'immediato con le strutture di dominazione coloniale.[78] Tale concetto si riferisce in particolare ai meccanismi che portano i subordinati a "misconoscere" la diseguaglianza quale ordine naturale delle cose e a biasimare se stessi per la propria

---

[76] L' antropologa americana ha lavorato a lungo nelle principali favelas di Rio de Janeiro e S.Paolo fra gli anni '80 e '90 prima come medico e poi come ricercatrice.

[77] Sheper Hughes N., "*Death Without Weping: the Violence of Everyday Life In Brazil*", Routeledge, San Francisco, 1992.

[78] Bourdieu P. "*Per una teoria della pratica*", Raffaello Cortina, Droz-Ginevra-Parigi, 2003(1972).

posizione all'interno della gerarchia sociale. Attraverso la violenza simbolica, le diseguaglianze sono presentate come realtà di senso comune e si riproducono a livello subconscio nelle categorie ontologiche condivise dalle classi e dai gruppi di una determinata società. Quello di violenza simbolica è un concetto particolarmente utile per approfondire il legame fra uso-abuso di alcool e livello di povertà nella città di Sicuani: l'ipotesi di partenza iniziale di questo lavoro di ricerca, ricordiamolo, era trovare elementi che corroborassero la mai tesi che in un contesto particolare come quello alto andino, intriso di povertà, violenza e relativa mancanza di opportunità, l'uso/abuso dell'alcool rappresentasse un anestetico, un auto-medicamento dell'anima a situazioni di vita così difficili. L'alcool come unica via di uscita da una situazione di vita terribile perché appunto "naturalizzata".

Il concetto di *habitus* fu elaborato dal sociologo e filosofo francese durante la sua permanenza nell'Algeria francese negli anni 1958-1960 in piena sollevazione popolare per l'ottenimento dell'indipendenza dalla Francia: egli iniziò una profonda e acuta osservazione delle pratiche sociali osservate nella Cabilia algerina. Da queste osservazioni scaturirono delle importanti riflessioni: suggerì di guardare le pratiche non come se fossero azioni singole, ma di osservarne invece le condotte, in altre parole ciò che si uniforma nel tempo, si standardizza, si consolida.

Lo studioso francese era convinto che le pratiche si creassero attraverso l'interiorizzazione delle strutture sociali e costituissero l'interiorizzazione di ciò che si è interiorizzato. L'*habitu*s si riferisce in particolare ai processi e agli effetti di incorporazione della cultura, attraverso pratiche corporali che vengono, in maniera quasi inconscia, "routinizzate", naturalizzate, introiettate, incarnate sia mentalmente sia nelle reazioni del corpo[79].

Si parla, in sostanza, di processi d'incorporazione della cultura, di disposizioni e automatismi corporali. Nell'indagine sui comportamenti a rischio legati all'uso-abuso di alcool a Sicuani, il concetto di habitus può fornire interessanti chiavi di lettura del fenomeno in particolare nel tentativo di comprendere come alcuni comportamenti, alcune modalità di approccio alla sostanza siano sino a che punto interiorizzati e culturalizzati. Come questi schemi di consumo siano trasmessi culturalmente di padre in figlio in maniera meccanica o viceversa, all'interno di questa trasmissione culturale di modelli, vi sia spazio per l'innovazione.

---

[79] Si parla infatti di" *MindfullBody*", letteralmente "mente nel corpo", mente incorporata.

Ho deciso di terminare la lunga parentesi sull'antropologia della violenza, con l'antropologo Fabio Dei, che in particolare con due lavori molto importanti ("*Antropologia della violenza*" del 2005 e del recentissimo "*Grammatiche della violenza*", dei quali è stato sia curatore sia autore di alcuni capitoli) ha ampiamente riflettuto sul significato della violenza e su come l'antropologia può essere uno strumento di analisi di questo fenomeno. Da qualche anno in Italia, infatti, le ricerche etnografiche, le esperienze di "campo" e i dibattiti teorici sul tema della guerra, della violenza di massa e di genere sono diventati parte importante delle discipline antropologiche. Si tratta di lavori maturati, da un lato, nel quadro teorico di scuole e tradizioni di ricerca etnologica nell'ambito dell'America Latina, del Medio Oriente e dell'Africa subsahariana. Dall'altro, sempre nel nostro paese si è sviluppato un filone di studi sulla memoria della violenza di massa del Novecento, con particolare riferimento agli eccidi civili perpetrati nel 1944 dalle forse nazifasciste. I lavori del primo tipo si muovono nella prospettiva di quello che in ambito anglosassone è stata chiamata *fieldwork under fire:* una ricerca sul campo in contesti sconvolti da guerre e violenze in corso o comunque molto recenti, con un forte grado di partecipazione soggettiva e di coinvolgimento emozionale e persino corporeo del ricercatore (un campo simile e vicino all'Antropologia militante di Sheper-Hughes). Quelli del secondo tipo si collocano in un diverso quadro teorico e metodologico, più vicina alla ricerca storica, e sono caratterizzate per un utilizzo molto forte delle fonti orali e dello studio delle forme d'espressione della memoria pubblica. Sono ricerche effettuate in contesti più vicini nello spazio e culturalmente più familiari ma più distanti nel tempo e nella memoria, nei quali il coinvolgimento del ricercatore e sicuramente di tipo diverso.[80]

Quale contributo specifico può portare l'antropologia alla comprensione della violenza? Vi è una specificità nell'approccio antropologico rispetto a quello di altre discipline che affrontano sistematicamente questo tema? Secondo il prof. Dei e il gruppo di ricercatori che hanno collaborato alla stesura dell'ultimo saggio, la peculiarità tale specificità consiste proprio nel trattare la violenza come comportamento "significativo", ovvero culturalmente codificato. Tradotto in linguaggio antropologico, significa partire da l'idea che la violenza si strutturi come una pratica culturalmente significativa. Esiste una diffusa convinzione di

---

[80] Dei F.,Di Pasquale C. "Grammatiche della violenza: esplorazioni etnografiche fra guerra e pace", Pacini, Pisa, 2013, pag. 8

senso comune che vede nella violenza un'esplosione di furore pre-culturale e presociale, ciò che resta quando i codici culturali vengono meno. In effetti, in un certo senso la violenza si contrappone alla cultura: più precisamente, in molte occasioni essa funziona ripercorrendo a ritroso la strada della cultura, distruggendo e disfacendo in pochi attimi il lavoro paziente di domesticazione del mondo, di costruzione di legami e sentimenti morali, che la cultura compie nei suoi tempi lunghi.[81] Questo si può osservare sia a livello micro-sociale rifacendosi a fenomeni come ad esempio la violenza domestica e intra-familiare di Sicuani, sia a livello macro-sociale come, guerre, pulizie etniche, violenza urbana. Ma la davvero la violenza è pre-culturale? Il fatto che abbia il potere e la facoltà di distruggere, non significa di per sé che la violenza non sia guidata da una logica di tipo culturale: troppi gli esempi di "culture della violenza" per dare per buona la variante di "vuoto".

Come giustamente riporta F. Dei,[82] "l'idea che la violenza discenda semplicemente da un vuoto di cultura non sta nel senso comune, che sembra ricondurla ad una dimensione

---

[81] Dei F., Di Pasquale C. *"Ibidem"* Pacini, Pisa, 2013, pag. 8.

[82] Dei F., Di Pasquale C. *"Grammatiche della violenza: esplorazioni etnografiche fra guerra e pace"*, Pacini, Pisa, 2013, pag. 12.

selvaggia appunto pre-culturale ("l'uomo è una belva") e quindi barbarica. Rimandare i significati della violenza alla bestialità dell'uomo significa misconoscere tutte quelle pratiche e azioni culturali di costruzione dell'opzione violenta: nell'Argentina dei generali fu forte la tentazione di circoscrivere l'orrore dei voli della morte e dei 30.000 *desaperacidos*[83] come un azione messa in atto da un manipolo di sadici pazzi sanguinari totalmente fuori controllo. In realtà come narrato magistralmente da Baltasar Garzon e Vicente Romero nel loro libro-documentario *"El alma de los verdugos"*[84] si arrivò alla sterminio dopo un lungo processo di tipo politico, religioso, economico e culturale che contribuì alla costruzione di un nemico interno da abbattere. Nessuna azione di nessun manipolo di pazzi, quindi, ma un freddo e organizzato piano di sterminio in cui la cultura fu forse l'asse portante del progetto. L'opzione "vuoto culturale" sottolineerebbe perciò, come la possibilità di compiere il male scaturirebbe da una mancanza. Lo spazio

---

[83] Fra il 1976 e il 1983 in Argentina scomparvero 30.000 persone, molte delle quali uccise attraverso i famigerati "voli della morte": vedi anche Marco Gaspari 2013 *"La costruzione del nemico interno nell'Argentina dei militari: una prospettiva antropologica"*.

[84] Baltasar G., Romero V., *"El alma de los verdugos"* RBA Libros, Barcelona-Buenos Aires 2008.

lasciato vuoto dalla cultura è riempito dalla violenza.

Quest'impostazione non soltanto è errata sotto svariati punti di vista ma lo è, in particolare, in riferimento ad un'aspetto rilevante, decisivo nella ricerca antropologica: il misconoscimento e la conseguente sottovalutazione di come viene concretamente praticata la violenza e di come si impara a praticarla (antropopiesi della violenza). L'ottica antropologica, con il suo incedere "al revès"[85] come un salmone deve tendere alla comprensione e alla ricostruzione dei modelli culturali che plasmano una soggettività capace di compiere il male e di come questi modelli vengano successivamente incorporati e naturalizzati nelle pratiche quotidiane. Echi non troppo lontani di P.Bourdieu. Non è, infatti, la coscienza astratta che impara a compiere la violenza ma il corpo, sono le mani, i piedi dei torturatori argentini a compiere le atrocità. Queste pratiche diventano come guidare una macchina o nuotare:"un sapere essere" e "un saper fare" talmente introiettato da apparire naturale. Il nostro compito come antropologi è smontare questa naturalità.

Lo scrivente si è servito di questa impostazione metodologica di ricerca per ripercorrere a ritroso i percorsi di

---

[85] Al contrario in lingua spagnola.

violenza intra familiare e uso e abuso di alcool a Sicuani: quanto questi episodi si collochino all'interno di una cornice di eventi violenti improvvisati o quanto invece l'utilizzo di alcool diventi un detonatore di brutalità, un apriscatole "emotivo" e nello stesso tempo un stabilizzatore di relazioni familiari e di genere asimmetriche fatte di machismo e soprusi? E quanto questi comportamenti sono incorporati e naturalizzati e tramandanti di padre in figlio, così da perpetuare quell'asimmetria di cui parlavamo sopra? Compito del ricercatore è capire se queste manifestazioni di violenza connesse all'uso-abuso di alcool rispondano a logiche culturali specifiche, conosciute o misconosciute agli attori che le mettono in pratica. Mai come in questo caso ci viene incontro Clifford Geertz che confutando definitivamente l'approccio scientista di Levi Strauss ridefinisce lo scopo dell'antropologia e dell'etnografia: ricerca di significati e non di leggi; fornitura di nuovi dati ma anche e soprattutto messa in discussione della teoria.[86]

Chiudo il capitolo con la descrizione dell''ultima delle aree di ricerca da cui ho attinto: l'antropologia della povertà. Specifico che quando si parla di povertà non s'intende solo e soltanto quella di tipo economico: Sicuani è, come ho

---

[86] Geertz C. "*Interpretazioni di culture*", Il Mulino, New York, 1998 (1973).

illustrato in precedenza, una città in forte transizione verso forme di economia e di commercio differenti dal passato e sta attraversando una fase di forti cambiamenti in molte sfere. Permangono situazioni di povertà reale, ma allo stesso tempo, mai come in passato, per chi ha la fortuna di avere un'età compresa fra i venti e i trent'anni, sembra possibile affrancarsi dal bisogno economico.

La realtà è molto più complessa di come la si descrive: la "cartolina tutto compreso" offerta da molte accademie e istituti universitari di Sicuani promette un'idea di successo personale ed economico spesso difficile da realizzarsi. L'aderenza a questo modello di successo richiede sovente un'adesione acritica ai valori legati alla competitività e al successo personale e un abbandono di quei valori comunitari, di solidarietà reciproca sul quale si sono basate le relazioni umane in questa parte del mondo sino a poco tempo fa. Questa è anche la povertà di cui parlo. Il rischio di forte perdita dell'identità culturale e la conseguente perdita di uno zenit orientativo, la caduta in una condizione di perdita dei riferimenti normativi che per anni hanno fatto da sfondo e dato una cornice di senso può portare a un processo di "vuoto per pieno". Lo svuotamento forzato e molto veloce di quei modelli che per anni sono stati la bussola e il collante sociale e l'immediata riempitura con valori e modelli spesso in totale contrapposizione con i vecchi. Oscar Lewis con due testi fondamentali nella comprensione delle dinamiche della povertà sia materiale sia culturale, è stato il mio salvagente teorico e metodologico. I due testi di cui parlo sono *"Antropologia de la Pobreza"*[87] del 1959 e le *"Culture della povertà"*[88] del 1970.

Il primo libro è il racconto dettagliato di una giornata nella vita di cinque famiglie messicane immigrate dalla provincia zapoteca alla capitale, già conosciute dall'antropologo americano nei loro villaggi di origine. Egli torna dopo anni a visitare le sue cinque famiglie, ormai insediate nei sobborghi di Città del Messico: la sua è davvero una descrizione "densa" cui abbina una capacità di osservazione rara. Egli ha saputo captare in quest'opera il mondo sociale fatto della povertà, d'illusioni e delusioni, e di speranza di un cambio di vita della tipica figura del migrante verso le megalopoli. Egli descrive un mondo fatto di fatica, lavori malpagati, diseguaglianza di genere, violenza e uso di alcool, che pur essendo frutto di una ricerca realizzata nei pressi di Città Del Messico è comunque estendibile almeno a

---

[87] Lewis O. "Five familias "(Mexican case study in the culture of poverty), Fondo de Cultura Economica, New York, 1959.

[88] Lewis O. "La cultura della povertà", Il Mulino, New York, 1970.

tutta l'area latinoamericana.

Il secondo libro è invece una raccolta di saggi, tra i più significativi della sua produzione scientifica, apparsi nell'arco di venticinque anni, fra il 1941 e il 1966. Un posto di rilievo lo occupa il saggio che dà il titolo al libro "Le culture delle povertà" in cui è riesposto in forma più sistematica il concetto di subcultura della povertà.

Le ragioni della connessione fra questi due libri e la mia ricerca sul campo sono molteplici: in primis supplisce alla mia mancanza di strumenti antropologici idonei a dare una lettura dei cambiamenti in corso nella città di Sicuani. Tutte le cinque famiglie osservate da O.Lewis vivevano in situazioni di forti mutamenti sociali, in particolare per il loro passaggio dai piccoli centri ai *barrios* periferici di città del Messico, mutamento contraddistinto da un passaggio da una cultura campesina fortemente impregnata di valori comunitari ad una cultura urbana connessa invece alla logica del profitto e della sopravvivenza. Contemporaneamente, il Messico aveva avviato nel periodo storico della ricerca, tutta una serie di riforme modernizzatrici, in particolare dal punto di vista economico, tentando di diminuire il grande gap nei confronti degli Stati Uniti. Come osservato anche a Sicuani questi processi non sono mai indolori: la modernizzazione chiede spesso la messa al bando di pratiche dal sapore egualitario e di tradizioni spesso considerate un fardello di tipo culturale. Siamo, pur con le debite differenze in una situazione abbastanza simile a quella che sta attraversando ormai da un ventennio la città teatro della mia ricerca. Lo studioso americano sottolinea come spesso questi processi di modernizzazione accelerata subiti dai paesi del sud del mondo, diano vita a situazioni paradossali, dove riprendendo la metafora già utilizzata prima del "vuoto per pieno", le persone prima divorziano dalla loro cultura (in particolare chi riesce ad aver un minimo di successo economico), ma in cambio non ricevono una cultura "sostitutiva", ma soltanto beni ed oggetti materiali, rimanendo orfani per sempre, o meglio sotto-culturalizzati a vita.

In particolare lo studioso americano si concentra sul concetto di *cultura della povertà:* concetto che, prima dell'uscita di *"Five Familias: Mexican Case Studies in the Culture of Poverty"* datato 1959, era stato discusso in ambito antropologico relativamente poco. Egli parte dal presupposto che in tutta la storia conosciuta come in letteratura ci imbattiamo in due valutazioni opposte della natura dei poveri. Alcuni lo descrivono come un essere umano benedetto, virtuoso, retto, sereno, indipendente, onesto, cortese e felice. Altri lo descrivono malvagio, meschino, violento, sordido e criminale.[89] Queste valutazioni, talora apprioristiche e infarcite di luoghi comuni vengono però rispecchiate all'interno delle differenti concezioni di lotta alla povertà (che troppo spesso di declina in guerra ai poveri). Chi pone l'accento, spesso anche in maniera retorica, sulle grandi potenzialità dei poveri nel fare da sé, nei processi di leadership politiche dal basso, chi invece mette in risalto l'effetto talora irreversibile e distruttivo della povertà su carattere individuale, e pone di conseguenza, in risalto la necessità che la guida e il controllo di tali processi politici dal basso rimangano nelle mani della classe media, la quale gode di una migliore salute mentale. Uno dei capisaldi del pensiero di Lewis è quello connesso alla constatazione che nelle nazioni moderne e in via di sviluppo, la povertà non è soltanto una questione di privazione economica, di disorganizzazione o dell'assenza di qualcosa.

La cultura della povertà tende a crescere e a manifestarsi nelle società che presentano la seguente serie di condizioni: 1) economia, compensi della mano d'opera e produzione miranti al profitto; 2) una percentuale persistentemente elevata di sottooccupazione per quanto concerne la mano d'opera non specializzata; 3) paghe basse; 4) incapacità di

---

[89] Lewis O. *"La cultura della povertà"*, Il Mulino, New York, 1970, pag. 94-95.

creare un'organizzazione sociale, politica, su base volontaria a favore della popolazione di basso reddito; 6) infine, l'esistenza di una serie di valori della classe dominante che pongono l'accento sull'importanza dell'accumulazione della ricchezza e della proprietà e interpretano la povertà come il risultato finale ed irreversibile dell'incapacità e dell'inferiorità personale dei poveri[90]. Il sistema di vita che viene a determinarsi in queste condizioni è la *Cultura della Povertà*. Le difficoltà nascono quando il ricercatore deve in qualche modo "diagnosticare" la cultura della povertà: ad esempio in una società molto istruita come ad esempio la nostra, l'analfabetismo può essere un elemento diagnostico di tale tipo di cultura al contrario ad esempio dell'universo culturale Rom ove essendo l'analfabetismo ampiamente diffuso, può capitare di incontrare benestanti analfabeti.

Comunemente, la cultura della povertà, viene a determinarsi quando un sistema sociale ed economico di un certo tipo è sostituito da un altro: in questo vuoto di valori, in questo intermezzo culturale, in questa temporale "anomia" fiorisce la cultura della povertà. I candidati più probabili sono le persone che provengono dagli strati più bassi di una società in rapido mutamento e che sono già in parte alienate.

---

[90] Lewis O. "*Ibidem*", Il Mulino, New York, 1970, pag. 95.

Per esempio fra i lavoratori agricoli, che scappano dalla miseria, cercando nei pressi delle città migliori condizioni di vita, la cultura della povertà può attecchire molto più rapidamente rispetto a chi ha sempre vissuto lavorando la propria terra pur in condizioni di vita molto difficili dal punto di vista economico e sociale. E' questa la grande differenza fra povertà e cultura della povertà. Ciò che la contraddistingue dal concetto di povertà tout court è il basso livello di organizzazione sociale e quel senso di marginalità e di anacronismo in una società divenuta estremamente complessa e specializzata. Osservata poi dal punto di vista familiare, la cultura della povertà ha delle caratteristiche abbastanza indiscutibili: l'assenza della fanciullezza come stadio particolarmente protratto e protetto, la precocissima iniziazione al sesso, le libere unioni matrimoniali, l'incidenza relativamente elevata dell'abbandono di mogli e figli, la tendenza alle famiglie centrate sulla donna o sulla madre, una forte predisposizione all'autoritarismo e la mancanza d'intimità. Passando a esaminare le caratteristiche individuali della cultura della povertà queste sono principalmente un forte senso di marginalità, d'impotenza, di dipendenza e d'inferiorità. Altre caratteristiche di taglio psico-sociale sono un'incidenza molto alta nell'ambito delle cure materne[91], un'oralità esasperata, l'incapacità di dominare gli impulsi, la forte tendenza a vivere alla giornata con una capacità relativamente scarsa di rimandare i piaceri e di fare progetti sensati e non grandiosi e irrealizzabili per il futuro, un senso di fatalismo, la convinzione molto diffusa della superiorità maschile e una grande tolleranza per la violenza e la patologia mentale e l'uso-abuso di alcool.

Le particolarità testé citate mi riportano sulle Ande e si ricollegano al mio lavoro di ricerca con strumenti di analisi e di comprensione nuovi: il concetto in questione mi permette di analizzare il significato di alcune caratteristiche socio-antropologiche dell'area oggetto di studio e di alcuni comportamenti ed eventualmente di riconoscerne l'appartenenza o la prossimità alla cultura e sotto-cultura della povertà. La città di Sicuani presenta peculiarità interessanti per essere indagate con questo strumento diagnostico. Tratterò questa parte nei capitoli quarto e quinto, quelli legati ai significati e alle connessioni dell'uso dell'alcool con la violenza e la povertà.

---

[91] Nel 2011 lo scrivente fu testimone nella città di Sicuani del fallito tentativo di due medici neuropsichiatri italiani di trasmettere alle madri del posto i principi e le tecniche della "*estimulacion temprana*", ovvero le tecniche di massaggio, di interrelazione con bambini piccolissimi.

In questo capitolo ho cercato di evidenziare quale cassetta degli attrezzi ho impiegato nell'indagare il fenomeno oggetto della ricerca. Per rappresentare le mie aree di referenza teorica ho utilizzato uno schema visivo (pagina successiva) che trasmettesse l'idea della grande correlazione fra le quattro differenti impostazioni teorico metodologiche, e di come queste potessero offrimi degli spunti e delle chiavi di lettura rispetto al tema trattato. Spero di esservi riuscito.

Dopo aver tracciato l'orizzonte teorico alle spalle della ricerca, nel prossimo capitolo, andrò a raffigurare sia le azioni pratiche di tale lavoro, sia l'organizzazione e sia la pianificazione in loco, in una sorta di diario svelato dei miei mesi d'attività di campo.

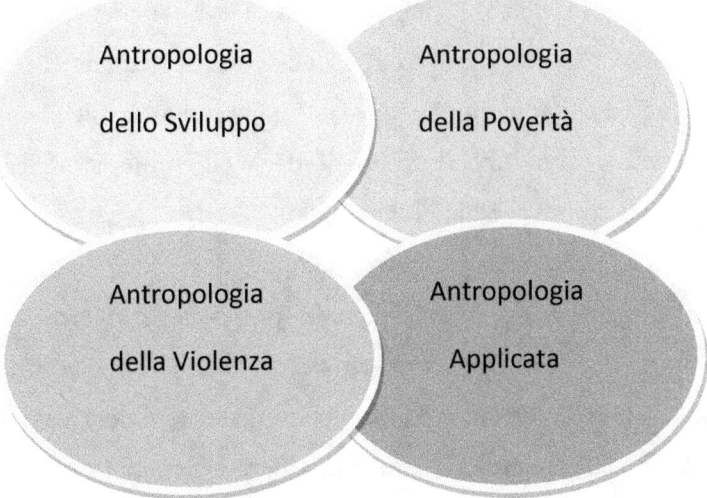

Figura 3: si noti l'interconnessione delle quattro impostazioni di studio.

2.2. Impostazione e disegno del lavoro di ricerca

Un lavoro di ricerca come quello effettuato dallo scrivente, seppur relativamente breve nel tempo e nella permanenza sul campo, richiede una lunga attività di preparazione e di studio, svolta molto prima della *"discesa in campo"*. Innanzitutto vanno verificate le disponibilità alloggiative per il periodo della ricerca e vanno verificate nei vari luoghi dove si intende permanere. Il grosso del mio studio si è svolto nella città di Sicuani, ma la complessità della ricerca mi ha portato a permanere per brevi periodi anche in altre città peruviane.

Queste sono state, in rigoroso ordine cronologico di permanenza Cuzco, Puno e Lima. Devo ammettere che soltanto Sicuani e Cuzco sono state programmate e pianificate con molto anticipo dall'Italia. Le altre due (Lima e Puno) sono state il frutto di decisioni prese in itinere quando mi trovavo già in Perù.

Pur rilevando la grande importanza della fase di organizzazione e di allestimento prima della ricerca sul campo, va detto che non tutto è rinchiudibile all'interno di tale stadio: credo anzi che ogni buon ricercatore debba avere la capacità di improvvisare e di ridefinire continuamente i confini del suo lavoro. Così è stato per me.

Già a Luglio del 2013, dopo aver chiesto e ottenuto l'autorizzazione a svolgere una ricerca sul campo di taglio antropologico all'interno del quadro d'intervento dell'associazione ASSF in Perù, prendevo contatti con il sacerdote Luciano Ibba che mi assicurava la sua disponibilità ad offrirmi ospitalità gratuita per tutto il tempo che avrei ritenuto opportuno, inoltre chiedevo al sacerdote italiano, dopo avergli esposto dettagliatamente il motivo della mia permanenza a Sicuani e gli obbiettivi del mio lavoro di ricerca, se gli era possibile già da quel momento individuare alcuni attori, che a diverso titolo avrebbero potuto offrirmi spunti interessanti ed originali sul tema oggetto della mia indagine.

Il tema del *Gatekeeper*,[92] del "ponte" di collegamento è un tema importantissimo e dibattuto in antropologia come in sociologia, un po' come il ruolo del mediatore.

Luciano è stato per me un po' uno e un po' l'altro, vista anche la sua lunga permanenza a Sicuani: mi ha in un certo senso offerto degli spunti di riflessione su alcune aree interessanti da approfondire e mi ha indicato anche personalità di particolare spessore culturale ed esperienziale il cui contributo alla ricerca è stato oltremodo prezioso. Egli

---

[92] Figura ponte di mediazione fra il ricercatore e il contesto oggetto della ricerca.

non ha agito da link principale ma mi ha messo a disposizione dei contatti poi sviluppati ulteriormente dallo scrivente. Come una sorta di ragnatela, ogni collegamento mi ha messo in contatto con un altro nodo del sistema. Ciò che temevo molto all'inizio, ovvero il venire riconosciuto soltanto come una sorta di *lunga manus* del sacerdote, facendo perdere di genuinità e di spontaneità l'intero impianto di ricerca, non è accaduto. Luciano è stato il motore centrale dell'irradiamento della ricerca, il propulsore, ma decisivi sono stati in particolare dei link più esterni (in particolare Sonia la responsabile dell'ufficio relazioni con il pubblico dell'ospedale di Sicuani).

Rispetto invece alla fase di studio effettuata nella città del Cuzco, nel Settembre 2013 prendevo contatti con l'Associazione *Bartolomè de Las Casas*[93], e dopo aver illustrato dettagliatamente il mio progetto di ricerca, ottenevo l'autorizzazione a visitare e a utilizzare la fornitissima biblioteca del centro culturale. L'Associazione *Bartolomè de Las Casas* è uno dei principali centri culturali

---

[93] Associazione specializzata in cultura andina, proprietaria di una delle più fornite biblioteche di tutta l'America Latina. Gestisce inoltre tre hotel, un negozio di souvenir, un bar-forno, una libreria, un centro congressi.

presenti in America del Sud: si occupa da almeno trent'anni di diffusione e promozione della cultura andina e si fa spesso promotore di seminari e convegni di approfondimento su questo argomento. Per chi fa ricerca nell'area in questione come lo scrivente, era imprescindibile non cogliere l'opportunità di consultare la sua fornitissima biblioteca.

Come già rilevato, Lima e Puno furono esperienze di ricerca non programmate:

- Puno fu la base operativa per l'osservazione dei modelli di approccio all'alcool all'interno del festival della Candelaria a inizio febbraio. La mia permanenza nella città lacustre fu di alcuni giorni. Pernottai un hotel a prezzi popolari nella zona del centro, molto vicino ai luoghi, dove avrei portato a termine le osservazioni.

- La ricerca di un libro antico, mi portò in quel di Lima, ospite per circa 4 giorni di una fantastica famiglia peruviana nel quartiere periferico di San Juan de Lurigancho.

2.3. Impostazione metodologica del lavoro di ricerca

Ogni ricerca etnografica dovrebbe avere alle proprie spalle, oltre che una salda impostazione teorica di riferimento, anche una sorta di "manuale d'uso" che esponga chiaramente quali sono stati gli strumenti metodologici utilizzati nella raccolta dei dati e delle informazioni sul campo.

Nel presente lavoro ho utilizzato tre strumenti principali d'indagine e raccolta d'informazioni: le interviste qualitative ad attori locali esperti del fenomeno (medici, insegnanti, antropologi, mediatori, ecc.); l'osservazione partecipante effettuata nei principali luoghi di consumo; la ricerca storica necessaria a tracciare una mappa storiografica delle grammatiche di uso e abuso in quest'area del Perù.

Il primo strumento quello dell'intervista qualitativa è stato utilizzato in particolare per approfondire alcuni aspetti indicativi dei fenomeni osservati. L'I.Q. si situa al confine fra l'antropologia e la sociologia, e risulta molto utile per "accorciare" i tempi di comprensione di alcuni aspetti di fondamentale importanza. La struttura dell'intervista è variabile: può comprendere sia un ampissimo margine di libertà concesso all'intervistato, sia situazioni molto più regolamentate dove lo spazio accordato è leggermente minore. Le prime sono molto utili nelle situazioni in cui esiste una "macro domanda" ampissima, al cui interno possono confluire elementi fra i più disparati: la modalità "aperta" è molto utile nei tentativi di comprensione di fenomeni complessi. Porto ad esempio l'intervista effettuata al R. P. Luciano Ibba cui avevo dato "il mandato" di descrivermi i cambiamenti avvenuti in città dal suo arrivo, quindici anni fa. In tale occasione, ho volutamente lasciato ampio spazio al sacerdote, interrompendolo raramente. Le seconde sono invece utili quando il ricercatore ha necessità di approfondire, anche con la richiesta di dati, alcune situazioni più specifiche e meno generali. Ho utilizzato questa modalità in particolare con gli operatori sanitari dell'ospedale (la psicologa Dott.ssa Tiquera e il medico Dott.ssa Gamarra) e con l'assistente sociale del CEM rispetto ai dati sulla violenza di genere, e sul numero di accessi per intossicazione da alcool, entrambi riferiti all'anno 2013. Ho sempre ritenuto i rigidi e invalicabili steccati accademici inutili e addirittura controproducenti. Credo fermamente che la contaminazione fra stili metodologici d'indagine afferenti da diverse aree accademiche raffiguri non un indebolimento teorico metodologico, bensì una modalità elastica e moderna per fare ricerca. Nel presente lavoro, in alcune parti, i confini fra ricerca sociologica e ricerca antropologica sono assolutamente saltati, venuti meno: alcuni elementi, alcuni aspetti, non potevano essere indagati esclusivamente con gli occhiali dell'antropologia. In tali circostanze ho scelto di "cambiare le lenti di osservazione" evitando in questo modo, di forzare la realtà alla teoria.

La seconda chiave metodologica utilizzata per raccogliere dati e informazioni sul fenomeno studiato è stata l'osservazione partecipante: si tratta di un principio che si fa risalire a Malinowsy e ai suoi studi, ai primi del 1900, su isole lontane. Egli ruppe con la tradizione di studio e ricerca vigente in quell'epoca, che vedeva una netta divisione fra lavoro di campo-etnografia e antropologia. Basti ricordare che alcuni fra i più importanti antropologi dell'epoca, considerati padri della disciplina come James Frazer e Edward Burnett non avevano mai svolto un giorno di ricerca sul campo. In generale gli antropologi a quell'epoca, tutti appartenenti alla corrente evoluzionista, consideravano la ricerca, un lavoro di teorizzazioni su dati che altri soggetti procuravano loro. L'idea chiave rivoluzionaria dell'antropologo polacco era quella di basare la ricerca etnografica sull'osservazione partecipante, che diventava in questo modo il metodo fondante dell'antropologia. Egli fece coincidere il lavoro di teorizzazione antropologica con la ricerca etnografica.

L'osservazione partecipante è una tecnica d'indagine che consente di considerare da vicino, quasi da dentro, l'esperienza condivisa con gli appartenenti a una cultura diversa da quella del ricercatore. Occorre però porre l'accento su alcuni aspetti di fondamentale importanza: l'antropologo pur impegnandosi con i modi di fare dell'ambiente in cui si trova, non deve assolutamente trasformarsi in un membro della comunità che studia, ne accogliere acriticamente le parti negative di quella cultura, misconoscendole. Pensarsi un'agente "neutro" o considerarsi sullo stesso piano di chi si studia, sarebbe un grave errore metodologico. Si è sempre in una posizione intermedia, né di qua né de là, ma perennemente in mezzo. Ed è proprio questa posizione intermedia che permette di rilevare, "riscoprire", quegli aspetti della cultura studiata che gli autoctoni, in quanto inseriti dalla nascita in quel contesto culturale spesso non riescono a cogliere. Questa distanza permette di comprendere che quanto considerato naturale da un dato gruppo umano, è in realtà l'esito finale di processi di culturalizzazione, spesso anche vecchi di secoli: chi è inserito da sempre nello stesso ambiente, difficilmente può rendersi conto della costruzione culturale "alle sue spalle", perché è stato educato ed allevato, a pensare agli *habitus* quotidiani come naturali. Devo poi precisare un altro aspetto: l'osservazione partecipante è una tecnica di ricerca complessa che prevede l'inserimento di un osservatore all'interno del gruppo oggetto d'indagine, non soltanto per fare domande, ma per comprendere tutto quello che ruota attorno all'intervistato. L'aver partecipato a cene collettive, l'essere andato nei luoghi di ritrovo e di consumo, mi ha permesso di cogliere aspetti e comportamenti di fondamentale importanza nella costruzione del mio lavoro di ricerca. Infine, l'osservazione partecipante come afferma Clifford Geertz non deve solo tendere alla mera spiegazione di un dato fenomeno, ma spingersi sempre nella ricerca dei significati "indigeni" e "interni" di ogni fatto sociale indagato.

Il terzo strumento, quella della ricerca storica è necessario per non delimitare l'orizzonte di studio al solo presente: per capire alcuni fenomeni attuali è necessario leggerli e interpretarli all'interno di un continuum spazio temporale. Per anni l'antropologia ha studiato "l'altro" immaginandolo e rinchiudendolo in una bolla "a-storica", e questo ha prodotto spesso delle raffigurazioni statiche, cristallizzate delle società studiate. Basti ricordare le parole di Radcliffe Brown che affermò "anche quando la storia di una società è documentata, essa rimane comunque irrilevante per uno studio funzionale".[94] Quest'approccio fu messo in discussione da Evans Pritchard, molto critico nei confronti

---

[94] Pennaccini C. (a cura di), *"La ricerca sul campo in antropologia: oggetti e metodi"*, Carrocci, Torino, 2012, pag. 323-326.

dell'impostazione del funzionalismo "indifferente verso la storia", autore d'immagini etnografiche puramente sincroniche.

La deformazione ottica "dell'appiattimento sul presente" produce invariabilmente la perdita del significato della storia: in questo senso l'antropologo si deve muovere un po' come una sorta di Indiana Jones, sempre alla ricerca di cose scomparse. Pur considerando la ricerca sul campo, incardinata sul fattore dell'esperienza, la trave su cui si regge ogni etnografia, va comunque evidenziato che essa presenta anche dei limiti. Basti pensare, infatti, a quante cose sfuggono all'occhio del ricercatore soltanto perché vittime di grandi trasformazioni (in positivo) o letteralmente spazzate via (in negativo). Personalmente credo che ogni indagine di tipo etnografico necessiti anche di un inquadramento storico e cronologico, senza il quale sarebbe impossibile comprendere qualsiasi fenomeno studiato nel presente.

In sostanza queste sono state le scelte metodologiche utilizzate nell'ambito di questo lavoro di ricerca sul campo.

2.4. Azioni pratiche del lavoro di campo: le interviste

Questa parte di lavoro è quella che definirei centrale nella costruzione del lavoro d'indagine: ogni intervista rispondeva a un'esigenza particolare del ricercatore e doveva restituiva allo stesso maggiori elementi circa la comprensione del fenomeno oggetto di studio. Era molto importante delimitare e definire anticipatamente che cosa ricavare da ogni intervista in modo tale da rivolgere le domande più corrette e meno dispersive possibili. Ho preferito utilizzare una modalità di interazione con gli intervistati meno strutturata possibile, introducendo brevemente l'argomento che avrei avuto piacere approfondire per poi lasciare ampio spazio alle persone intervistate: in alcuni casi ho risollecitato l'intervistato ribadendo o riformulando le domande quando si intravedeva il rischio di "allargare" troppo gli argomenti trattati. Per scelta metodologica e anche di rispetto non ho mai preso appunti durante le interviste che sono state tutte portate a termine con l'ausilio di un registratore digitale Olympus di ultima generazione. Solo l'intervista con il R.P. Luciano Ibba è stata anche registrata con un supporto video (una videocamera digitale Panasonic). Tutti gli altri attori hanno preferito non comparire in video. Tutte le interviste, anche quella con il sacerdote italiano sono state effettuate in spagnolo.

Procedo ora con la descrizione accurata delle dieci interviste effettuate, rilevando il ruolo che ogni intervista ha avuto e la sua collocazione all'interno del presente lavoro. Ribadisco che tutte le interviste integralmente riportate verranno collocate alla fine dell'ultimo capitolo come appendici.

1) La prima intervista è realizzata il giorno 22 gennaio 2014 con la Dott.ssa Sabina Gamarra, pediatra dell'Ospedale Pubblico di Sicuani, scopo di quest'incontro era approfondire alcuni aspetti importanti circa l'incidenza dell'uso di alcool fra gli adolescenti a Sicuani, esclusivamente da un punto di vista medico e clinico. *Volevo comprendere meglio se all'allarme sociale collegato all'uso e abuso di alcool fra adolescenti in città e condiviso a vari livelli, corrispondessero dati che potevano in un certo modo, confermare o sconfermare tali inquietudini.*

2) La seconda intervista è stata realizzata il giorno 24 gennaio 2014 con l'Assistente Sociale del CEM (*centro emergencia mujer*) di Sicuani. Scopo di questo incontro era approfondire quanto incidesse il ruolo dell'alcool nei casi di violenza intra familiare. *Volevo misurare in particolare dal punto di vista quantitativo la connessione uso-abuso di alcool e violenza domestica.*

3) La terza intervista è stata realizzata sempre il giorno 24 gennaio 2014 con la Psicologa Dott.ssa Sonia Tijera, referente del Centro di aiuto alle persone con PPAC dell'ospedale pubblico di Sicuani. Scopo di quest'incontro era approfondire e conoscere la tipologia delle persone seguite dal centro, il tipo di accesso, l'incidenza dei giovani, i dati totali del 2013. *Volevo in sostanza "pesare" e misurare l'intervento e l'impegno pubblico rispetto al problema dell'uso-abuso di alcool in città.*

4) La quarta intervista è stata realizzata il giorno 30 gennaio 2014 con la Dott.ssa Carmen Escalante Antropologa e docente universitaria, all'interno della biblioteca del Centro Bartolomè de Las Casas di Cuzco. Scopo di questo incontro era approfondire gli aspetti rituali del consumo di alcool nel Perù andino prima e dopo la conquista. *Volevo comprendere quanto l'uso dell'alcool e della chicha facessero parte dell'universo culturale andino, da quanto tempo, cercando di coglierne gli aspetti fortemente rituali da quelli meno rituali. Inoltre era per me fondamentale capire in quale modo l'arrivo del vino portato dagli spagnoli abbia contribuito a modificare l'approccio degli andini con le sostanze.*

5) La quinta intervista è stata realizzata il giorno 3 febbraio 2014 con la Dott.ssa Sonia Quispe Mamani, legale del Demuna[95] della Provincia di Chanchis. Scopo di questo incontro era approfondire gli aspetti sociali dell'uso-abuso di alcool. *Volevo approfondire le conseguenze di tipo sociale del consumo di alcool in città, sia quello definito problematico, sia quello definito "normale". Mio obiettivo era misurare quanto fosse normalizzato e routinizzato all'interno delle pratiche familiari, sociali e comunitarie un certo tipo di approccio alla sostanza e dove veniva posto il confine fra problematico e non problematico.*

6) La sesta intervista è stata realizzata il giorno 5 febbraio 2014 con il Sig. Leonardo, promotor educativo[96] del CEDIF[97] di Sicuani. Scopo di questo incontro era approfondire un aspetto molto delicato, ovvero il ruolo dell'alcool all'interno dei fenomeni di disgregazione familiare a Sicuani. *Dato il suo ruolo di assoluta prossimità con le famiglie che si rivolgevano al centro, volevo misurare, più in*

---

[95] Dipartimento aiuto alla mujer provinciale

[96] Figura a metà strada fra l'educatore e l'operatore di strada.

[97] Centro di sviluppo integrato della famiglia.

maniera qualitativa che quantitativa, la centralità dei problemi alcool correlati, in questa tipologia di nuclei domestici afferenti al CEDIF, già contraddistinti da oggettivi problemi di ordine e sociale economico. Volevo capire se il problema dell'abuso fosse più frequente fra le famiglie a più basso reddito.

7) La settima intervista è stata realizzata il giorno 7 febbraio 2014 con il Dott.Baca, Giudice della famiglia della Provincia di Canchis. Scopo di questo incontro era di approfondire, dal punto di vista sociale e penale, il ruolo dell'alcool nei casi di violenza familiare e la sua diffusione nella quotidianità. *Volevo capire le connessioni fra questi due fenomeni, ma finanche afferrare il livello di naturalizzazione e d'incorporazione di condotte violente e di uso-abuso di alcool. Inoltre intendevo capire il ruolo di "confine" fra quotidiano ed extra quotidiano dell'alcool e dei rituali a esso collegati.*

8) L'ottava intervista è stata realizzata il giorno 15 febbraio 2014 con il R.P. Luciano Ibba, parroco di Sicuani. Scopo di questo incontro era di conoscere e approfondire i processi di cambiamento in atto in questa città negli ultimi quindici anni e i fenomeni

sociali più importanti associati a tali cambiamenti. *Volevo fotografare la realtà attuale a partire dai grandi mutamenti avvenuti dall'insediamento del sacerdote avvenuto quindici anni fa sino ad oggi, cercando di coglierne particolarità locali e spinte culturali di scala più ampia.*

9) La nona intervista è stata realizzata il giorno 17 febbraio 2014 con la Dott.ssa Doris, psicologa e coordinatrice della comunità per minori abbandonati "*Posada de Belem*" di Sicuani. Obiettivo dell'incontro era comprendere quanto l'uso dell'alcool fra gli adolescenti nella città si potesse inquadrare come una sorta di nuovo rito di passaggio, di continuazione di una tradizione culturale legata all'abuso o invero come qualcosa ancora non definibile. *Questo non definibile era appunto rappresentato da queste "nuove" modalità di uso, (discoteche, luoghi di ritrovo fuori città, fuori dal controllo delle autorità), definite ormai un vero e proprio "allarme sociale". L'uso di alcool come terreno di scontro fra generazioni divise in particolare dalle differenti regole di approccio alla sostanza? Forse, ma non solo.*

10) La decima ed ultima intervista è stata realizzata il

giorno 24/02/14 via Skipe con il Dott. Mario Quispe Zuniga, insegnante in pensione e mediatore dei conflitti, vicepresidente dell'Associazione *Allyn Kausy* di Sicuani. Obiettivo dell'intervista era di approfondire i significati più differenti della violenza in questa parte del mondo. *Volevo capire da dove arrivava questa violenza solo apparentemente celata, quali erano i fatti storici e sociali che l'avevano prodotta e quanto era il suo livello di naturalizzazione e incorporazione nella pratiche quotidiane.*

Conclusa la parte delle interviste, passo ora a esaminare la parte di pianificazione legata a eventi particolari dove ho potuto osservare alcune modalità di approccio all'alcool in circostanze di ricerca sicuramente meno strutturate delle precedenti.

2.5. Azioni pratiche del lavoro di campo: l'osservazione partecipante

Lo strumento dell'osservazione partecipante declinato al mio lavoro di ricerca è stato messo in pratica nelle seguenti modalità:

- osservazione dei differenti modelli di approccio

all'alcool in luoghi precisi della città (discoteche, *penas*) o all'interno di eventi sociali e comunitari di una certa rilevanza, dove era prevedibile imbattersi in situazioni caratterizzate da un elevato consumo di sostanze[98]; questo tipo di osservazioni erano indispensabili per misurare e "fotografare" sia quanto l'utilizzo di alcool potesse configurarsi come un rito di passaggio fra momenti della vita differenti sia quanto potesse funzionare in circostanze ed avvenimenti particolari, come "lubrificante" sociale di gruppo.

In questa fase, come nella precedente, mi limiterò a descrivere brevemente le ragioni metodologiche e di ricerca che mi hanno portato a scegliere un dato evento come importante ai fini del lavoro di indagine e quali risposte a determinati quesiti la partecipazione a quell'avvenimento poteva fornirmi. Per la descrizione più densa dei fenomeni osservati, rimando il lettore al capitolo quattro e cinque del presente lavoro.

- Giorni 25,26,27,28 gennaio e 6,7,8,9 febbraio 2014: osservazione partecipante all'interno di alcune discoteche con target di età fra i 16 e i 24 anni

---

[98] Per sostanze si intendono alcool di tutti i tipi (tranne il vino) chicha e spesso erba.

all'interno della città di Sicuani.

Obiettivo: osservazione del consumo di alcool fra i giovani con particolare attenzione a modalità innovative extra-culturali di ingestione.

- Giorno 4 febbraio 2014: osservazione partecipante al 50° anniversario della strage di Solterapampa[99] (comunità campesina a 10 km da Sicuani) dove si è svolto il tradizionale momento celebrativo della *"resignificacion"* [100]dell'eccidio.

Obiettivo: osservazione dell'utilizzo rituale e comunitario dell'alcool e delle funzioni dello stesso

---

[99] Il giorno 3 Febbraio 1964, nel pieno delle sollevazioni popolari per la concessione della riforma agraria, un gruppo di contadini appartenenti alla comunità di Solterapampa, pochi chilometri a sud di Sicuani, stanchi dei soprusi del latifondista di riferimento, decisero di occupare un terreno incolto, appartenente a quest'ultimo. La risposta del proprietario terriero non si fa attendere: il giorno 4 Febbraio, all'alba esercito e milizie private intimarono ai campesinos di abbandonare le terre occupate, al rifiuto di eseguire tale ordine, aprirono il fuoco dando vita ad una caccia all'uomo che durò per l'intera giornata. Alla fine il conto fu di sedici morti, fra cui 2 bambini. Ogni anno quest'evento è celebrato e rivissuto con particolare enfasi e trasporto. Lo scrivente ha avuto l'onore di assistere e partecipare al 50° anniversario dell'eccidio tenutosi il giorno 4 Febbraio 2014.

[100] Attori scelti fra i membri della comunità campesina da una parte e della polizia dall'altra danno vita ad una rivisitazione, una sorta di socio-dramma dell'evento.

all'interno di un evento culturalmente denotato di piccole dimensioni.

- Giorni 1 e 2 febbraio 2014: osservazione partecipante alla celebrazione della *Candelaria* [101] nella città di Puno.

Obiettivo: osservazione del consumo di alcool all'interno di un evento culturalmente denotato ma di dimensioni imponenti come la Candelaria; osservazione delle funzioni dell'alcool.

- Giorni 24,31 gennaio 2014, 1,14,15,16 febbraio 2014: osservazione partecipante all'interno di vari locali della zona di Calle Arequipa e dintorni

Obiettivo: osservazione delle dinamiche del consumo di alcool all'interno di locali frequentanti da uomini adulti localmente chiamate penas.

Altro aspetto fondamentale, nell'elaborazione e nel disegno del presente lavoro è stato il periodo di permanenza di otto giorni presso la città del Cuzco che ha permesso allo

---

[101] Il festival della Candelaria è una manifestazione annuale che si tiene nella città di Puno sponda peruviana del lago Titicaca, dal 2012 patrimonio intangibile dell'umanità. E' una sfilata ed una celebrazione dei più di ottanta gruppi folcloristici appartenenti alle regioni peruviane di Puno e Cusco. Tali gruppi folcloristici sono a loro volta espressione delle collegate comunità campesine.

scrivente, grazie alla libera consultazione di testi e articoli scientifici fondamentali rintracciabili all'interno della biblioteca del *Centro Bartolomè de Las Casas*, di costruire e impostare l'architrave storico/antropologica del mio disegno di ricerca, vero e proprio terzo asse d'indagine. Grazie a questo minuzioso e certosino lavoro di riscoperta e scoperta di testi spesso introvabili nel nostro paese, ho individuato un filone di studio e importanti autori (T. Saignes, R. Randall) che su questa tematica specifica di grande interesse scientifico hanno prodotto eccellenti lavori.

Dopo aver descritto minuziosamente il disegno e l'organizzazione pratica del lavoro di campo, mi accingo nel prossimo paragrafo a tracciare brevemente il fenomeno consumo di alcool a Sicuani, in particolare dal punto di vista quantitativo.

2.6. Descrizione attuale del fenomeno uso/abuso di alcool a Sicuani

Questo parte del presente lavoro di ricerca raffigura l'anello di collegamento tangibile ed evidente fra l'intervento dell'Associazione ASSF e il mio lavoro di ricerca e studio. Rappresenta, reifica e attualizza ciò che il nostro committente locale (R.P.) Luciano Ibba, chiese all'Associazione almeno due anni orsono: un'indagine prima e una riflessione poi, rispetto alla problematica dell'uso/abuso di alcool in città, con particolare attenzione all'area degli adolescenti. Un intervento specifico all'interno del macro intervento in atto da parte dell'associazione ASSF di aiuto nella re-taratura e re-modulazione dei servizi sociali offerti in particolare a bambini, adolescenti e donne da parte del sistema ruotante attorno al sacerdote stesso.

Come già evidenziato nei capitoli precedenti, il problema dell'alcolismo e della violenza è presente all'interno delle coordinate culturali, familiari e comunitarie della società andina forse da secoli. L'impegno del sottoscritto e dell'Associazione che, in qualche modo, continuo a rappresentare non è certo quello di scoprire rimedi magici o risolvere il problema dell'uso/abuso di alcool in questa regione ma solo mettere a disposizione e offrire le nostre (e le mie in particolare) competenze a chi già da tempo lavora duramente e con grande dedizione nel trovare rimedi a questo controverso fenomeno.

Nessun rimedio magico ma solo un onesto benché professionale contributo e una mia personale ambizione e speranza circa l'utilità degli strumenti dell'antropologia culturale applicati a siffatti contesti.

Sembra, dopo aver ascoltato voci formali[102] e informali (gente comune a volte incontrata per caso) che oggi nella città di Sicuani uno dei problemi più grossi e di difficile risoluzione e comprensione sia la forte tendenza ad un uso smodato di alcool fra ragazzi molto giovani. Questo consumo avviene solitamente all'interno di discoteche, alcune legali, altre no. Alcune di esse si trovano in pieno centro, nei pressi di una delle vie più trafficate, Calle Arequipa, a due passi dal terminal terrestre dei bus. L'età media dei frequentanti si situa fra i dodici e i venticinque anni, quindi in parte, abbondantemente sotto la maggiore età, che anche in Perù come in Italia si raggiunge ai 18 anni. Pare si consumino vari tipi di bevande alcoliche: dalla *cerveza*, a delle sorte di pinte, qui chiamate "*jarre*" di un litro di contenuto, in cui vengono mischiati vari tipi di super alcolici e bevande gasate, utilizzate per tagliare e diluirne la gradazione. Qui s'incrocia la prima leggenda metropolitana: quella dell'alcool metilico. L'alcool metilico è un tipo di alcool di gradazione molto alta (si parla di 50-60 gradi) solitamente non utilizzato a scopi umani ma industriali. Giunge dalla Bolivia in grandi botti azzurre, ed ha il pregio di costare pochissimo. In effetti, passeggiando per il centro

---

[102] R.P. Luciano Ibba, Sonia Quispe Mamani, la psicologa Doris, il giudice Baca, in particolare.

mi sono imbattuto in almeno tre rivendite di tale prodotto. Ad attirarmi è stato il colore azzurro molto intenso di tali contenitori da 50 litri (vedi foto nella pagina di copertina) e il fatto che non fosse venduto sottobanco ma assolutamente alla luce del sole come un normale prodotto. Secondo quanto ascoltato, nelle discoteche, fra i gestori con meno scrupoli, quest'alcool metilico diventa l'ingrediente principale di queste pinte peruviane mischiato con bevande dolci e gasate. Questa possibilità permette ai gestori di abbassare notevolmente i costi, grazie al fatto che il numero di cocktail che si possono realizzare con un bidone da 50 L di alcool metilico è molto più alto rispetto a quello di una normale bottiglia di rhum (e spesso il prezzo fra i due prodotti non è molto distante, da lì la grande convenienza).

Questo è quanto riportato da *rumores*[103] e osservazioni effettuate all'interno delle discoteche; pur cercando di evitare di rimandare a questo tipo di fonti la patente di infallibilità e iper-attendibilità, rimane comunque il fatto che autosuggestioni o no, queste narrazioni sembrano essere l'antenna di un disagio cittadino che un buon ricercatore non può trascurare. Rimane scoperta e sostanzialmente sconosciuta, tutta la parte relativa, alle discoteche non legali

---

[103] Voci, in lingua spagnola, del tipo "si dice che" "sembra che".

e autorganizzate, delle quali non si ha invece nessun tipo di racconto seppur indiretto. E' riportato frequentemente che proprio durante questi incontri semi-clandestini di gruppo, avvengono i peggiori episodi d'intossicazione alcolica, eventi che per l'onore di cronaca avvengono anche all'interno delle discoteche "legali". Non si conoscono con esattezza questi siti non ufficiali: sembra che molto ragazzi utilizzino vecchi garage o case in disuso in zone non centralissime e piuttosto dislocate in periferia.

Dopo aver circoscritto minimamente il fenomeno, provo ora a misurarlo grazie ad alcuni dati quantitativi: tali elementi mi sono stati forniti dall'ufficio relazioni con il pubblico dell'ospedale di Sicuani. All'interno del report per l'anno 2013 riferito agli accessi divisi per patologia presso l'Ospedale pubblico,[104] alla voce "*trastorno consumo de alcool*" ovvero disturbo dell'uso di alcool, si raggiunge a stento il numero di sessanta diagnosi (cinquantanove per l'esattezza). Queste valutazioni non sono state il prodotto del lavoro di accertamento del modulo medico-psicologico che dal 2012 si occupa specificatamente di questa problematica, ma sono state al contrario, la naturale evoluzione diagnostica

---

[104] Report statistico di rilevazione degli accessi presso l'Ospedale Pubblico di Sicuani e presso i presidi sanitari della Provincia di Chanchis riferiti all'anno 2013.

prodotta da appunto, cinquantanove ricoveri di urgenza per coma etilico o gravi intossicazioni. Quindi senza nemmeno dover approfondire troppo, emerge chiaramente che nessuno dei cinquantanove segnalati è mai andato spontaneamente al servizio di cura per problemi alcool correlati dell'ospedale. Solo dopo questo evento sono stati re-indirizzati a tale servizio e forse hanno iniziato un percorso. Questo dato specifico rivela alcuni aspetti da non trascurare: nessuno di queste persone molto probabilmente è stato consapevole della propria situazione di fragilità e di problematica di uso-abuso sino al momento del ricovero. Spesso è proprio un evento come questo, di emersione non desiderata della problematica che porta a una "consapevolizzazione" della persona.

Questo dato però non ci deve far cadere nella trappola della culturalizzazione. Come tanta letteratura sull'argomento insegna, sia che si tratti di vera e propria dipendenza, sia che si tratti di uso o abuso mal gestito e non controllato, non è semplice per chi fa uso di alcool accettare questa realtà e di conseguenza farsi curare: spesso è proprio il concetto di malattia che risulta molto controverso. In Perù come in qualsiasi altro luogo del mondo.

Evitato il pericolo di dare connotazioni eccessivamente culturali, è importante ora guardare all'interno di questi cinquantanove casi per comprendere meglio il fenomeno (se di fenomeno si tratta), in particolare rispetto all'età e al sesso. Sul sesso, pare esserci una leggera predominanza degli uomini, dato questo che in parte contribuisce a sfatare l'ideale di assenza di uso-abuso fra le donne andine. Sull'età la situazione si complica non poco, in parte confermando le preoccupazioni cittadine. Infatti, l'età di maggior consumo si situa fra i quindici e i diciassette anni con diciotto maschi e otto femmine; poi sembra che l'utilizzo di "normalizzi" fra i diciotto e i ventinove anni con solo sette casi compresi in questo range di età per poi rialzarsi lievemente nello spazio fra i trenta e i trentanove anni (sette casi) e impennare fra i quaranta e cinquantanove anni (con quattordici casi di uomini e quattro di donne).

Emerge chiaro che esistono due aree critiche di consumo (sempre riferite ai ricoveri per intossicazione alcolica riferita all'anno 2013): una che appartiene all'area adolescenziale, ed una al consumo decisamente adulto. I padri e i figli. Manca o quasi, la generazione in mezzo, quella dei fratelli maggiori. Pur importanti questi dati però, sembrano davvero troppo esigui e scarsamente rappresentativi per fotografare la realtà dell'uso-abuso di alcool in questa città. Devo agganciarmi a un altro fatto sociale "totale" che possa aiutarmi a raffigurare meglio la situazione. Se il mio impegno è di investigare e approfondire con serietà questo sintomo, devo associare a esso qualche altro fattore in qualche modo correlato. Nell'operare tale scelta ho deciso di fondere sia quanto tanta letteratura ci rimanda rispetto ai fenomeni studiati[105] sia quanto ascoltato da fonti ufficiali e ufficiose in città: da questa *liason* teorica-pratica emerge che l'indicatore forse più attendibile perché "naturalmente correlato" con l'uso e abuso di alcool ,sia quello di violenza familiare.

Chiarisco che per violenza familiare s'intendono tutte quelle manifestazioni di violenza sia di tipo fisico e materiale sia di tipo psicologico avvenute (e denunciate) all'interno delle mura domestiche e in seguito rilevate attraverso il report statistico della Città di Sicuani e della provincia di Chanchis per l'anno 2013. E' chiaro che riprendendo il famoso iceberg di Galtung, i dati in mio possesso rappresentano solo la parte visibile e resa pubblica degli episodi di violenza familiare. Non ho dati né informazioni tanto precise da poter ipotizzare il reale peso delle situazioni di maltrattamento domestico nella città di

---

[105] Horwitz, Marconi,J & A. Castro *"Bases para una epidemiologia del alcolismo en Perù y America Latina"(Acta)*Buenos Aires,1967; Bourgois P. "Cercando rispetto: Drug economy e cultura di strada" Derive & Approdi, Cambridge, 1996; Andreoli V." *La testa piena di droga"*, BUR, Roma, 2008.

Sicuani. Si può notare, però, come da alcuni anni il numero delle denunce sia aumentato in modo considerevole: dalle 1250 denunce del 2012 si è passati alle 1817 attuali se si considera solo la parte urbana. Quest' aumento può dipendere da almeno due fattori: una accresciuta sensibilità delle donne non più disposte a tollerare per sempre episodi di violenza (e quindi un primo tentativo di uscita dalla cultura di sottomissione) e dall'altro, la messa in rete di servizi sia cittadini sia provinciali di aiuto alle donne vittima di abuso sempre più funzionanti rispetto al passato. Questi due elementi lontani dall'essere concorrenziali sembrano invece autoalimentare nelle donne una maggior consapevolezza dei propri diritti.

Il numero delle denunce effettuate alla data del 31 Dicembre 2013, è di 1817 per la parte urbana (Sicuani) e di 1819 sommando gli otto presidi sanitari decentrati (Checacupe, Combapata, Marangani, Pitumarca, San Pablo, San Pedro, Tinta). Il totale provinciale è di 3639 denunce su una popolazione totale di 108.626.00.

Lasciando anche in questo caso, solo momentaneamente da parte tutte le "narrazioni" sia oggetto d'interviste[106] sia

---

[106] In particolare le interviste al Giudice Baca, all'avvocatessa Quispe Mamani, al R.P. Luciano Ibba che parlano rispettivamente di 70%-50% e 80% di correlazione fra uso-abuso di alcool e violenza domestica.

invece ascoltate in via informale, che sembrano dare per scontata la correlazione uso-abuso di alcool violenza familiare, la cruda realtà è che in nessun centro sia sanitario sia sociale, nel questionario di denuncia è prevista la domanda fatidica "chi l'ha picchiata era in stato di alterazione di alcool?". Nell'unico centro dove è prevista, il *Centro de Emergenzia Mujer* durante il primo colloquio, alla casella di correlazione alcool-violenza, il numero riportato per l'anno 2013 è stato di zero. Forse come sempre la verità è situata nel mezzo: non ho dati statistici alla mano utili a misurare questa correlazione, ma è chiaro che fra l'80% ipotizzato dal R.P. Luciano Ibba e lo 0 del CEM, appare realistico ipotizzare una percentuale intorno al 40-50%.

Una volta provata a misurare e immaginare l'eventuale correlazione, si può sostenere di avere qualche strumento diagnostico in più, in grado di fotografare la problematica dell'uso-abuso di alcool. In sostanza, visto l'esiguo numero di dati riferiti a questo fenomeno (59 casi cittadini e 7 negli otto presidi sanitari) non è follia pensare di poter dare una dimensione allo stesso, aggregando ai cinquantanove casi registrati dall'ospedale, almeno il 50% degli episodi di violenza familiare a Sicuani. Provando ad applicare questa lettura ai dati in mio possesso, risulta che i casi, dove è possibile ipotizzare un sospetto uso-abuso di alcool connesso a situazioni di violenza domestica siano ben 908 (il 50% di 1817). Questo dato rappresenta comunque una misurazione parziale e un tentativo di definire il peso della connessione fra uso e abuso di alcool e violenza domestica.

Come già accennato in precedenza, mi sto basando esclusivamente sulla parte visibile dell'iceberg. Anche per questo motivo, non sembra azzardato ipotizzare che almeno nel 50% dei casi di maltrattamento, sia presente la problematica oggetto dello studio.

Dando voce ai rumori:

Rispetto alla connessione fra alcool e violenza non si hanno dati quantitativi di nessun tipo, con la sola eccezione del *centro de emergencia mujer.* Si hanno solo valutazioni, osservazioni dettate dall'esperienza, voci che contribuiscono a creare una cultura specifica sull'argomento. Credo che sia importante riportare in maniera molto sintetica alcune informazioni tratte da alcuni di questi scambi (l'informalità che li caratterizza non mi consente, dal punto di vista metodologico, di derubricarli come interviste). Ritengo che non sempre le informazioni basilari rispetto a un dato tema oggetto di studio emergano sempre da "atti di ricerca ufficiali": come spesso ascoltato durante i corsi del Professor

Remotti[107] spesso sono proprio gli incontri casuali, le due parole scambiate in una polleria a dare un contributo importantissimo ai fini del lavoro di indagine. Credo che un ricercatore debba avere la capacità e la prontezza di saper stare in situazioni siffatte, un saper fare ma anche un saper essere, una capacità di filtrare anche il più ordinario evento con gli occhiali dell'antropologia. In alcuni contesti si deve essere ricercatori ventiquattro ore al giorno.

Riporto di seguito il breve estratto di alcuni di questi incontri casuali, provando anche a esprimere alcune considerazioni di tipo scientifico.

- Il primo contributo è quello dell'assistente sociale del CEM (che verrà poi intervistata in modalità ufficiale) che afferma che la problematica dell'alcool si presenta più nell'area rurale che zona urbana. *"Sembra che la famiglia e la cultura andina cristallizzino e normalizzino gli abusi di fatto trasmettendo un modello culturale domestico impregnato di fatalismo, sottomissione e tolleranza ai comportamenti violenti"*. Rispetto al fatto che nei casi di violenza passati per il centro nell'anno 2013, non siano state registrate connessioni statistiche fra

---

[107] Corso di Teoria e campi dell'Antropologia modulo 1 e 2, Febbraio-Maggio 2012.

uso-abuso e violenza non sa darmi risposte. Provo io a offrire un'interpretazione: le due cose non sono assolutamente dicotomiche, credo che potrebbero essere anche in qualche modo correlate. Infatti, normalizzare una pratica o un'azione significa non rendersi più capaci di definirne i confini e i limiti, e questo è proprio quello che potrebbe accadere all'interno delle mura domestiche a Sicuani. Aggiungo poi un altro aspetto legato però all'agire professionale di chi lavora a contatto con situazioni come queste: quanto l'assistente sociale o l'operatore sociale che registra le denunce è culturalmente distante da situazioni del genere o all'opposto quanta parte di questa cultura impregnata dalle caratteristiche sopra citate invece condivide? Si può ragionevolmente ipotizzare che anche chi presta aiuta a volte, e in maniera non volontaria offra in un certo senso un contributo alla normalizzazione della violenza? Sono questi atti annoverabili ai piccoli genocidi quotidiani di cui parla Scheper-Hughes?

- Il secondo incontro ufficioso è invece con un assistente sociale dell'ospedale di Sicuani:[108] essa

---

[108] Lo scrivente si trovava in ospedale per problematiche di stomaco e intestino.

collega molto l'uso di alcool ad una mancanza di denaro delle famiglie povere o molto povere (e lo sottolinea molte volte), offre in sostanza una spiegazione quasi esclusivamente economica al fenomeno oggetto di indagine. Mi reifica anche quello che succede in tante case: "*il marito torna a casa dopo un week end di eccessi e la moglie lo accusa di spendere tutti i soldi per l'alcool e di non curarsi dei figli. Il marito spesso reagisce a queste accuse con violenza*". Ho avvertito durante questa breve incontro la tendenza a una forte stigmatizzazione sia di chi beve e compie il gesto violento sia dell'intero ambiente familiare teatro di questi accadimenti; come una sorta di demarcazione fra un "noi" cittadini pacifici e lavoratori e "loro" poveri (traspare quasi l'idea che la povertà sia una colpa), fannulloni, dediti all'uso di alcool e sempre in attesa degli aiuti dello stato.

- La terza *charla*[109] è invece effettuata con una psicologa dell'ospedale pubblico che si occupa di adolescenti a rischio. "*Lei mi conferma con sicurezza l'esistenza di un nesso fra uso-abuso e*

---

[109] Chiacchierata in lingua spagnola.

violenza, ma non vuole, ne sa darmi percentuali.
Aggiunge però che questo nesso è più presente fra le
famiglie più povere e con strumenti genitoriali
limitati".

-   Il quarto incontro ufficioso è con una psicologa del
    Centro di Sviluppo Integrato della famiglia[110]
    durante una cena a casa del sacerdote italiano. Per la
    professionista, *"il problema dell'uso-abuso di alcool*
    riguarda almeno il 40% delle famiglie seguite dal
    loro centro. Aggiunge che i bambini, figli di genitori
    con questi problemi (i padri quasi sempre) sono
    quelli con maggiori deficit di attenzione e con
    maggiori problemi a scuola. All'interno di queste
    famiglie la violenza familiare è più che una modalità
    di vita, è una routine e al contrario di quello che
    molti pensano la dipendenza della donna dall'uomo
    non è di tipo economico, ma emotivo-emozionale,
    "mas me ama mas me pega".[111]*Non è un'invenzione*

---

[110] Un centro statale che si occupa di fornire prestazioni socio-assistenziali alle famiglie più bisognose della città, che dimostrino di non riuscire a far fronte in modo autonomo ai bisogni elementari del nucleo e in cui vi siano al suo interno minori o anziani di età.

[111] Sembra che in alcune donne molto dipendenti dalla figura del marito, essere oggetto anche di comportamenti violenti sia la dimostrazione di amore e d'interesse da parte dello stesso.

sociologica. Non è in grado di offrirmi percentuali, ma mi ribadisce che la connessione esiste da sempre ed è ben salda.

- Il quinto incontro informale che ritengo degno di essere riportato è quello con il Dottor Baca, giudice della famiglia, durante una cena in un ristorante cittadino (che verrà poi intervistata in modalità ufficiale). Il giudice che da anni si occupa di violenza familiare, non ha nessun dubbio nell'indicarmi il 70% come percentuale di connessione fra uso-abuso di alcool e violenza che lui ha avuto modo di riscontrare nel suo lavoro quotidiano. *"Aggiunge che spesso i padri di famiglia, in totale stato d'intossicazione hanno usato violenza anche verso i figli minori".*

Aggiunge: *"l'uso-abuso di alcool è associato e a tutte le ricorrenze, sia di tipo tradizionale e culturale, come la festa del raccolto e della semina sia di tipo più intimo e familiare come il battesimo, i compleanni, i matrimoni ecc. L'alcool sancisce il confine quotidiano fra lavoro e tempo libero. L'uso dannoso di questa bevanda è parte della nostra cultura da secoli.*

Questa panoramica, pur nella sua estrema brevità sembra

restituire qualche elemento in più della possibile connessione fra uso-abuso di alcool e violenza nella città di Sicuani: per alcuni di questi soggetti sembra che non vi sia alcun dubbio, per altri sembra meno diretta ma esistente in gradazioni differenti.

Emerge per la prima volta una chiara dimensione di classe dei fenomeni di uso-abuso: viene descritto che questi fatti accadono nella maggior parte delle volte all'interno di nuclei familiari poveri, irregolari, dove gli adulti di riferimento possiedono un bassa se non bassissima scolarità. Spesso sono contadini. Riemerge qui, un mai sopito dispositivo di stigmatizzazione che sembra essere l'attualizzazione (o la continuazione) dei vecchi stereotipi legati alla passata rappresentazione della *borrachera* andina come tipica ed esclusiva dei contadini e degli indios (che avrò modo di approfondire nei prossimi capitoli). Un vecchio pregiudizio che tuttavia rimane quasi intatto. Un'altra riflessione è legata a uno specifico rischio collegato al livello effettivo della diffusione e della normalizzazione delle pratiche di violenza legate all'uso-abuso di alcool: più tale livello è alto, diffuso, introiettato culturalmente, più diventa complicato farlo emergere come condotta problematica, de-normalizzarlo e de-routinizzarlo. A conferma di quanto questo rischio sia reale, è interessante osservare come il consumo adulto di alcool, al contrario di quello giovanile, non sia considerato un allarme sociale, ma una "brutta abitudine". Che cosa è questa, se non una normalizzazione di una pratica sociale carica di significati culturali e comunitari. La difesa di ufficio, sovente, è quella di delimitare e collocare questi eventi (creare un limite) esclusivamente all'interno dei nuclei cosiddetti "problematici":[112] azione utile solo a costruire un muro (molto fragile) fra la normalità, i "noi" bravi cittadini e tutti gli "altri", che normali non sono (o non vengono definiti) e come tali si comportano. Questo meccanismo serve a creare sia stabilità nel gruppo delimitante e giudicante, sia a porre il problema fuori dal contesto della normalità: serve in sostanza sia a nasconderlo che a proiettarlo all'esterno.

Terminando questa parte, possiamo già trarre alcune considerazioni che verranno poi ulteriormente sviscerate nei prossimi capitoli. Sembra che l'uso dell'alcool faccia parte della vita quotidiana di molte famiglie, sembra delimitare il confine fra attività ordinarie e straordinarie. Non esistono feste, celebrazioni che non prevedano l'uso di alcool; il suo utilizzo sembra appartenere sia alla sfera rituale sia alla sfera sociale e comunitaria. L'alcool sembra il collante sociale di

---

[112] Gruppi considerati fuori dal consesso sociale: indigeni, contadini, poveri, analfabeti e giovani, anch'essi un gruppo a parte.

un patto comunitario che si ripete quotidianamente. In questo modo rifiutare un *"trago"*[113] significa rifiutare un patto di amicizia.[114] Forse il problema nasce dalla de-ritualizzazione di questi eventi. Una volta privato del senso comunitario e sociale, il bere in quantità eccessive appare per quello che è: un comportamento dannoso che mette a rischio non solo la vita di chi lo mette in pratica ma anche quella delle persone a lui vicine. Rimane solo, a questo punto, la componente "anestetica", utile ad allontanarsi da questo mondo indesiderabile e tanto crudele.

L'alcool e la violenza intra familiare sembrano collegati a un livello molto profondo nella cultura e nel senso comune. Quel senso comune che spesso funziona come una sorta di barriera all'emersione e al riconoscimento della problematica. Quel senso comune che produce "normalizzazione", laboratorio ideale di nuovi e futuri forti consumatori di alcool, e di uomini violenti.

In quest'ultimo caso, l'alcool si tramuta in un detonatore sociale, in una miccia, pronta a esplodere, lasciandosi dietro tutto il suo carico di violenza e di dolore.

---

[113] Una bevuta offerta in lingua spagnola.

[114] Castillo Guzman G. *"Embriaquez colectiva y sexualidad en los Andes"*, Editorial Universidad Lima, Revista Antropologica, Febbraio 2007, pag. 189.

CAPITOLO TERZO: ALCOOL E SOSTANZE NELLA STORIA DEI POPOLI ANDINI

La borrachera andina, storia e leggenda di un mito. La borrachera fra sedicesimo e diciassettesimo secolo. L'estirpazione della borrachera.

3.1. La borrachera andina, storia e leggenda di un mito

> " *Estando borracho ydolatran y fornican a sus ermanas y sus madres, las mujeres casadas. y la mujeres,estando borrachas,andan salidas; yllas propias buscan a los hombres,no miran ci es (s)u padre ni hermano* "[115]
>
> *Pedro Cieza de Leon(1553) "La cronica del Perù, Madrid"*

Questo capitolo è interamente dedicato alla ricerca storica

---

[115] "Quando sono ubriachi adorano i loro dei pagani e fornicano con sorelle e madri e con donne sposate. E le donne essendo ubriache vanno da sole alla ricerca di uomini, non distinguendo se questi sono i loro padri o i loro fratelli".

sul fenomeno della *borrachera*: è un tentativo di connettere il passato con il presente.

In molti testi coloniali, molte autorità ecclesiastiche come civili condannarono senza pietà la forma con la quale gli indigeni si ubriacavano pensando che questa pratica li portasse a commettere le più atroci bestialità. Come ben inquadrato da T.Saignes[116] per il caso peruviano, i colonizzatori spagnoli hanno sempre associato l'ubriachezza indigena con l'ozio e vari atti demoniaci. La definizione "atti demoniaci", era riferita in particolare a furti, omicidi, incesti e relazioni sessuali promiscue. L'alcool liberava gli istinti animaleschi tipici dei nativi americani, avvicinando così questi ultimi alle bestie.

A quel tempo, la definizione di un limite fra il bere adeguato e il bere "come gli indigeni" era un argomento oggetto di grandi speculazioni intellettuali, specie fra le alte cariche della chiesa. Dalla Spagna venne importato il modello mediterraneo del consumo di alcool, e ciò che ne conseguì fu una valorizzazione del consumo di vino, anziché di birra o di distillati nordici, consumato in modalità private e in piccole quantità. Era considerato improprio per un

---

[116] Saignes t. (comp.), Salazar Soler C., Randall R., Harvey P., Abercrombie T., Healt D.B. "*Borrachera y Memoria*" Hisbol/IFEA, Lima,1993, pag. 27-28.

cavaliere ubriacarsi. È chiaro che elevando il modello mediterraneo a forma ideale dell'approccio all'alcool, lo si investì di funzione di "confine", fra bere in modo adeguato o bere in forma "bestiale". Il risultato fu che il corrispondente utilizzo andino caratterizzato da ritualità, periodicità, socialità, e spesso abuso assumesse le sembianze di "consumo del Diavolo".

Fra i contadini delle Ande, come in molte altre culture dove predomina la relazione a faccia a faccia, il bere è prevalentemente un'attività sociale. A differenza dello stereotipo occidentale del bevitore solitario rappresentato in maniera sublime nel romanzo di Joseph Roth "La leggenda del Santo bevitore", che beve per una ragione individuale, nelle Ande si beve sopra tutto per un imperativo sociale e comunitario. Il bere sociale obbliga tutti i partecipanti a questo rito collettivo del bere fino in fondo per rinsaldare, mantenere e ricreare il vincolo sociale. Rifiutare una bevuta offerta significa rinunciare a rinsaldare e mantenere quel vincolo fondante. Dalla *chicha* si può passare alla birra e dalla birra al rhum: non è importante ciò che si beve ma il puro atto del bere. Il bere non definisce come in Occidente un piacere individuale, ma è anzitutto un marcatore sociale fra le attività quotidiane e quelle extra quotidiane che possono capitare ad ogni individuo nella sua vita: battesimi, matrimoni, funerali, feste patronali, festa della semina, ecc.[117] Come già descritto nei capitoli precedenti, l'alcool appare come l'elemento indispensabile in tutte le celebrazioni. La ragione dell'ubiquità di queste sostanze all'interno dei momenti di festa non è tanto da ricercarsi nella funzione di rinfrescante o di tonificante quanto nella sua funzione di "animatore delle comunità". Non è azzardo pensare che, in un certo senso l'uso e abuso di alcool, contribuisca ad alterare le relazioni fisiche, modifichi lo spazio personale e "crei" la comunità. Questo è permesso grazie ad una parziale riconfigurazione della vicinanza dei corpi: le distanze permesse nell'interazione quotidiana[118] sono accorciate e modificate secondo logiche di prossimità differenti.

Per comprendere le grammatiche di uso e abuso attuali, appena descritte, (riferite all'approccio andino all'alcool e alla *chicha),* è necessario compiere un grande balzo a ritroso nel tempo. Ho iniziato questo capitolo con la descrizione di

---

[117] G. Castillo Guzman *"Embriaquez colectiva y sexualidad en los Andes"* Editorial Universidad, Lima, Revista Antropohologica, 2007, pag. 191.

[118] Ricordiamoci Garfinkel e i suoi studi sull'mantenimento e la delimitazione degli spazi personali. E su quanto queste delimitazioni sia culturalmente costruite.

come il bere indigeno fosse sovente associato a pratiche demoniache. Sempre coeva a quel periodo storico riporto questa descrizione del Padre gesuita Cobo (1653) circa la presunta avversione degli indigeni peruviani per l'acqua pura: *"...sono grandi nemici dell'acqua, mai la bevono pura e non c'è peggior pena per loro che costringerli a ingerirla senza nessuna aggiunta"*.

Il rifiuto osservato dal gesuita s'inserisce in quella forma di avversione per "l'acqua cruda" (come viene chiamata dai contadini del villaggio di Ocongate (vicino a Cuzco), per cui viene considerata non soltanto disgustosa ma addirittura nociva per la salute[119]. Per trasformarsi in un liquido atto al consumo umano l'acqua richiede di un trattamento tecnico adeguato, come farla maturare in un recipiente contenente piante. Detto in altro modo, questo processo di alterazione prevede la trasformazione di un elemento naturale, in qualcosa di elaborato, culturale. Si potrebbe chiamarlo processo di "culturalizzazione" dell'acqua, ulteriormente alterato, in seguito, dall'atto vivo e modificante del bollo, che simbolizza in pieno la potenza della vita, la vittoria della cultura sulla natura. La valorizzazione dell'acqua ottenuta

---

[119] Harvey P. *"Language and the Power of History: The Discourse of Bilinguals in Ocongate"*, London, 1987 (Tesis Doctoral).

attraverso la fermentazione le conferisce il carattere socializzante, festivo, marcatore della piena umanità dei suoi autori.[120] Come per un corpo nudo il tatuaggio diventa un atto culturalizzante, così per un elemento come l'acqua introdurvi elementi estranei rappresenta l'inizio di un analogo processo. A onore del vero anche la birra e i distillati nordici subiscono lo stesso processo. Anche ad altre latitudini si riscontra la necessità di "riempire di cultura" ciò che ne sembra naturalmente sprovvisto. Parlare dell'alcool all'interno di una cultura "altra" come quella andina presenta non poche difficoltà. Il primo e più potente ostacolo è rappresentato dal filtro della nostra esperienza storica e culturale sull'argomento in questione. Dato che ogni popolo o società detiene una relazione privilegiata con il "suo alcool" (il vino nella tradizione mediterranea, la birra nell'Europa del nord, il sake in Giappone, la Vodka in Russia ecc.) spesso il gruppo che abusa è sempre "l'altro", il vicino o il nemico, che non sa bere, secondo ovviamente il codice culturale che pone la sua modalità e la sua tradizione al centro del mondo. Si potrebbe definirlo un "etnocentrismo dell'approccio all'alcool". La seconda difficoltà è più connessa al contesto andino e richiede una riflessione circa il

---

[120] Saignes T. *"Estar en otra cabezas: tomar en los andes"*, Hisbol/IFEA, Lima, 1990, pag. 12.

livello di conoscenza di una società indigena che ha sofferto per cinque secoli di dominio coloniale. Si richiede in questo caso l'apertura di un doppio canale di approfondimento: di tipo etnografico per comprendere la percezione "interna" degli approcci al bere e storica per misurare le trasformazioni di queste percezioni e di questi approcci dal momento del primo contatto fra indios e spagnoli. Un lento e meticoloso processo "*a rebours*" di de-strutturazione degli stereotipi che ancora oggi legano indissolubilmente (ed esclusivamente) la *borrachera* e un certo tipo di approccio all'alcool, agli indigeni. Per fare questo è necessario iniziare un tentativo di decostruzione[121] proprio dal termine che ha dato il titolo a questo lavoro di indagine: *borrachera*, utilizzato come vero e proprio schermo culturale da parte dei colonizzatori per qualificare tutte le condotte autoctone legate all'uso dell'alcool, termine che contiene in sé tutto il livello di incomprensione e di disprezzo verso "l'altro".[122]

Nella parte finale del suo monumentale "*Descrizione*

---

[121] L'Antropologia Culturale è considerata la scienza della decostruzione.

[122] Todorov T. "*La conquista dell'America. Il problema dell'altro*" Einaudi, Parigi, 1982, pag. 65.

breve del Perù"[123] il cronista e domenicano basco Lizarraga
in una descrizione sociologica ante-literam tocca il tema, per
lui diventato centrale nei difficili rapporti fra indigeni e
spagnoli, della *borrachera*. Per primo imputa l'alta mortalità
e il conseguente spopolamento riscontrato nelle valli andine
all'uso di vino e chicha. In seguito mette in relazione il
rigido controllo dell'epoca incaica sull'ebrezza alla
mancanza di applicazione della legislazione reale rispetto a
tale fenomeno. Il cronista si sofferma poi sulle tre modalità
universalmente conosciute a quel tempo di consumare
bevande a base di alcool: quella "mediterranea" la cui
mitezza la converte nel paradigma del "buon bere", quella
dell'Europa del nord che già appare "barbara" agli occhi
iberici ed infine quella andina, barbara e selvaggia. La
comparazione è molto retorica e caricata di
quell'etnocentrismo che già rilevato. E' cosa risaputa
ormaio, che non furono certo l'uso o l'abuso di alcool, la
causa principale dell'altissima mortalità indigena ma bensì le
epidemie, il lavoro nelle miniere, lo sfruttamento senza
limite e la violenza della conquista.[124]

_____

[123] De Lizarraga R. *"Descricòn breve del Perù,"* Madrid 1968
(1600).

[124] Livi Bacci M. *"Conquista. La distruzione degli indios
americani"*, Il Mulino, Bologna, 2005, pag. 155-156.

La precisa e puntuale correlazione fra le denunce, fornite sia dagli informatori sul mondo indigeno (Gesuiti e Domenicani in particolare) sia dai grandi letterati e uomini di scienza dell'amministrazione spagnola di fronte a questa nuova forma, apparentemente senza regole, di bere, ci fa sospettare un aspetto, "alle spalle" del normale atto di denuncia di un comportamento fuori dai canoni culturali dei dominanti. Per la sua massima visibilità sociale e comunitaria, la *borrachera* poteva divenire il simbolo utilizzato dai dominati per denunciare le trasformazioni che il vecchio ordine gerarchico incaico dovette subire a seguito del riordinamento e della spoliazione coloniale.

La denuncia dell'ubriachezza indigena rappresenta uno dei numerosi indicatori della grande difficoltà degli spagnoli nella gestione della "questione indigena" di allora. Da quel momento inizia a farsi strada un tipo particolare di "etnografia" primitiva, per lo più opera di viaggiatori e missionari circa il mondo amerindio, costellata di schemi mentali precostituiti che ad una attenta valutazione odierna sembrano dirci molto di più sugli osservatori che non sul gruppo oggetto di osservazione. Tanto per fare un esempio attualizzato, ma con le radici ben salde nel passato, utilizziamo il caso delle feste tradizionali andine: sia la chiesa che ha ricoperto questi eventi di caratteristiche demoniache sia lo stato moderno e antico, nella sua declinazione non repressiva ma di aiuto, sia gli agenti internazionali di aiuto allo sviluppo che sono soliti disapprovare tali manifestazioni per lo spreco di denaro privato che esse comportano, hanno sempre dato di questi eventi una descrizione pessima, di primitivismo e arretratezza, veicolando quasi intatta, ancora ai nostri giorni, un immagine plasmata qualcosa come cinquecento ventitré anni fa.

Quella dell'indigeno irresponsabile, irrazionale, violento e sempre dedito all'alcool. Questo inciso per far capire al lettore come descrizioni dense d'ignoranza e pregiudizio definite nella notte dei tempi siano arrivate quasi intatte sino a oggi. Non stiamo parlando quindi di un passato remoto e dimenticato, stiamo parlando soprattutto del presente. In queste forme di etnografia primitiva non vi era traccia di una grande ipocrisia di fondo: che spesso gli stessi che denunciavano le condotte indigene come contrarie al normale consesso civile dell'epoca, erano i medesimi che rifornivano di vino e di liquori i presunti e incivili abusanti. Nell'anno 1630 il francescano Bernardino de Cardenas, futuro arcivescovo del Paraguay e di Santa Cruz de La Sierra denunciava con forza l'abitudine di vendere vino e *chicha* all'interno delle zone indigene. Questa denuncia raffigura in maniera chiara la situazione di stallo tipica del vicereame del Perù in cui risultava chiara la tensione fra le esigenze moralizzatrici della chiesa e le pretese di sviluppo economico che la vendita di alcool al dettaglio rappresentava. Situazione di stallo che si protrasse sino ai nostri giorni basta ascoltare il celebre scrittore boliviano Alcide Arguedas[125] intento nella descrizione dei mali del suo paese all'inizio del ventesimo secolo: *"En Bolivia se bebe alcool mas o menos tanto como en Colombia; y ne los dos, como en pocos paises in le mundo: lo dicen las estadisticas que de tiempo en tiempo levantan las policia"*.[126]

Non si può non notare fra le righe delle riflessioni del celebre scrittore boliviano sul tema della *borrachera*, un chiaro riferimento al nuovo discorso europeo figlio del positivismo in materia d'igiene sociale, in particolare laddove un evento come quello dell'ingestione massiccia di alcool accompagnava la rottura dell'ordine rurale indotto dalla rivoluzione industriale e dalla proletarizzazione brutale del Secolo XIX. Circostanze a prima vista quasi

---

[125] Arguedas A. *"Pueblo Enfermo"*, Barcelona, 1909, capitolo XIX.

[126] "In Bolivia si beve alcool più o meno come in Colombia; e nei due paesi come in pochi altri paesi la mondo: lo dicono le statistiche che di tanto in tanto la polizia effettua".

insignificanti ma che, di fatto, sancirono, l'esordio della "lettura problematizzante sull'alcolismo" all'interno del consesso scientifico internazionale. Da quel momento, anziché approfondire e analizzare i significati socio-culturali alle spalle del fenomeno uso e abuso di alcool, gli studiosi si accontentarono di circoscrivere e stigmatizzare esclusivamente i sintomi esterni e visibili di questo fenomeno che dal quel momento divenne sinonimo di "disturbo sociale". S'inventarono termini nuovi come "alcolismo" (datato 1854) "dipendenza" per descrivere una miriade di comportamenti diversissimi e spesso non correlati fra loro. Questi eventi sancirono definitivamente l'abbandono di ogni opzione "culturale" nel tentativo di comprendere il fenomeno in questione. La relazione di uso e abuso con qualsiasi sostanza alcolica fu inserita all'interno di un mero quadro patologico e collocato all'interno del discorso medico. Quest'orientamento collocato sulle Ande e associato a una sociologia positivista allora molto in voga nel continente, contribuì e concorse alla nascita del "darwinismo *criollo*"[127] che fu forse l'elemento più determinante nel problematizzare e psichiatrizzare

---

[127] Il darwinismo criollo fu la variante latinoamericana del darwinismo sociale: l'idea che le razze umane fossero divise in gradi e stadi di maggiore e minore sviluppo.

definitivamente tutti i comportamenti legati alla *borrachera*.
Al vecchio discorso coloniale nella condanna dei
comportamenti asociali legati all'abuso di alcool, si univa un
criterio scientifico e per questo inattaccabile: quello della
diagnosi di alcolismo. Se però la vecchia stigmatizzazione
coloniale biasimava i comportamenti collettivi e comunitari,
quella nuova, figlia del positivismo medico e scientifico del
XX secolo, parlava piuttosto, e per la prima volta, di
condotte e problematiche di taglio essenzialmente
individuale. S'introdussero regole di osservazione di tipo
individuale per spiegare e comprendere fenomeni comunitari
e collettivi che d'individuale non avevano assolutamente
nulla. Terry Saignes ci ricorda giustamente che *la ebriedad
no es alcolismo*[128] (ebrezza non è alcolismo)[129], e non si può
cadere nell'errore scientificamente ingiustificabile di mettere
sullo stesso piano un uso e abuso incastonato all'interno di
una sessione festiva ed un uso-abuso quotidiano e
problematico sganciato da ogni significato culturale. Ma
correlare queste due modalità, rispondeva allora ad un
esigenza imperante e figlia del darwinismo sociale in chiave

---

[128] Saignes T. *"Estar en otra cabezas: tomar en los andes"*,
Hisbol/IFEA, Lima, 1993, pag. 15.

[129] Alcolismo connotato come consumo individuale sganciato
da qualsiasi funzione rituale.

latinoamericana: consentiva di delimitare e inquadrare etnicamente questa nuova problematica come propria di due gruppi sociali ben precisi, considerati un fardello, esempi viventi di arretratezza e costumi fuori dal tempo, colpevoli di restituire al mondo un immagine arcaica del paese. Il campesino indigeno in primis e il meticcio, mezzo indigeno e mezzo bianco. Il meticcio, in particolare, questo nuovo essere, prodotto non previsto della conquista, perturbava e attentava al rigido sistema di stratificazione sociale dell'epoca, ed era considerato una minaccia latente di disgregazione. Per Arguedas e altri pensatori infarciti di darwinismo sociale, questo processo di *cholificaciòn*[130]corrodeva il paese dalle sue fondamenta e aveva nella *borrachera* la massima espressione culturale visibile di contaminazione in corso.

Rinforzava questa tesi un viaggiatore spagnolo, Ciro Bajo che visse cinque anni fra Lima e le Ande, vicino alla città del Cusco (1892-1897). Egli fu un osservatore attento delle modalità di approccio all'alcool in quelle zone[131] e descrisse minuziosamente il processo di contaminazione fra modalità differenti di approccio all'alcool: al permanere di alcuni

[130]Processo di meticciamento in lingua spagnola.

[131] Bayo C., "*Chuquisaca o la plata perulera*", Revista del Museo Nacional, Madrid, 1912, cap.XVI.

aspetti culturali tipicamente andini legati a rituali ancestrali come la circolazione della coppa obbligatoria o gli innumerevoli pretesti festivi che sembravano prolungare le modalità autoctone dell'approccio all'alcool, se ne affiancarono altre decisamente di origine più iberica, come ad esempio, la parziale sostituzione del luogo che passava dalla piazza alla taverna ed anche del numero e del contenuto dei compagni di bevuta. Al vecchio gruppo comunitario spesso composto di soli uomini se ne accostarono altri, formati soprattutto da parenti o da figure fondamentali nella costruzione dei legami micro sociali e familiari, dove erano presenti per la prima volta anche le donne. Si può affermare, forse azzardando, che s'iniziarono, a intravedere in quel momento storico, i primi flebili segnali di de-comunitarizzazione e de-ritualizzazione del consumo di alcool.

Agli occhi di Arguedas questa meticciamento del consumo diventava la conferma dei pericoli insiti in una società pluri-culturale e l'uso e abuso di alcool il principale vettore di questa contaminazione dal basso.

Prime riflessioni a "rebours":
Sembra che si debba sempre al viaggiatore spagnolo Ciro Bajo, il primo vero tentativo di tratteggiare una descrizione,

non tanto dell'uso ma delle ragioni dell'uso. Forse la prima riflessione che non si fermò ai sintomi ma cercò di spiegarne le cause. Egli individuò due principali ragioni che lui definì in termini di patologia o rifugio (*"quita penas"*) e lubrificante sociale. Secondo l'avventuriero spagnolo, l'alcool permetteva di togliere le inibizioni, sciogliere la lingua e i desideri. Spesso sotto il suo effetto, ciò che è normalmente represso e censurato veniva alla luce, in parte in modalità verbali ed in parte in modalità non-verbali come il linguaggio del corpo. L'alcool fungeva qui da "Lubrificante sociale". Altresì poteva rappresentare l'unica via di fuga, seppur momentanea, da realtà terribili e senza vie di uscita. E' appunto il vino *"quita penas"* che alleggeriva la sicura e lenta (ma inesorabile) auto-distruzione dei sopravvissuti al genocidio perpetrato dai colonizzatori. Questa teorizzazione sulla "doppia dimensione" del consumo di alcool rappresenta, ancora oggi, una delle riflessioni più originali sull'argomento, nel continente latinoamericano. Nel 1919 uno dei più grandi e importanti conoscitori del mondo andino, il medico pischiatra Dott. Hermilio Valdizàn arricchì la letteratura sull'argomento di nuove considerazioni risultato dei suoi anni di ricerca fra le popolazioni autoctone del Perù.[132]

---

[132] Valdizàn H., *"Paleopsichiatria del antiguo Perù"* Fondo

Per il celebre psichiatra, tutti i liquidi fermentati possedevano proprietà nutritive come minerali e vitamine che ne esaltavano il calore e la forza. In una cultura come quella andina ossessionata dalla circolazione idraulica fra cielo e terra, che sembrava garantire la rinnovazione ciclica della fertilità dei campi, bere e versare queste bevande in determinati momenti del ciclo dell'acqua, avevano il solo scopo di stimolare e amplificare la quantità, la direzione e la periodicità di questo flusso. In una società tanto immersa nel dialogo quasi costante con gli dei, gli spiriti, gli antenati, considerati i creatori del mondo minerale, vegetale, animale e umano, i rituali "alcolici" rappresentavano un veicolo privilegiato per comunicare con il sopra-naturale.[133] In questa prospettiva, considerando che l'intercambio con l'alterità non visibile, costituiva il fondamento della società umana ed era, di conseguenza valorizzato (e quindi sacralizzato) come tale, l'atto di compartire l'alcool sanciva questa alleanza fra esseri umani e cosmo. In un secondo momento, con il sopraggiungere dell'alterazione dello stato di coscienza, l'alcool permetteva di comunicare direttamente

---

Editorial Universidad Peruana Cayetano Heredia, Lima, 1990 (1935), pag. 80-83.

[133] Valdizàn H., "*Ibidem*" Fondo Editorial Universidad Peruana Cayetano Heredia, Lima, 1990 (1935), pag. 83.

con i morti e con gli dei responsabili della fecondità della terra. Infine, l'alcool apriva uno spazio di discussione o di critica delle forme prestabilite d'autorità e di gerarchia. Anche Valdizàn evidenziava la potenziale funzione destabilizzatrice dell'uso-abuso di alcool. In una situazione di dominio coloniale rinforzata da una rigida stratificazione culturale e linguistica, la *borrachera* permetteva un'azione di disconoscimento del potere, messa in atto, in particolare, nella rivendicazione della propria lingua madre, in questa sorta di "zona cuscinetto" infra-culturale dove "l'indio" risorgeva, in questo spazio di libertà irrazionale e di affermazione ambigua della propria peculiarità al di fuori della portata di qualsiasi potere.

Riassumendo, Valdizàn individuava alcuni aspetti della dimensione indigena dell'uso/abuso di alcool: veicolo privilegiato per comunicare con il sovra-naturale; strumento di disconoscimento di pratiche oppressive strutturali; volano di spazi di libertà. Il contributo del celebre medico suggerisce l'impossibilità e l'impraticabilità del tentativo di comprendere il fenomeno in questione soltanto come un mero atto individuale e sotto il monopolio esclusivo del discorso medico. Appare chiaro che il fenomeno del consumo di alcool e di qualsiasi altra sostanza psicoattiva sulle Ande (ma non solo) ci incanala nell'indefinito e ampissimo campo delle relazioni fra le collettività umane e l'extra-mondo: rappresenta e reifica la tensione tutta antropica della ricerca del limite e della delimitazione di confini razionali. E non è rinchiudibile in nessun tipo di cornice di comprensione prestabilita.

3.2. La borrachera fra sedicesimo e diciassettesimo secolo

L'alterazione di coscienza legata all'abuso di alcool e *chicha* era già citata già dai cronisti ecclesiastici e in particolare dai Padri Gesuiti nei secoli XVI e XVII come uno dei principali vizi e delle principali inclinazioni naturali degli indigeni del nuovo mondo. L'ubriacatura rituale fu inizialmente considerata dagli evangelizzatori come "semplice" ubriacatura prima di diventare una delle maggiori preoccupazioni dei religiosi[134].

Tre ragioni giustificavano ai loro occhi la vigorosa offensiva contro *las borracheras*: la distruzione del corpo, l'abbandono della morale e soprattutto il fatto che favoriva le pratiche d'idolatria e di perpetuazione dei culti preispanici.

---

[134] De Egana Antonio *"Historia de la Iglesia en America Española desde el descubrimiento* hasta *comienzos del siglo XIX"*, Hemisferio Sur, Roma, 1966, pag. 45.

Si rende necessario, per comprendere meglio, un piccolo salto a ritroso.

I banchetti rituali degli Incas:

La popolazione andina preispanica fabbricava la *chicha*, un genere di birra o sidro ottenuta dalla fermentazione successiva alla masticazione di una materia prima, di solito il mais. Era chiamata *Aca (azua)* in lingua Quichua del Perù, e *Cusa* in lingua Aymara. La *cicha* poco fermentata (chicha leggera) era utilizzata come medicamento. E' interessante ascoltare il padre gesuita Cobo:[135] *"Toda suerte de chicha de maiz, bebida aprovecha contra il mal y detencion de urina; contra las arenas y piedras de los riñones y vejiga; a cuya causa nunca en los indios, asi viejos como mozos, se hallan estas enfermedades,por el uso que tiene de beber chicha".*[136]

Come possiamo osservare vi era un riconoscimento anche da parte di uomini di chiesa dell'utilità di alcune funzioni della *cicha*. In questi casi, al contrario del suo utilizzo rituale, l'approccio era moderato e individuale.

---

[135] Cobo B. *"Historia del Nuevo Mundo"*, Biblioteca de Autores Españoles, Madrid, 1958 (1653), pag. 162-163.

[136] *"Tutti i tipi di cicha bevuta sono ottimi contro i problemi dell'apparato urinario; previene la presenza di sabbia e di pietre nei reni e nella vescica; per questa ragione non si incontrano fra gli indios, sia giovani sia vecchi persone con queste problematiche proprio per l'abitudine che hanno di bere cicha".*

S'intravedono qui alcune particolarità che gli esperti che si occupano di problemi di abuso rileverebbero come centrali nell'analisi del fenomeno studiato. Emerge, in questo caso, una differente modalità di approccio, caratterizzato da individualità e moderazione, e questi indicatori rientrano in quelle che vengono considerate caratteristiche soggettive del consumatore. Le caratteristiche oggettive sono invece quelle legate alla sostanza, al suo basso contenuto alcolico, dovuto a un processo di fermentazione più breve. Iniziano a venir meno alcuni presupposti di "inclinazione naturale" degli indigeni al consumo di alcool.

Dalla celebre penna di uno dei più grandi cronisti del Nuovo Mondo, Garcilaso De La Vega[137] giungono forse fra le più precise descrizioni dei rituali di libagione collettiva osservati all'interno delle feste incaiche. Il cronista descrive minuziosamente sino a che punto le bevute e gli inviti a bere erano regolati durante l'Inkanato. Ad esempio alcune categorie di persone non potevano partecipare a queste libagioni. Era il caso dei giovani ritenuti inadatti a consumare in gran quantità (una mirabile e apprezzabile ottica preventiva), le vergini del sole, i membri della guardia

---

[137] Inca De la Vega G. *"Comentarios reales de los Incas"*, Biblioteca de Autores Españoles, Buenos Aires 1982 (1609), Capitolo XXI.

imperiale, i soldati delle guarnigioni e i giudici. E' chiaro che ogni divieto riferito a queste cinque tipologie di cittadini dell'impero incaico, rispondevano a logiche differenti: rispetto ai giovani vi era il riconoscimento di un'ottica preventiva che metteva al riparo questo gruppo di persone da comportamenti considerati pregiudicanti della loro salute futura; nei confronto delle vergini del sole vi era la necessità del mantenimento di un livello di purezza che veniva in qualche modo macchiato dalla partecipazione a tali eventi; nei confronti dei soldati e della guardia imperiale emergeva la necessità di garantire alto il livello di difesa sia dell'imperatore sia dei confini dell'Impero; infine l'esigenza dell'esclusione dei giudici rispondeva ad una logica di mantenimento di lucidità e terzietà di chi era chiamato a dirimere conflitti e dispute. Questi divieti sembrano in parte confermare la presenza di una cultura dell'eccesso, di un'inclinazione alla *borracheras* degli indigeni andini. Se, infatti, un potere statale sentiva la necessità di regolamentare determinati comportamenti, emettendo divieti, questo poteva solo rappresentare la conferma di una propensione e di una diffusione tanto capillare di un tipo di approccio all'alcool che se non normato a dovere, avrebbe potuto divenire e tramutarsi in elemento di forte destabilizzazione del sistema. Di questo non si può non tenerne conto.

Durante il corso delle festività i partecipanti erano obbligati a rispettare degli ordini che corrispondevano al proprio rango o allo status sociale. Non si beveva se non si era invitato a farlo, e solo chi era invitato poteva a sua volta invitare. Non si usciva da questa rigida regolamentazione e strutturazione: nessuno poteva iniziare a bere in autonomia. Una reificazione pratica dei principi di reciprocità, scambio, e ordine sui quali si basava il funzionamento dello stato incaico. Lontano dalla predominante immagine veicolata dai padri gesuiti e domenicani, che avevano delle feste incaiche un'idea di contenitore sociale di terribili aberrazioni, la regolamentazione statale della *borracheras* rimandava invece ad una capacità di contenimento di comportamenti asociali che non fu mai raggiunta dagli spagnoli. Tali regolamentazioni, erano vissute come espressione del funzionamento dello stato incaico, e per questo considerate parte di questa appartenenza. Erano naturalizzate, interiorizzate, inserite in un contesto di norme e valori propri. Al contrario, tutti i fallimentari tentativi degli spagnoli di disciplinare l'approccio all'alcool e la *borracheras*, furono vissuti come imposizioni esterne, mai interiorizzate e aggirate con costanza.

All'interno della festa del sole, l'imperatore Inca si collocava in piedi, davanti rispettivamente ai capi locali, ai signori, al suo popolo, prendeva due bicchieri d'oro pieni di *cicha* e auto dichiaratosi figlio maggiore della casa del sole, suo padre, inaugurava la cerimonia in suo onore. Con il bicchiere che sosteneva nella mano destra, invitava il sole a bere con lui, da quel momento la festa poteva iniziare. L'offerta di un bicchiere di *cicha* fatta dall'imperatore al sole, costituiva l'atto fondante dei meccanismi di reciprocità, vero collante della società incaica. Questa formula d'invito era riprodotta dal primo sacerdote all'ultimo maniscalco, e, di fatto, rinsaldava e ricreava ogni anno il vincolo sociale e comunitario che teneva unito l'impero: il già sviscerato concetto di alcool "creatore" e animatore della comunità ha forse in queste manifestazioni pubbliche la sua genesi.

Questo gesto dell'Inca era il primo di una serie di libagioni che Garcilaso riunisce sotto il nome di *"bere alla sua salute"*. Ogni indigeno partecipante alle libagioni, secondo il suo rango e il suo status, possedeva due bicchieri di oro, argento o legno. Chi invitava a bere, aveva un bicchiere in ogni mano. Se la persona invitata era di superiore o eguale al suo, l'offerta partiva dal bicchiere posto sulla mano destra; viceversa se la persona era di rango inferiore, l'offerta partiva dal bicchiere posto sulla mano sinistra. In seguito, dopo aver consumato assieme la bevanda, il bicchiere offerto veniva restituito, pronto per essere riofferto se il caso lo richiedeva. I bicchieri differivano solo nella materia in cui erano costruiti, ma erano eguali nelle dimensioni, perché tutti dovevano bere la stessa quantità. Di solito, il primo invito era rivolto da una persona di rango superiore a una di rango inferiore, la quale a sua volta, procedeva in senso inverso, dall'inferiore al superiore. Se il primo gesto evidenziava un'azione di magnanimità del superiore verso l'inferiore, l'atto di ricambiare in senso inverso da parte dell'inferiore, rappresentava un riconoscimento tacito, attualizzato e naturalizzato della rigida stratificazione della società incaica.

In questo quadro di libagioni rigidamente codificate, il bere molto senza ubriacarsi, mantenendo il controllo dei propri sensi, era considerata una dimostrazione di grande coraggio e virilità e difatti era cosa abbastanza consueta nelle classi aristocratiche, fornire prove di questa capacità di resistenza. Sempre Garcilaso[138] narra che sovente queste libagioni erano accompagnate da eccessi sessuali, sodomia, adulterio, promiscuità. Ma tutto questo era tollerato dalle autorità perché rappresentava uno sfogo rigidamente limitato e disciplinato di pulsioni che, diversamente canalizzate,

---

[138] Inca De la Vega G., *"Comentarios reales de los Incas"*, Biblioteca de Autores Españoles, Buenos Aires 1982 (1609), Capitolo XXI.

avrebbero potuto rappresentare una minaccia per l'ordine prestabilito. Si può tracciare in questo senso un parallelismo di funzioni fra le feste Inca e le arene di gladiatori nell'antica Roma: una forma andina del nostro *"panem et circenses"*. Al tempo degli Incas tali manifestazioni di dis-controllo degli impulsi non potevano avvenire se non all'interno di un quadro rigidamente organizzato di una celebrazione. Come già trattato in precedenza alcune categorie erano escluse dalla partecipazione a questi eventi. Questo elemento fa emergere la forte ambivalenza dei banchetti rituali: se da una parte queste libagioni avevano lo scopo di consolidare i legami sociali in particolare fuori dal gruppo familiare, dall'altro le sue conseguenze estreme potevano essere fortemente antisociali.

L'impegno statale del controllare e tenere a freno alcuni eccessi, fa riflettere sul livello di tensione esistente già allora fra le esigenze di ordine e quelle di libera espressione delle normali pulsioni umane. I momenti di ebrezza rappresentavano attimi di sospensione temporanea dei comportamenti socialmente accettati, che se non controllati potevano rivelarsi pericolosi e potenzialmente "rivoluzionari". O almeno in questo modo lo intesero gli Incas, che s'impegnarono per controllarlo e delimitarlo ad alcune occasioni. Per terminare questa parentesi è importante rilevare che l'abuso di *cicha* e *las borracheras*, avvenute fuori dai contesti rituali e cerimoniali, erano severamente punite dalle autorità preposte, spesso anche con la morte.

Borrachera, allucinogeni e antenati:

Le cronache del secolo XVI e XVII fanno riferimento alle libagioni che accompagnavano, nella maggioranza cerimonie legate ai culti dei morti. Questi culti legati agli antenati costituirono un aspetto di rilevante importanza del sistema religioso andino e pre-ispanico. Erano il fondamento di quel rapporto di reciprocità e co-dipendenza comunitaria, che sino a poco tempo fa è stato il fulcro del sistema culturale andino. I riti prevedevano un'offerta di diversi tipi di doni e in cambio gli antenati garantivano la fertilità del suolo. I corpi dei morti, infatti, possedevano diverse virtù terapeutiche. I cadaveri a loro volta entravano in contatto con i vivi attraverso intermediari: i sacerdoti dedicati al culto delle *huacas* e *mallquis*[139] chiamati *huacapvillackuna*.

Questi sacerdoti utilizzavano sia *cicha* sia sostanze allucinogene come la *villca* (*Piptadenia macrocarpa*) o un

---

[139] Durante l'epoca pre-ispanica il termine *huaca* designava nello stesso tempo gli spiriti e gli esseri o oggetti che si pensava fossero abitati dagli spiriti, i luoghi di origine mitici degli *Ayllus* (laghi, montagne..), i santuari, i templi e persino i bambini nati con difetti fisici o gli animali mostruosi.

mix di entrambe. Nelle sue descrizioni delle regole con cui gli Incas "sceglievano" o individuavano i loro nuovi *"hechiceros"* (sacerdoti/intermediari) il padre gesuita Arriaga[140] narra che i sacerdoti supremi quando osservavano un individuo colpito da un male improvviso con perdita di sensi (*"Y se volvia loco"*)[141] interpretavano questa circostanza in questo modo: la *huaca* lo avrebbe scelto fra tanti, per essere istruito come *Villac* (sacerdote). Quando la persona colpita tornava in sé, era sottoposto a un digiuno, della durata di non più di tre giorni e all'interno di questo vero e proprio rito d'iniziazione gli erano trasmessi e impartiti tutti i segreti del nuovo ruolo sociale.

Il consumo di sostanze ubriacanti formava parte delle attività quotidiane dei *Villac:* la ricerca del contatto con i morti era, infatti, compiuto per mezzo di un vero e proprio abuso di *cicha* e di allucinogeni che erano il veicolo di contatto con l'aldilà. Tutto questo era rigidamente ritualizzato e messo in atto solo dai sacerdoti. Nonostante l'opera di distruzione delle mummie e le persecuzioni cui furono oggetti i *Villac,* compiute dagli spagnoli nella loro campagna di estirpazione dell'idolatria, gli uomini andini

---

[140] De Arriaga P.J. *"La estirpaciòn de la idolatria del Perù"*, Biblioteca de Autores Españoles Madrid, 1968 (1609), pag. 209.

[141] "E *diventava pazzo*" in lingua spagnola.

continuarono a mantenere contatti con i loro morti sempre attraverso l'intermediazione di "specialisti". Gli spagnoli continuarono senza sosta quest'opera di demolizione culturale di un sistema di credenze, concentrandosi in modo particolare nella demonizzazione della figura dei sacerdoti, arrivando addirittura a proibire, assembramenti di più di tre persone[142]. Nella *Carta Anuas*[143] redatta dai Padri Gesuiti vengono riportati episodi di riunioni segrete in cui si adorava il demonio sotto la forma dei vari culti andini.

Gli allucinogeni costituirono un altro vettore culturale nativo, imprevisto e senza dubbio più temibile dell'alcool, che preoccupò fortemente gli estirpatori dell'idolatria, convinti che giocassero un ruolo decisivo nella trasmissione e perpetuazione di credenze legate a un universo onirico posto ai margini del cristianesimo. Gli estirpatori erano particolarmente tormentati per le forme estreme di trance che l'uso di allucinogeni, comportava[144]. Tali stati alterati erano il mezzo con il quale i sacerdoti entravano in contatto con i

---

[142] De Arriaga P.J. "*La estirpaciòn de la idolatria del Perù*", Biblioteca de Autores Españoles Madrid, 1968 (1609), pag. 221.

[143] *Archivium Romanum Societatis Iesu,Litterae Peruanae, 1617, Provinciae Cajatambo.*

[144] De Arriaga P.J., "*La estirpaciòn de la idolatria del Perù*", Biblioteca de Autores Españoles" Madrid,1968 (1609), pag. 230.

morti, e parlavano per mezzo loro alla comunità tutta.

Termino questa parte parlando di una figura misteriosa, comparsa alla metà del sedicesimo secolo, che sebbene sembri non aver particolare attinenza con l'argomento *borracheras*, è molto importante per comprendere i dispositivi sincretici di rimodellamento e difesa culturale da parte degli indigeni. Intorno all'anno 1565 fa la sua comparsa, nelle cronache, la misteriosa figura del *Pishtaku* (detto anche il degollador andino)[145]. Questo personaggio era frequentemente descritto come un uomo bianco che attaccava soltanto gli indigeni, e soltanto durante la notte per estrarre dai loro corpi ormai inerti, grasso, che in seguito avrebbe venduto agli spagnoli, che a loro volta lo avrebbero utilizzato (sempre secondo la leggenda) per ingrassare le campane delle chiese, o per fabbricare medicine per curare gli invasori. L'apparizione della figura del *Pishtaku* (1565) è coeva a una terribile epidemia che decimò gli indigeni della regione del Cuzco. Alcuni capi indigeni accusarono i sacerdoti dell'ordine dei Betlemiti d'essere *Pishtaku*, e di aver procurato la morte per utilizzare il grasso per fabbricare medicine[146].

---

[145] "*Lo sgozzatore andino*" in lingua spagnola.

[146] Saignes T.,"*Estar en otra cabezas: tomar en los andes*", Hisbol/IFEA, Lima, 1993, pag. 31.

184

Si può ipotizzare che la credenza del *Pishtaku* fosse un'espressione del rifiuto degli uomini andini rispetto alla dominazione coloniale; si può anche pensare che utilizzarono una rete di interpretazione demoniaca appresa dagli evangelizzatori per costruire un personaggio diabolico bianco, simbolo della conquista coloniale. Il fatto che i primi spagnoli considerati *Pishtaku* furono sacerdoti non deve sorprendere. Se i sacerdoti incaricati del culto del *las huacas,* furono considerati dagli evangelizzatori agenti del demonio, i sacerdoti cristiani incaricati del culto della *las huacas* spagnola si convertirono, agli occhi degli indios, in una logica di assimilazione invertita, in personaggi diabolici, in *Pishtaku.* Questo processo di mimesi è importante dal punto di vista antropologico perché misura il livello di passività e resistenza a pratiche di dominazione e di spoliazione culturale, datando l'inizio dei processi d'ibridazione fra la cultura spagnola e quella andina al sedicesimo secolo.

Il rifiuto dell'ordine coloniale:
Agli occhi dei Padri Gesuiti i messaggi trasmessi dagli antichi dei o dagli antenati per mezzo dell'intermediazione dei *Villac* erano nella maggioranza dei casi ritenuti pericolosi per il mantenimento dell'ordine sociale e religioso coloniale. Le divinità pagane e i morti apparivano agli

indigeni per incitarli a rifiutare la religione cattolica e a vendicarsi del sacrilegio dell'abbandono delle tombe, loro imposto dagli spagnoli a esclusivo beneficio del Dio cristiano.

Comparve sulla scena intorno all'anno 1565, il movimento millenarista *Taqui Oncoy*, che denunciò il grave stato di abbondono delle tombe. Come molto movimenti di questo tipo, il Taqui *Oncoy* vide la luce in un momento di grave crisi delle relazioni fra spagnoli e indigeni: sembravano venute meno alcune forme di protezione statale e religiosa su vasta scala dirette agli indios. La ferocia del criollos (di sangue spagnolo ma nati nelle Americhe) sembrava superare di gran lunga quella dei continentali[147]. In questo preciso momento storico comparvero improvvisamente numerosi predicatori indigeni che, dalla regione dell'Huamanga[148], cominciarono a girare paese per paese annunciando il prossimo ritorno delle antiche divinità. Numerosi individui che presero parte a questo movimento affermarono di essere "posseduti" dalle *Huacas*. I predicatori divennero oggetto di venerazione per il resto della

---

[147] Curatola M." Mito *y milenarismo en los Andes: dal Taqui Onqoy a Inkarri. La vision del pueblo invicto"*, Allpanchis, Cuzco, 1977, pag. 67.

[148] Centro sud del Perù.

popolazione indigena.

Taqui Oncoy può essere tradotto con il termine *"ballo della malattia"*, ed è abbastanza chiaro che la malattia era rappresentata dalla situazione di dominazione coloniale. La guarigione era ritratta come il ritorno alla situazione pre-conquista. Queste danze erano caratterizzate da un utilizzo rituale di allucinogeni e *cicha*: per tale ragione i Padri Gesuiti le associarono a *las boraccheras* e le intrepretarono come opera del demonio che incitava gli indigeni a sollevarsi in massa al potere coloniale. Il movimento ebbe vita breve: già pochi anni dopo, rimaneva uno sbiadito ricordo.

È rievocato ancora ai nostri giorni perché fu la prima forma religiosa organizzata di contrasto all'invasore spagnolo. Se nel caso del Taqui Oncoy, il contenuto delle visioni o delle apparizioni di antenati aveva chiaramente come obiettivo, quello del sovvertimento dell'ordine coloniale, non possiamo dire che fu così per tutte le manifestazioni di questo tipo avvenute in quel preciso momento storico. Le cronache narrano di numerose visioni in cui gli antenati e i morti si rivelavano per incitare gli indigeni al suicidio, con la promessa di una vita piena di piaceri nell'aldilà, tanto diversa dalla terribile situazione di sopravvivenza in cui erano inseriti.

La borrachera "causa de todo mal":

La guerra che la chiesa intraprese contro i fenomeni di ubriachezza indigena era inserita nel contesto più generale di estirpazione dell'idolatria portata avanti dai vertici cattolici coloniali dalla fine del sedicesimo secolo e associata ad un altro aspetto importante del processo di evangelizzazione del Perù: la lotta contro il culto dei morti, uno dei perni su cui ruotava la cosmologia andina preispanica. Il culto dei morti fu forse la prima manifestazione d'idolatria perseguita dagli evangelizzatori. Durante i primi periodi dell'evangelizzazione i missionari distrussero templi, santuari, e tutti gli oggetti utilizzati nei culti pubblici tradizionali che incontrarono sulla loro strada. Distrussero, generalmente bruciandole, le mummie degli antenati ma nello stesso momento, fra un rogo e l'altro, presero coscienza che tutte queste azioni erano insufficienti per estirpare le credenze antiche. Serviva altro, era necessario attaccare ed estirpare anche le pratiche quotidiane associate, con gradazioni di differente intensità, al paganesimo: le pratiche quotidiane oggetto delle attenzioni della *Compañia del Jesus*[149] furono in particolare le feste pagane con il loro

---

[149] La Compañia del Jesus o Santa Inquisizione si stabilì nel nuovo mondo nell'anno 1568, a Lima. Fu responsabile della campagna di estirpazione dell'idolatria non solo in Peru, ma in tutto il vice regno.

188

corollario di abuso alcolico e il consumo di piante allucinogene.

A differenza dei primi evangelizzatori, gli uomini della compagnia profusero particolare impegno nella soppressione e disarticolazione dei culti domestici, che consideravano, come fattori decisivi nella trasmissione della tradizione idolatrica. Come dei Bourdieu ante-literam, i Padri Gesuiti compresero che questi culti erano talmente tanto radicati, incorporati e naturalizzati nelle normali pratiche quotidiane da essere i veri veicoli dell'idolatria. Inoltre per le medesime ragioni, erano difficilissimi da estirpare proprio perché "mimetizzati" nella normalità.

Partendo dalle premesse che per *"estirpare efficacemente si doveva cancellare il passato"*[150] i Gesuiti attaccarono con forza i riti di passaggio degli indios come i battesimi, i matrimoni, i funerali ed inoltre si sforzarono di limitare fortemente tutte le riunioni sociali che gli andini organizzavano con vari pretesti (semina, raccolto, costruzione di nuove case) e che spesso diventavano la giustificazione per abusi di alcool e ubriachezza collettiva. Se durante i primi anni della conquista i fenomeni di ebrezza collettiva e rituale furono considerati come semplice e

---

[150] De Arriaga P.J., *"La estirpaciòn de la idolatria del Perù"*, Biblioteca de Autores Españoles, Madrid, 1968 (1609), pag. 235.

innocua "*borrachera*", durante la campagna di estirpazione dell'idolatria, gli stessi divennero l'oggetto prediletto su cui scatenare la cieca furia religiosa della santa inquisizione coloniale: la "*causa di todo mal*"[151].

In effetti, l'ubriachezza appare nei testi degli ecclesiastici del XVI e XVII secolo come la causa principale di tutte le idolatrie e come un "vizio naturale" degli indigeni. È considerata dal Padre Gesuita Acosta "*negativa in se stessa, ma in particolare per i mali che provoca nell'uomo, mali che colpiscono il corpo, i costumi e la fede*"[152]. Per i Gesuiti l'ebrezza alcolica scatenava le passioni, e sotto il suo influsso, l'uomo poteva commettere qualsiasi tipo di nefandezza del corpo e dell'anima, come incesti, sodomia, ecc. Inoltre allontanava le povere anime dalla vera fede: abuso e sacrilegio diventano in questo modo, un binomio inscindibile. A questi aspetti, inquietanti, dell'ubriachezza, se ne aggregavano altri, forse agli occhi degli evangelizzatori, ancora più pericolosi: la dimensione sociale e comunitaria della *borrachera*s.

Riporto quanto affermato In maniera esplicita dal padre Gesuita Acosta che segnalava "*che l'idolatria si radica*

---

[151] "*La causa di tutti i mali*" in lingua spagnola.

[152] De Acosta J. "*De Procuranda Indolorum Salute*", Colleciòn Española Misionera, Madrid, 1958 (1588), pag. 80-81.

attraverso le numerose attività collettive in cui alcool e cicha non mancano mai"[153]. Per tali ragioni, egli sancì come prioritaria, la necessità di vigilare su queste attività poiché, gli eccessi posti in essere dall'abuso di alcool, se reiterati, potevano portare ad una dissoluzione o ad un forte allentamento, dei legami sociali che tenevano unite le comunità. E dissoluzione, per gli spagnoli significava solo una cosa: sovvertimento dell'ordine coloniale.

In sostanza, per gli iberici la repressione della *borracheras* era funzionale all'instaurazione di una forma di controllo sociale e globale sulle comunità indigene. In particolare, emerse il timore di qualsiasi tipo di opposizione politica organizzata a livello sociale e comunitario che avrebbe trovato i colonizzatori assolutamente impreparati e incapaci ad affrontarla con strumenti diversi dalla mera repressione religiosa e militare.

3.3. L'estirpazione della borrachera

Sempre il Padre Gesuita Acosta, nella sua monumentale

---

[153] De Acosta J. *"Ibidem"*, Colleciòn Española Misionera, Madrid, 1958 (1588), pag. 80-81.

opera quasi tutta consacrata all'evangelizzazione degli indigeni (1588), esponeva sia le posizioni del suo ordine sia quelle più generali delle autorità spagnole dell'epoca circa il metodo migliore per combattere il fenomeno dell'ubriachezza rituale. Ed emergeva, che sostanzialmente non vi era, in quel dato momento storico, un consenso unanime rispetto a questa materia oggetto di forte speculazione intellettuale.[154]

Alcuni pensavano che non vi fosse altro mezzo che proibire totalmente il consumo e l'utilizzazione, in particolare della *cicha* (sull'alcool esistevano già troppi interessi economici) e suggerirono che per raggiungere quest'obiettivo occorreva infliggere pesanti pene tanto ai consumatori quanto ai produttori. Acosta segnalava chiaramente il suo disaccordo con questo tipo di scelta e la criticava, affermando che la *cicha* possedeva comunque proprietà medicinali e se bevuta in modo moderato non provocava nessun tipo di problema. Aggiungeva *"Eliminarla totalmente significherebbe opprimere gli indigeni con un carico intollerabile: sarebbe come privare queste anime povere e sfortunate dell'unico piacere terreno dal quale ottengono un minimo di sollievo"*.

---

[154] Acosta De J. *"Ibidem"*, Colleciòn Española Misionera, Madrid, 1958 (1588).

Si può percepire in quest'approccio del religioso spagnolo al problema dell'abuso di *cicha*, un atteggiamento molto pragmatico, di "riduzione del danno"[155]: egli si rese conto della pericolosità, non tanto della sostanza, quanto della sua errata e dannosa modalità di ingestione. Un pensiero davvero moderno se collocato nell'anno 1588. Inoltre egli segnalava l'ambiguità della posizione della Chiesa Cattolica che da un lato denunciava con forza l'abuso di alcool e *cicha* fra gli indigeni e dall'altro difendeva il diritto del consumo di bevande alcoliche (ma in questo caso riferite al vino e ai distillati) nel nome del "Libero arbitrio"; *"Perché solo grazie agli spagnoli, gli indigeni sono stati liberati dalla tirannia degli Inkas sotto i quali non erano liberi né di prendere moglie, né di masticare coca, né di bere cicha né di mangiare carne, senza specifica concessione*

---

[155] La riduzione del danno rappresenta quell'approccio a qualsiasi tipo di problematica sociale che si pone come obiettivo, non tanto la cessazione immediata del tipo di problematica oggetto d'intervento, quanto la graduale e costante modificazione nel tempo di alcuni atteggiamenti che creano o contribuiscono a creare, in un certo modo la problematica stessa. E' nata in Olanda negli anni '80, ed è stata molto utilizzata in Italia nel campo delle tossicodipendenze e dell'alcolismo.

regale".[156]

Nell'anno 1587, il secondo Concilio di Lima proibì le riunioni e il consumo pubblico di *cicha*, ma non il consumo individuale.

E' interessante approfondire quanto riportato da Acosta. Quando la chiesa parlò di libero arbitrio, lo fece probabilmente pensando alle conseguenze in termini puramente economici di un eventuale divieto esteso non solo agli indigeni ma anche agli spagnoli. Per tale motivo, ben sapendo che le regole iberiche di uso erano di approccio individuale, il Concilio di Lima scelse di dirigere i divieti verso i consumi pubblici e comunitari, tipici degli indigeni. Di fatto non fu impedita una sostanza, fu proibita una modalità di approccio etnicamente connotata. Non fu stabilito chiaramente che agli indios era totalmente proibito bere, ma essi furono incoraggiati e spinti verso tipologie di consumi da loro distanti culturalmente, come quelli domestici e privati. Si svincolò l'uso di sostanze inebrianti dal rigido controllo delle autorità che le aveva accompagnate sino a quel momento. Da allora, anche per gli indigeni il bere doveva cessare di essere un atto pubblico, collettivo e rituale

---

[156] De Arriaga P.J. "*La estirpaciòn de la idolatria del perù*", Biblioteca de Autores Españoles, Madrid, 1968 (1609), pag. 260-262.

per divenire un gesto individuale, almeno secondo quanto speravano gli spagnoli.

Gli iberici non compresero che era proprio l'inserimento della *borracheras* all'interno di rituali pubblici e comunitari determinati, il principale freno a condotte di abuso di tipo collettivo senza nessuna forma di controllo. La proibizione di riunioni pubbliche contribuì a de-ritualizzare fortemente l'uso di alcool, privandolo di quel substrato culturale che lo collocava in un quadro valoriale prestabilito.

Inoltre, lontano dall'essere eventuali "fochi" di ribellione all'ordine coloniale predisposto, i consumi rituali e collettivo/comunitari svolgevano forse la funzione opposta: quella della trasmissione e del passaggio di regole culturali che in momenti di totale sconvolgimento, garantivano la tenuta sociale di un sistema al collasso. Nei periodi di forte trasformazione storica, sociale e culturale è necessario restare agganciati a un nucleo "originario" anche se esiguo, che testimoni un minimo di continuità fra passato, presente e futuro e che svolga una funzione di prevenzione all'anomia. Un nocciolo duro culturale inscalfibile. Il caso dei riti collettivi tradizionali andini.

Ancora nell'anno 1601 il *corregidor* di Cuzco e Charcas, Polo de Ondegardo affermava che "*l'ubriachezza privata era molto difficile da combattere, ma non era in se un problema molto grave, molto più grave era l'ubriachezza pubblica e le sue nefaste conseguenze, le quali quando si beve in privato non sono tali"*. Di fatto non fu' soltanto lo scontro fra due modelli di approccio all'alcool, e fra due sostanze, il vino spagnolo e la *cicha* andina.

A scontrarsi furono due mondi, due civiltà, due modi di concepire le relazioni sociali e comunitarie.

Rapidamente, i padri gesuiti si resero conto che nonostante la quasi scomparsa dei rituali collettivi tradizionali che costituivano le principali occasioni per i fenomeni di uso e abuso, il pericolo continuava ad esistere; ed era rappresentato in particolare dalle feste cattoliche dedicate ai santi che erano utilizzate dagli indigeni come pretesto per bere e potevano degenerare in *borracheras*.

Ed è esattamente ciò che avvenne: nonostante l'impegno dei Padri Gesuiti si assistette auna sorta di translitterazione sincretica e culturale di grande interesse antropologico. I rituali familiari come i battesimi, i funerali, i matrimoni, quelli sociali e comunitari come la semina, il raccolto, la costruzione di una casa e tutte le feste religiose cattoliche vennero "riempite" di significati culturali e rituali direttamente importati dai riti tradizionali. Ancora una volta, ben distante dall'idea di attecchimento e di totale passività dei popoli andini nei confronti della cultura spagnola e cattolica, si misero in moto processi di assimilazione parziale, riconversione, mimesi e sincretismo, tipici elementi di una società e di una cultura tutt'altro che sconfitta e in via di sparizione. Ovviamente vi furono anche aspetti negativi: l'intossicazione da alcool e *cicha* raggiunse livelli molto elevati durante l'epoca coloniale. Le cause furono molteplici: l'introduzione di nuove bevande alcoliche di origine europea, la perdurante aggressione culturale alle società tradizionali, la totale soppressione di tutte le feste rituali antiche, la grande migrazione verso la città del Cuzco.

Le libagioni collettive con il suo portato di uso e abuso non sono scomparse dopo la campagna di estirpazione delle idolatrie, operata dai Padri Gesuiti e dalla Santa Inquisizione fra il 1570 e il 1680. Esistono ancora oggi, ai nostri giorni, nei villaggi e nelle città delle Ande peruviane. Come durante la colonia accompagnano tutte le attività fuori dall'ordinario della vita campesina comunitaria, ma come abbiamo osservato, non solo. La *borrachera* oggi non è più combattuta dalla Compagnia del Gesù, ma da professionisti dell'aiuto, medici, psichiatri, ONG e da sette e chiese protestanti e pentecostali che in alcuni villaggi hanno letteralmente proibito l'uso dell'alcool. Oggi come allora, emerge l'incapacità di affrontare la problematica in esame utilizzando chiavi di lettura antropologiche che possano in qualche modo connettere l'uso-abuso ai fenomeni attuali e remoti di povertà economica e culturale e di violenza; ancora una volta si preferisce utilizzare approcci interpretativi "problematizzanti" e patologizzanti del fenomeno, totalmente sconnessi dalla realtà sociale e comunitaria: se per gli psichiatri e i medici è una patologia dell'individuo, per i protestanti continua a essere un vizio dell'anima. L'idea della "naturale inclinazione degli indigeni alla *borracheras*" tanto cara ai padri gesuiti del XV secolo non è molto distante.

La de-ritualizzazione ha tolto al consumo e abuso di alcool e *cicha* quella rilevanza culturale e sociale che l'ha sempre caratterizzato, sganciandolo definitivamente da quella rigida regolamentazione ereditata dagli Incas che ne determinava i limiti comunitari d'abuso valicabili. L'attacco e la cancellazione dei riti da parte degli spagnoli hanno improvvisamente democratizzato il consumo, che venute meno le forme di autotutela e limitazione di origine pre-ispanica, è diventato appannaggio di ogni uomo, donna, ragazzo, senza vincoli di sorta. L'alcool continua a essere il collante sociale di ogni "*compromiso*"[157]: battesimi, corte de pelo, festa della semina e del raccolto, feste cristiane, ogni

---

[157] Evento familiare, sociale e individuale di particolare portata.

occasione è buona per consumare sino a stordirsi e spesso diventare violenti. Purtroppo all'interno di tali spazi di festa e di celebrazione sembra non esservi spazio per approcci all'uso che non prevedano e contemplino il raggiungimento di stati d'intossicazione, spesso anche gravi.

Oggi sembra che l'obiettivo principale dell'utilizzo di sostanze all'interno dei *"compromisos"* non sia tanto quello di celebrare un evento, di far rivivere quell'antico legame con gli antenati quanto utilizzare alcool e *cicha* per staccare la spina dal mondo, per dimenticarsi di esistere per un paio di ore e per dare sfogo alle proprie pulsioni violente e represse. Il passaggio da strumento per tenere vive le tradizioni a principale anestetico alla povertà, ai forti cambiamenti in atto, a un'ingiusta e iniqua divisione delle risorse è definitivamente completato.

Purtroppo quest'ultimo modello di utilizzo non contempla altre possibilità che non siano il raggiungimento dell'estasi alcolica, portando così definitivamente a compimento il processo di de-storicizzazione e de-ritualizzazione del consumo iniziato circa cinquecento anni fa.

Dal collegamento fra l'osservazione di alcune pratiche d'impiego odierne e il lavoro di ricerca storica effettuata nella città del Cuzco, sono emersi alcuni elementi che analizzati e successivamente decostruiti attraverso gli strumenti dell'antropologia culturale, sembrano in qualche modo ricollegare i modelli di approccio odierni a quelli storici. Sono tracce deboli, invisibili ma ancora oggi presenti.

Sicuramente utilizzo dell'alcool rimane tuttora all'interno di cornici di consumo fortemente collettive. Pur svuotato di ogni significato rituale, e ormai teso essenzialmente a raggiungere *la borrachera*, il bere in gruppo resta la principale modalità di utilizzo. Ancora oggi, significa creare e ricreare ogni volta le condizioni di continuità comunitaria, significa ricreare e rinsaldare i legami familiari e sociali e rifiutare un invito a bere evidenzia la volontà di sottrarsi alla continuazione di un patto d'amicizia e di mutuo riconoscimento: tale gesto, inquadrato e filtrato attraverso gli strumenti culturali a disposizione della comunità, incardinati sul principio di reciprocità, può essere interpretato come una potenziale messa in discussione sia del proprio ruolo all'interno del gruppo, sia del gruppo stesso. La disapprovazione sociale che ancora oggi accompagna un gesto del genere mi riporta indietro di cinquecento anni: anche nei banchetti regali organizzati dall'Inca non era previsto sottrarsi ad un invito a bere, in particolare se tale invito era rivolto da un superiore ad un inferiore. Non è azzardato pensare che in queste modalità di interazione sociale, sia lecito intravedere alcuni elementi di continuità con gli antichi rituali di consumo di alcol e *cicha* dell'epoca pre-ispanica. In un quasi totale processo di de-ritualizzazione frutto di un genocidio culturale operato dai colonizzatori, questa funzione dell'alcool, creatore e ricreatore di legami sociali rappresenta ciò che permane ancora oggi delle consuetudini vecchie di cinquecento anni.

CAPITOLO QUARTO: IL RUOLO DELLA VIOLENZA IN PERÙ

Brevissima panoramica sulla violenza in Perù. Violenza e cultura in Perù. "Desde donde llega esta violencia": le radici della violenza nelle Ande peruviane. La connessione fra alcool e violenza a Sicuani & Canchis.

4.1. Brevissima panoramica sulla violenza in Perù

Non è necessaria un'analisi esaustiva del Perù attuale e passato per affermare che uno degli elementi più caratteristici della società peruviana è la violenza. J. Galtung la declinerebbe probabilmente come violenza personale, faccia a faccia, ma con alcune particolarità che metterebbero seriamente in difficoltà anche il sociologo e studioso norvegese. Perché se è innegabile che la violenza materiale e fisica, quella che si trova alla base della sua costruzione teorica, è certamente diffusa nel paese latinoamericano, è altrettanto vero che sussistono modalità di espressione di tale fenomeno, molto diverse da regione a regione. Come già trattato nel secondo capitolo, la violenza riscontrata sulle Ande, in particolare nell'ambito intra familiare, risponde a logiche particolari: è sicuramente un tipo di violenza materiale e fisica ma il più delle volte è celata, permane all'interno delle mura domestiche ed è contraddistinta da un livello di "naturalizzazione" e tolleranza sociale molto elevata. La violenza, rappresenta in Perù, una modalità di interazione gruppale e individuale che interessa varie aree della società: dal politico, con i suoi concetti gemelli di *insurgencia* e *contro insurgencia*[158]; ai fenomeni di crescita della violenza urbana; al comportamento aggressivo nelle condotte quotidiane del cittadino medio; a l'irruzione di una violenza fine a se stessa diventata l'ingrediente quotidiano della comunicazione dei mass media[159]. Questa violenza sembra essere il prodotto di una delle più ingiuste strutture sociali del pianeta: il Perù è stato per anni, secondo le stime dell'indice di Gini, valido strumento di misurazione economica della disparità e divaricazioni fra ricchi e poveri all'interno di un dato paese, il secondo stato Sudamericano

---

[158] Insurrezione e contro-insurrezione in lingua spagnola.

[159] Cito ad esempio l'episodio dell'alpinista scomparso sulle Ande nel Novembre 2011 e ritrovato morto dopo mesi con, sul corpo, evidenti segni di tortura: i giornali si sono dati battaglia nelle descrizioni più truci, violente e macabre delle modalità con cui, l'alpinista potrebbe essere stato ucciso. La cosa interessante e preoccupante è che questa storia ha tenuto i peruviani letteralmente incollati al video e a alle notizie dei giornali per mesi ed ognuno sembrava avere un parere al proposito.

più diseguale, secondo solo al Brasile[160]. Inoltre il paese latinoamericano ha ereditato da cinque secoli di brutale colonizzazione, una naturale predisposizione all'uso della violenza non solo di livello base o "materiale" visibile, ma anche di tipo strutturale, e istituzionale. Nella formazione stessa del Perù come nazione, non possiamo non considerare la violenza della conquista come elemento fondante. Violenza che è stata il principale strumento di soppressione di una cultura, quella nativa, autoctona da parte di un'altra, quella spagnola e cristiana, alloctona. Infine non va assolutamente sottostimato e relativizzato, l'uso della violenza anche da parte dell'Impero Incaico. Fenomeno, ben conosciuto, come M. Livi Bacci ci ricorda in una delle sue monumentali opere sulla distruzione degli Indios[161], e che molta letteratura moderna ha misconosciuto, reinterpretato e forse volutamente sottovalutato con l'obbiettivo di "fissare" i livelli di brutalità messi in atto dagli Iberici, come unici, irripetibili e cosa che a noi interessa di più, nuovi per il paese latinoamericano. Questa errata lettura, ha veicolato

---

[160] Pipitone U.," Crescere *non basta*" Città del Messico, Edizioni dell'Asino, 2012, allegati finali.

[161] Livi Bacci M. "*Conquista. La distruzione degli indios americani*", Il Mulino, Bologna, 2005.

nell'immaginario collettivo un idea di "armonia" e "pace" riferita al periodo pre-coloniale, probabilmente molto distante dalla realtà di quell'epoca storica.

Nei prossimi paragrafi cercherò di evidenziare il livello d'interazione reciproca fra violenza e cultura in Perù, misurando anche, se possibile il grado e l'intensità dei processi di naturalizzazione e normalizzazione delle condotte violente nella quotidianità.

4.2. Violenza e cultura in Perù

La violenza non è soltanto un fatto "fisico": ogni forma di aggressione si regge, su una base strutturale che trae la sua linfa dal contesto storico e dal brodo culturale in cui è situata. La violenza non è radicata soltanto nella mera fase attuativa dell'atto che la definisce, ma dipende, dal significato sociale che si dà a tale atto.

In questo senso, come già trattato nel secondo capitolo, si deve considerare la violenza come un elemento caratterizzante di quella cultura ed evitare spiegazioni semplicistiche che rimandino alla violenza come "vuoto culturale". Quest'approccio non nega che esista una base materiale concreta della violenza ma che questa base debba essere assunta secondo le diverse forme e i differenti contesti culturali e geografici in cui si esprime: colpire qualcuno, anche in maniera non lieve all'interno di un frame scherzoso può essere meno violento di un gesto di disprezzo, per esempio. Chiaro che non tutto è relativo: uccidere qualcuno, anche all'interno di codici culturali altri[162] rappresenta sempre un atto di cieca violenza, però anche questo caso estremo può essere interpretato in varie forme (come semplice e crudele assassinio; come esercizio di legittima difesa; come estrema difesa dei codici culturali di una comunità oltraggiata).

Se la violenza è un fatto culturale, è necessario che debba essere interpretata, letta e collocata all'interno di un preciso *frame* storico. Il tentativo di leggere e interpretare le relazioni sociali che la condizionano non può essere slegato dalla comprensione del significato "interno" che un gruppo umano dà alle proprie azioni. Un primo obiettivo di questo capitolo è proprio quello di esplorare, per quanto sia possibile, il senso che ha ed ha avuto nel passato, la violenza nel mondo andino.

Se come abbiamo già puntualizzato, dobbiamo

---

[162] In particolare si fa riferimento ad alcune costituzioni come quella Colombiana, ad esempio, che lasciano ampio spazio, nella definizione delle dispute e nella mediazione dei conflitti comunitari al diritto consuetudinario indigeno.

considerare la violenza, un fatto culturale, anche l'invasione del territorio andino da parte degli spagnoli deve essere riletta e osservata con occhi differenti; dobbiamo lasciare da parte momentaneamente tutte le letture di questa pagina storica di taglio meramente politico, sociale o economico per concentrarci sulle dimensioni storiche e culturali. Senza entrare in una discussione esaustiva del concetto di cultura, è necessario però precisare il senso che intendo darle in questa parte del lavoro: Herskovits (citato da Kroeber) cercando di precisare le differenze fra cultura e società era solito asserire: *"Una cultura è il modo con cui vive un popolo; mentre una società è l'aggregato organizzato d'individui che seguono un determinato modo di vita. In termini più semplici, una società si compone di gente; il modo in cui si comporta è cultura"*[163].

Questa definizione ha il vantaggio di richiamare l'attenzione sopra l'aspetto, per certi versi totalizzante, della cultura, che abbraccia tutti o quasi gli aspetti della vita di un popolo, poiché rappresenta molto semplicemente "Il suo modo di vita". Senza dubbio, tende a far confluire il concetto di società in quello di cultura, anche se l'obiettivo iniziale di Herskovits era proprio quello di distinguerle. In effetti, tutto

---

[163] Kroeber K., *"Culture: a critical review of concept and definitions"*, Vintage Books, New York, 1952, pag. 97.

quello che gli uomini fanno in società può essere considerato sia sotto l'aspetto "modo di vita" sia sotto l'aspetto "modo di comportarsi". Ma è forse questa definizione, di Kroeber, quella che più si avvicina alla mia idea di cultura:

"La cultura consiste in modelli(patterns/patrones) espliciti e impliciti di comportamenti acquisiti e trasmessi attraverso simboli che rappresentano le realizzazioni caratterizzanti i vari gruppi umani: il modello centrale della cultura consiste in idee e tradizioni (originate e selezionate storicamente) e in particolare nei valori vincolati a esse; i sistemi culturali possono da un lato considerarsi come prodotti dell'azione e dall'altro lato come gli elementi che condizionano l'azione futura".[164]

Il sociologo e ricercatore peruviano J. Ansion, sempre riferendosi alla relazione fra sistemi culturali e azione afferma che più che nei modi stessi di agire e attuare "i comportamenti" culturalmente appresi, la cultura consiste nei "modelli" espliciti e impliciti che sottostanno alle modalità comportamentali. Questi modelli si esprimono per mezzo di simboli, e sono a loro volta, un prodotto storico e un punto di partenza per l'azione creatrice di nuovi modelli o

---

[164] Kroeber K. *"Ibidem"*, Vintage Books, New York, 1952, pag. 357.

"patterns".[165]

J. Golte offre però una definizione che forse chiude il cerchio: *"La cultura potrebbe essere definita come l'accumulo congiunto di soluzioni a problemi sorti con lo sviluppo della società"*[166].

Partendo da quest'ultima definizione, si può terminare ponendo l'accento su un aspetto molto importante ancora non emerso: quando si parla di "cultura" in antropologia, non ci si riferisce solamente alle "conoscenze scientifiche" ma a tutto quel processo di appropriazione della realtà che include le conoscenze pratiche, quelle religiose e quelle artistiche. Il processo per il quale una società elabora le sue conoscenze e il suo pensiero per l'azione futura, è la Cultura: cultura che oltre alle conoscenze acquisite, comprende soprattutto una maniera particolare di produrre pensiero o per dirla meglio, una maniera particolare di "de-finizione" della realtà.

---

[165] Ansiòn J., *"Siete ensayos sobre la violencia en en Peru"*, Fundaciòn Friedrich Ebert/Asociaciòn Peruana De Estudio e Investigaciones Para La Paz, Lima, 1985, pag. 63

[166] Golte J.,*"Que es la cultura frente a la historia"* Lima, 1980, pag. 76.

Violenza e cultura:

Si Parte, come sempre, da un'enunciazione di Galtung, personale stella polare nella definizione dei concetti di violenza in questo lavoro di ricerca: *"la violenza è presente quando gli esseri umani sono talmente tanto condizionati che le loro attuali realizzazioni somatiche e mentali sono al di sotto delle loro realizzazioni potenziali".*[167]

In maniera generale, si può dire che la cultura di un popolo è oggetto di violenza quando allo stesso è impedito di sviluppare quelle conoscenze e competenze necessarie a sviluppare appieno tutte le sue potenzialità. La parola "potenziale", in questo caso specifico, non può essere considerata in astratto ma dentro una realtà storica. Si prenda ad esempio il caso degli Incas: il suo impero si sviluppò mediante guerre di conquista e violenza. Senza dubbio, i popoli conquistati e dominati, in cambio della loro perduta autonomia, trassero vantaggio dall'inserimento in un sistema economico più efficiente, che potenziò gli sforzi di produzione e diede a molti anche la possibilità di ampliare le

---

[167] Natò A.M., Rodriguez Querejazu M.G., Carbajal L.M. *"Mediaciòn comunitaria: conflictos en el escenario urbano"* Buenos Aires, 2006, pag. 45-46.

proprie conoscenze tecniche.[168] Non si può negare però che si trattò di un sistema di sfruttamento.

Se si applicassero alla lettera le definizioni di Galtung, difficilmente si potrebbe declinarla come violenza di tipo culturale: a differenza, invece della tipologia di violenza esercitata dagli spagnoli, che lo fu senza dubbio alcuno. La definizione può essere utile per differenziare i due sistemi di sfruttamento, quello spagnolo e quello incaico correndo però il rischio di avere una visione esageratamente idilliaca di un sistema economico e sociale che rispettò e potenziò le culture sconfitte ma lo fece soltanto come strategia per consolidare e garantire una dominazione ferrea.[169]

Nonostante questo paventato rischio però, il vantaggio dell'utilizzazione delle definizioni sulla violenza proposte, risponde all'esigenza di assumere una concezione dinamica della cultura, differente da quella, per troppo tempo in auge, preoccupata solo di "riscattare" la cultura tradizionale. Come se, e questo punto è già stato sfiorato ampiamente, la "cultura" si lasciasse racchiudere in una rigida definizione a-

---

[168] Ansion J., "*Ibidem*", Fundaciòn Friedrich Ebert/Asociaciòn Peruana De Estudio e Investigaciones Para La Paz, Lima, 1985, pag. 65.

[169] Livi Bacci M. "*Conquista. La distruzione degli indios americani*", Il Mulino, Bologna, 2005, pag. 86.

storica, cristallizzata e immobile. La Cultura per sua fortuna sfugge a ogni tentativo di congelamento, anche se messo in atto con i migliori propositi di recupero e riscatto (spesso con fini politici) delle tradizioni.

La dominazione che esercita un gruppo sociale su di un altro, infatti, si manifesta, soprattutto a livello culturale, nel tentativo di imporre la sua specifica maniera di percepire la realtà e di avvicinarsi a essa, come parte dell'intento incessante di "giustificare" la dominazione. Un elemento caratterizzante delle molteplici manifestazioni del potere da parte delle classi dominanti è rappresentato, appunto, dal controllo sui mezzi di conoscenza più importanti nella produzione materiale e nella riproduzione sociale. Questo controllo, questo "possesso" non è percepito come violenza, ma al contrario come qualcosa di assolutamente naturale, ordinario e spesso è rivendicato come un diritto. Senza dubbio, nello stesso momento in cui cercano con tutte le loro forze (personali, sociali, politiche) di avere accesso alla conoscenza e alle modalità di riproduzione sociale della stessa, i gruppi, le classi e i popoli dominati rielaborano costantemente quello che percepiscono, in funzione delle loro personali esperienze, pratiche, mentalità e in accordo con le loro necessità.

Si possono distinguere in principio tre forme basiche di

reazione dei settori dominati di fronte ai dominanti[170]:

1) il rifiuto totale e di principio a qualsiasi tipo d'influenza, enfatizzando tutti gli elementi della propria "Identità";

2) il totale abbandono e la totale inibizione e rinunzia della propria cultura di origine, e la completa assimilazione alla cultura dominante;

3) un'incorporazione selettiva degli elementi della cultura dominante, come strategia di preservazione della cultura propria.

Queste appena elencate rappresentano alcune tendenze che arrivano predominare in alcuni momenti, in particolare in determinati settori sociali.

Violenza, cultura e potere nel Tawantinsuyo:

Cercherò ora di ricostruire brevemente alcuni aspetti della logica di funzionamento del potere statale del *Tawantinsuyo*, per misurare sino a che punto si possa considerarlo generatore di violenza istituzionale e di come tale tipologia di violenza possa a sua volta aver prodotto violenza strutturale. La violenza diretta contro le persone, come i

---

[170] Ansion J. *"Siete ensayos sobre la violencia en en Perù"*, Fundaciòn Friedrich Ebert/Asociaciòn Peruana De Estudio e Investigaciones Para La Paz, Lima,1985", Lima, 1985, pag. 68.

sacrifici umani, i castighi esemplari, deve essere valutata e misurata all'interno di questo quadro concettuale e storico particolare. Il potere dello Stato incaico si basò innanzi tutto sulla forza dell'esercito. Però la sola minaccia fisica e militare non può bastare, per spiegare l'espansione dell'Impero su di un territorio tanto vasto[171].

Si può aggiungere che assieme al potere miliare, l'Inca deteneva un altro tipo di potere egualmente decisivo e fondante dell'ordine statale: il potere religioso. I popoli militarmente sottomessi s'inchinavano davanti al nuovo capo militare, al quale riconoscevano anche la qualità di figlio del sole. Sebbene la divinizzazione dell'Inca contribuì a rinforzare la sua legittimazione di fronte ai popoli andini, nessun storico è mai riuscito a chiarire come questa credenza (dell'Inca figlio del sole) si sia generalizzata. I successi militari, anche se fondamentali, non sembrano sufficienti a spiegare questa diffusione. Come afferma J. Ansion[172] molto

---

[171] Nel periodo di massimo splendore, intorno all'anno 1470 c.a. e sotto la guida di *Athaualpa,* l'Impero oltre al suo cuore centrale culturale rappresentato dal Peru e dalla Bolivia odierna, arrivò a comprendere gli attuali Ecuador e Colombia a Nord, e Argentina e Cile settentrionale nell'estremo sud.

[172] Ansion J. *"Siete ensayos sobre la violencia en el Perù"*, Fundaciòn Friedrich Ebert/Asociaciòn Peruana De Estudio e Investigaciones Para La Paz, Lima, 1985, pag. 75.

probabilmente l'Inca si legittimò perché essenzialmente compì una funzione chiave nella redistribuzione, la quale era percepita come una forma particolare di reciprocità. La legittimazione dell'Inca si basava sia su fatti reali, visto che egli organizzava effettivamente la redistribuzione sia su fatti dalla connotazione molto più simbolica, considerato che proprio questo atto fondante veicolava a sua volta la visione immaginaria che ogni membro dell'*Ayllu*[173] aveva di questo evento che considerava come l'elemento costituente di quel principio di reciprocità, che era il vero e unico collante del sistema Incaico.

In un contesto storico, politico e sociale come quello *Tawantinsuyo* quale tipo di violenza veniva esercitata? E, quesito ancora più complesso, sino a che punto la si percepiva come tale o peggio ancora, se e quando le si conferiva carattere di legittimità? Si parla di violenza strutturale, ad esempio, quando gli attori non hanno nessuna possibilità di questionare il sistema di legittimità incardinato. Nel percepire il potere dell'Inca come un servizio alla collettività, fondato e regolato sulle regole della reciprocità, i

---

[173] Comunità in lingua *Quequa*, anche se con questa parola non s'intende solo descrivere geograficamente una comunità: *Ayllu* descrive insieme all'altro concetto gemello *Ayni,* la cultura e le pratiche di aiuto reciproco che tengono unite le persone fra loro, in contesti ambientali molto difficili, come quelli alto-andini.

cittadini diventavano a loro modo "complici" dello sfruttamento e della violenza che il sistema esercitava su di loro. Però, proprio perché il potere dell'Inca era legittimato in questo modo, egli doveva effettivamente (e non in astratto) svolgere quella funzione re-distributrice e di organizzazione sociale che il popolo si aspettava da lui.

I castighi fisici, riportati dai cronisti, erano necessari al mantenimento dell'ordine costituito e del principio filosofico che regolava le interazioni umane: la reciprocità. Ogni movimento di ribellione, seppur passeggero e di piccole dimensioni, prodotto di una situazione come quella del *Tawantinsuyo*, di forte sfruttamento, andava a minare i meccanismi di funzionamento dell'Impero, basati su un fortissimo livello di "naturalizzazione" e accettazione delle differenze di classe e status.

In questi casi, non restava altra scelta allo stato se non quello dell'utilizzo del castigo "esempio": a rischio non era solo l'ordine, ma tutta l'impalcatura teorica e concettuale su cui si basava l'Impero Incaico.

I sacrifici umani avevano un significato assolutamente differente. Non si giustificava la loro messa in atto, come nel caso dei castighi, con il fatto che la vittima avesse infranto la regola imposta dal Governante (la quale era percepita come regola di reciprocità), ma con l'idea che per placare le ire degli dei e ristabilire l'ordine naturale delle cose, imprescindibile alla produzione e alla vita (per scongiurare ad esempio i grandi periodi di siccità, vera piaga andina) era necessario sacrificare una persona con determinate caratteristiche. In questo modo si sperava di ristabilire il naturale fluire delle cose: scegliendo una vergine, o un'adolescente che rappresentava la comunità, si sceglieva di sacrificare una persona, anziché la collettività tutta. In questo il sacrificio umano non si differenzia molto dal sacrificio del guerriero che si muore in battaglia per salvare la collettività.

Senza dubbio, così come il guerriero dell'Inca non è soltanto il difensore del suo popolo, ma anche soldato al servizio dello Stato, nel sacrificio umano, la vittima è oggetto di violenza da parte di un sistema di sfruttamento e dominazione.

Lo scontro culturale della Conquista:

Con l'arrivo degli spagnoli sulle Ande, la situazione cambiò radicalmente. Il potere redistributivo scomparse e la nuova amministrazione prese strade assai differenti rispetto alla gestione del bene comune. In conseguenza di ciò, i conquistatori (spagnoli, bianchi, barbuti, cristiani) furono visti come esseri inumani, dei o demoni, pericolosi e con grandi poteri. Il potere del Re di Spagna fu percepito attraverso il quadro cognitivo ed esperienziale in possesso degli indigeni, e in un certo modo, parificato a quello dell'Inca.

Per l'uomo andino non fu' possibile immaginare che gli abusi e i terribili massacri di cui resero colpevoli gli spagnoli furono diretta e coerente conseguenza della politica coloniale della Corona[174]. L'Inca poteva essere stato battuto soltanto da un Re più grande, forte, poderoso di lui: tale Re non poteva non avere le stesse caratteristiche del vinto ovvero, giusto e distributore di risorse.

Senza dubbio, il riconoscimento del Re di Spagna non fu sempre generalizzato ne fu necessariamente sincero. Nel caso del momento conosciuto come *Taki Onqoy*, (già trattato in questo lavoro nel terzo capitolo), i sacerdoti andini affermarono di essere posseduti dagli antichi spiriti, *"gli huacas"*, o spiriti delle rocce, nel cui nome cercarono di agitare e sollevare il popolo contro la società occidentale. Il movimento cercò di unificare ideologicamente il popolo andino attraverso una predica radicale che non lasciava nessuna concessione all'avversario, da "ributtare in mare".

Il confronto aperto contro la società occidentale, che si osserva nel *Taki Onqoy*, non fu l'unica forma di resistenza

---

[174] Livi Bacci M.,"*Conquista. La distruzione degli indios americani*", Il Mulino, Bologna, 2005, pag. 13-18.

né la più comune. Come riportato da Duviols[175] gli indios adottarono gli dei spagnoli, riconoscendole superiorità.

Senza dubbio gli dei antichi non erano stati sostituiti dai nuovi ma ricollocati in una posizione inferiore anche se sicuramente più vicina, più legata alla vita quotidiana nella *puna*. L'uomo andino riuscì anche ad accettare che le ossa dei suoi antenati fossero considerate "demoniache", come andavano proclamando alcuni predicatori cristiani. Con il lento e incessante lavorio del tempo anche questa lettura autoimposta dai missionari si andò plasmando e sincretizzando sempre più: più che demoniaci e totalmente malvagi, i resti umani iniziarono a essere percepiti come Dei inferiori, tanto che anche ai giorni nostri nella zona di Ayacucho si dice che il *Wamani* (spirito della montagna) non sia altro che un angelo caduto (un lucifero andino?) e che è *"secondo solo a Gesù Cristo"*. Di fronte ai conquistatori che arrivarono investiti dell'autorità coloniale, gli autoctoni non ebbero altra alternativa che accettare, spesso in maniera assolutamente superficiale e di facciata le nuove norme religiose. Senza dubbio l'accettazione della nuova forma di religione non fu' né "totalmente" forzata come si può

---

[175] Duviols P. *"La Lutte contra les religions autochtones dans le Pèrou Colonial. L'extirpacion de l'idolatrie entre 1532 et 1660"* Institut Francaise d'etudes Andines, Lima, 1971, pag. 120-121.

pensare, né fu' assunta in modo esclusivo e integrale.

Furono decisivi alcuni fattori: da un lato esisteva una predisposizione culturale degli andini ad accettare il Dio dei vincitori come un Dio superiore e per questo a riconoscerlo e dall'altro lato quest'accettazione si attuò incorporando il Dio spagnolo, in giustapposizione (e non in contrapposizione) agli dei antichi. In questo modo Gesù Cristo risultò essere considerato il fratello dell'Inca o anch'esso una rappresentazione del sole; Santiago diventò lo spirito della montagna e la Vergine Maria iniziò ad acquisire le funzioni della *Pachamama*[176]. In questo processo "sincretico", l'adozione delle categorie del Cristianesimo, furono più formali che reali, anche se come segnalava Arguedas, l'incorporazione degli elementi occidentali all'interno dell'antica cosmo-visione andina generò un processo di trasformazione che andò a intaccare per sempre l'essenza più profonda della cultura andina.

Ci troviamo di fronte a due attitudini o strategie centrali di fronte all'aggressione coloniale: la prima di resistenza aperta e la seconda di resistenza mediante l'uso dell' "arma" dell'avversario (in questo caso l'adozione del Dio e dei Santi

---

[176] Ansion J. *"Siete ensayos sobre la violencia en el Perù"*, Fundaciòn Friedrich Ebert/Asociaciòn Peruana De Estudio e Investigaciones Para La Paz", Lima, 1985, pag. 67.

della religione cattolica). La seconda forma produsse le condizioni per la riproduzione sino ai giorni nostri dell'antica cultura, mentre la prima forma dimostrò anche in altri periodi storici la sua totale inadeguatezza.

Violenza buona, violenza cattiva e altri racconti:
Dalla ricerca storica è emerso chiaramente un elemento: il principio basico (si potrebbe anche definire il principio ordinatore) dell'organizzazione economica e sociale andina è rappresentato ancora oggi dal principio di reciprocità. E' verosimile affermare che soltanto grazie al buon funzionamento concreto di questo principio un uomo può riuscire a realizzare tutte le sue potenzialità. L'Uomo andino (spesso derubricato nella letteratura sull'argomento esclusivamente come campesino-contadino) non può produrre ne riprodursi materialmente o socialmente se non è inserito in una matassa molto complessa di relazioni di reciprocità a differenti livelli. Le norme socialmente riconosciute nella comunità sono la base per un diritto consuetudinario la cui applicazione è rigorosa e obbligatoria[177].

Trasgredire queste norme, significa infrangere il principio

---

[177] Giraudo L. "*La questione indigena in America Latina*", Il Mulino, Roma, 2009, pag. 29-33.

di reciprocità e per questo collocarsi ai margini dell'ordine sociale comunitario. Non tutte le infrazioni hanno la stessa gravità e molte possono essere perdonate se colui che l'ha infranta si pente o chiede perdono. Tutte però sono percepite come aggressioni o atti di violenza contro la collettività e tutte devono essere fermamente contrastate poiché l'infrazione di una norma rappresenta la messa in discussione dei vincoli comunitari e può portare, se protratta e copiata, allo sfaldamento del gruppo stesso. Proviamo a fare un esempio chiarificatore che mi è stato raccontato durante la mia permanenza in Peru. Un uomo che commette un adulterio non sarà giudicato per l'atto dell'adulterio in sé, quindi da un mero punto di vista individuale. Egli sarà giudicato perché il suo atto, la sua infrazione, non riguarda soltanto l'onore o la dignità delle persone offese, ma rischia di mettere in pericolo il complesso sistema di alleanze fra gruppi parentali. In gioco c'è molto di più di una moglie o di un marito traditi, in gioco c'è il funzionamento e la perpetuazione della comunità stessa.

L'intercambio della forza lavoro rappresenta ancora oggi una delle basi del principio di reciprocità andina. Questo inter cambio si realizza in maniera privilegiata fra parenti e una delle forme per stabilire questi vincoli è l'alleanza matrimoniale. La donna, è stata per secoli oggetto di intercambio: l'obiettivo di tale mercato di genere, non era ottenere una reciprocità immediata, come avviene in altre parti del mondo (India, Pakistan, ecc.) quanto piuttosto una reciprocità dilazionata nel tempo e "comunitaria". Le famiglie che "offrivano" le loro figlie in cambio speravano di "ricevere", in futuro mogli per i loro figli. Anche ai giorni nostri, da quanto ascoltato durante il periodo peruviano, il vincolo stabilito grazie all'unione matrimoniale permane un atto fondamentale non soltanto per le persone e le famiglie più direttamente interessate, ma anche per la comunità stessa. Rimane un evento basilare per la riproduzione sociale e materiale.

In caso di adulterio comprovato o ammesso dalle parti (o da una delle parti), la massima autorità comunitaria (*Varayoq* o presidente) è obbligata a parlare con le famiglie e con gli sposi per capire quanto accaduto e regolarsi di conseguenza. All'atto del pentimento e della dichiarazione pubblica di scuse del colpevole al/alla consorte, segue il rito del *golpe del chicote*: il presidente lo colpisce lievemente sulla testa, questo "castigo" ha una funzione di cesura definitiva dell'evento; serve inoltre a rinsaldare e re-sancire nuovamente il patto comunitario recentemente messo in discussione. Questa rappresentazione pubblica ha l'obiettivo di espellere il male dalla comunità, vera minaccia alle relazioni sociali e alla salute psico-fisica di uomini, terra e animali.

Esistono poi alcune infrazioni, la cui gravità non le permette di essere riconciliate: sono infrazioni tanto gravi che implicano una chiara e insanabile rottura del principio di reciprocità. Questa rottura può prodursi in almeno quattro livelli:

- rottura nell'intercambio della forza lavoro: l'ozio.
- rottura nell'intercambio dei beni: il furto.
- rottura nell'intercambio delle informazioni: la bugia.
- rottura nell'intercambio delle donne: l'incesto.

Incontriamo qui i tre "peccati capitali" andini (bugia, furto, ozio) che corrispondono al triplo comandamento tradizionale: *"ama lulla, ama sua, ama qella"*[178]

In una serie di racconti raccolti nella città del Cusco, sono riportate storie di personaggi pericolosi che girano solo nottetempo e attaccano i viaggiatori in luoghi solitari e che rappresentano contro narrazioni il cui obbiettivo è sottolineare la pericolosità della rottura del patto sociale (rottura principio di reciprocità).

Uno di questi è il *Qarqacha*. In generale diventano *Qarqacha* gli amanti incestuosi (padre e figlia; fratello e

---

[178] In lingua quequa *"non essere bugiardo, non essere ladro, non essere ozioso"*.

sorella; madre e figlio). Durante la notte diventano esseri animaleschi (in genere lama) e vanno in giro terrorizzando la gente dei villaggi. In questo modo mostrano ciò che sono realmente: esseri infra-umani, mezzi animali e mezzi uomini, pericolosi per la gente. La loro pericolosità aumenta nella misura in cui riescono ad attaccare utilizzando il fattore sorpresa; però se qualcuno riesce a riconoscerli e smascherarli, essi implorano perdono, a volte muoiono sul posto. Immediatamente sono allontanati dalla comunità. Qui è interessante annotare che la pericolosità di questi esseri cessa nel momento in cui sono identificati nella loro forma umana, e la vergogna che provano, li obbliga ad abbandonare la comunità. Si può supporre anche che sarebbero comunque obbligati ad andarsene poiché la comunità, nel prendere nota dell'avvenuta rottura della reciprocità, a sua volta rompe i lacci con queste persone, e tale rottura può avere solo due esiti: o l'esilio o la morte (l'esilio nella concezione comunitaria andina è comunque una sorta di preludio alla morte, poiché chi è espulso, perde la possibilità di essere accolto anche nelle comunità limitrofe).

Un altro racconto molto interessante è quello concernente una sorella e un fratello che diventano amanti. All'origine, sempre è raffigurata una situazione familiare anormale, qui rappresentata da un padre avaro e fannullone che non dà ai suoi figli il necessario per vivere. In conseguenza di quest'atteggiamento paterno i due fratelli non riescono a relazionarsi con il mondo esterno, non riescono ad entrare nel grande gioco comunitario e collettivo della reciprocità (dal racconto sembra che il padre non le trasmise l'importanza di questo principio e ciò che significava). I due fratelli scappano dalla casa paterna e vanno a vivere in una grotta. Il figlio, periodicamente, va a rubare di nascosto nella casa del padre. Quest'atto sembra essere la conseguenza della grande oziosità del padre e rappresenta dal punto di vista culturale e simbolico, la definitiva rottura del principio di reciprocità fra padre e figli. In una di queste incursioni, è sorpreso e ucciso dal padre: da quel momento si converte in spirito e il suo unico obiettivo diventa portarsi via anche la sorella.

Nuovamente, l'assenza iniziale di reciprocità slatentizza una logica di nuove rotture e di violenza. La fuga da casa, prima rottura crea il bisogno di cibo da cui il furto nella casa paterna, seconda rottura; l'atto del furto produce la reazione del padre e l'uccisione del figlio, terza rottura; infine, l'anima del figlio ucciso che perseguita per sempre la sorella, produce la quarta e ultima.

Qualcosa di simile succede con un altro racconto, quello

riferito alla Uma o *Cabeza Voladora*. Si tratta della testa di una strega, che la notte si stacca dal corpo per andare a volare per i campi, in cerca di uomini con l'unico intento di dominarli fisicamente. La si può catturare imprigionandola in una corona di spine. In questo caso, la *Cabeza* supplicherà di essere liberata per potersi ricongiungere con il proprio corpo. Nel caso contrario, morirà. Normalmente, il giovane audace che la libera effettua una piccola incisione con un coltello sulla faccia della Uma, per poterla riconoscere il giorno seguente.

Sono moltissime le varianti sopra questi tre temi (la bugia, il furto, l'ozio), tanto numerosi quanto numerosi sono i narratori stessi. Tutti questi racconti hanno però un elemento in comune: all'interno delle comunità persone che avrebbero dovuto vivere unite e in armonia grazie ai legami della reciprocità, in determinati momenti rompono in maniera unilaterale questi vincoli.

All'inizio nessuno si accorge di quanto sta succedendo, nessuno sa che sono loro che stanno introducendo lentamente il male dentro la comunità. Con il tempo, sono scoperti e castigati (a seconda della gravità dell'atto, dal colpetto in testa alla messa a morte) in forma rigorosamente pubblica, in modo che tutti sappiano che il male è stato individuato ed ora viene espulso dalla comunità. In questo modo si ristabilisce la tranquillità all'interno del villaggio, lo strappo è risanato. E' importante ricalcare che nella concezione andina, esiste una sorta di solidarietà e interrelazione ciclica fra uomini, animali e natura. Per questo l'introduzione di qualsiasi forma di disordine sociale non è percepita pericolosa solo per la perpetuazione del legame comunitario ma anche per le sorti della natura stessa: può portare malattie ma anche e soprattutto eventi naturali catastrofici come la grandine, la siccità, i terremoti. Per questa ragione la violenza, subdolamente introdotta all'interno della comunità deve essere immediatamente espulsa mediante una lotta il cui unico obiettivo è la distruzione di chi è posto fuori dalla comunità. Se il primo tipo di violenza è considerato illegittimo e estremamente pericoloso, il secondo non solo è legittimo, ma necessario.

La legittimità dell'atto non è legata alla natura dell'atto stesso, ma esclusivamente alle circostanze nel quale si realizza, che lo fanno sembrare assolutamente negativo o assolutamente necessario. Questi racconti, non solo hanno valore a livello di immaginario sociale e collettivo, ma riescono anche a plasmare fortemente la realtà. È sicuro che persone sospettate di essere Qarqacha siano state in molte occasioni massacrate realmente. Il caso *Huayanay,* l'organizzazione di ronde campesine che hanno lottato a lungo contro i reati di abigeato, e che sono stati anche protagonisti di numerosi episodi di linciaggio collettivo di ladri nei *Pueblos Jovenes* di Lima[179], rispondono tutti a tradizioni, logiche e grammatiche di violenza di questo tipo[180].

Uma e Qarqacha appartengono a "questa vita" e solo si trasformano nottetempo, mentre le figure designate con l'appellativo di *"condannati"* sono generalmente morti condannati a non poter trovare la pace per aver commesso in vita, reati "contro" il principio di reciprocità all'interno delle loro famiglie e delle loro comunità. Essi tornano con l'unico obiettivo di molestare i vivi.

Al lato di questi condannati "in questa vita" o "nell'altra" che appartengono o sono appartenuti alle comunità, possiamo incontrare personaggi che rompono con la reciprocità per loro caratteristiche personali. Il più famoso di questi lo abbiamo già trattato nel terzo capitolo: si tratta del

---

[179] Grandi e densi agglomerati urbani situati a ridosso o sopra le montagne aride che circondano Lima: dal punto di vista della sociologia urbana, fanno parte di quelle modalità, sempre differenti di "limitare" e "nascondere" spazialmente e geograficamente i poveri e i contadini in arrivo nella grande città.

[180] Ansion J. *"Siete ensayos sobre la violencia en el Perù"*, Fundaciòn Friedrich Ebert/Asociaciòn Peruana De Estudio e Investigaciones Para La Paz, Lima, 1985, pag. 67.

Nakaq o *Pishtaco* (degollador andino; sgozzatore andino).
Secondo la leggenda, questa misteriosa e inquietante figura,
sembra sia stato inviato nei campi e nei villaggi andini dagli
uomini ricchi e bianchi della città per assaltare i viaggiatori
solitari, e in seguito estrarle il grasso, necessario a fabbricare
campane, medicine o macchine: tutta ciò che allora poteva
rappresentare la tecnologia occidentale.

Ansion[181] propone un interessante riflessione su questa
figura. Il *Nakaq* sembra aver potuto rappresentare una
particolare visione della presenza dell'uomo occidentale nel
campo che si è via via attualizzata con il tempo seguendo la
linea dei processi di avvicinamento e mimesi fra cultura
dell'occidente e cultura andina: frate, proprietario terriero,
ingegnere agricolo, militare. La comparazione fra *Nakaq* e
Gringo/occidentale renderebbe palese il ruolo di forte rottura
della reciprocità operato dagli spagnoli che avrebbe come
conseguenza estrema la legittimità dell'uso di violenza nei
loro confronti. Non si tratta qui di una rottura "endogena",
praticata all'interno delle comunità, ma di una breccia messa
in atto da elementi assolutamente "esogeni", esterni. In

---

[181] Ansion J. *"Ibidem"*, Fundaciòn Friedrich Ebert/Asociaciòn
Peruana De Estudio e Investigaciones Para La Paz, Lima, 1985,
pag. 73.

questi casi come sostiene Szeminski[182] l'esercizio della violenza fisica e dell'inganno con l'invasore è legittima e rappresenta l'unica forma di difesa. Sempre lo stesso autore sostiene che durante la ribellione di Tupac Amaru[183], gli spagnoli erano visti come demoni, esseri non umani. Da questo fatto deriva il termine quequa *Runa (essere umano),* che è riservato esclusivamente agli indigeni, in contrapposizione con i termini Gringo e *Misti.* Queste definizioni, questi termini, sono ancora oggi vigenti.

Un secondo tipo di personaggi che non hanno mantenuto e rispettato il principio di reciprocità con gli uomini della comunità sono *i Gentili, o Abueli/Nonni.* Sono i rappresentanti di una generazione scomparsa, sono antenati con alcune caratteristiche particolari. La causa della loro estinzione è stato l'orgoglio, l'egoismo, il cannibalismo: in generale la loro colpa maggiore è quella di essere diventanti individualisti e di aver offeso Dio. Per questi peccati, queste persone trovarono la morte tramite eventi naturali fuori dall'ordinario (pioggia di fuoco). I loro resti continuano a vagare nelle notti senza luna e provocano malattie incurabili. Molta gente della costa è assimilata dagli andini a queste

---

[182] Szeminski J. *"La Utopia Tupamarista"*, Libros Peruanos, Lima, 1984, pag. 12.

figure che ci fa capire che esiste con i Gentili una relazione più complessa e ambivalente. S'incontra in questo caso un punto chiave per studiare il problema dell'identità culturale, e la dimostrazione che esistono varie modalità di risolvere l'ambivalenza.

Riassumendo, sembra che la rottura dei principi di reciprocità collettiva e comunitaria determini il ricorso a forme di violenza anche estreme: questo sembra essere l'elemento strutturante di tutti questi racconti.

La violenza generata dalla rottura è illegittima e deve essere combattuta attraverso una violenza legittima e necessaria a ristabilire l'equilibrio infranto. Le grammatiche di queste forme di violenza sono profondamente regolamentate e normalizzate all'interno dei contesti collettivi e comunitari andini. Esiste quindi una violenza non solo buona, da pensare, ma "buona da agire" in momenti determinati. Il ricorso all'uso della forza legittima diventa quindi un potente strumento di regolazione dei conflitti comunitari, ma risponde anche a logiche di delimitazione della propria identità: difendendo la comunità da possibili derive individualistiche si difende anche la propria purezza culturale da possibili attacchi e contaminazioni esterne.

L'obiettivo di questa lunga ed estensa descrizione dei

significati "indigeni" del concetto di violenza nella storia del Perù, era indispensabile per una comprensione attuale di un fenomeno complesso come quello studiato. Come già ampiamente rilevato, la ricerca storica riveste una fondamentale importanza per la comprensione del presente e per la programmazione del futuro: la storia permea ed entra nel quotidiano e nei comportamenti, negli *habitus*, spesso in maniera quasi inconsapevole, anche noi siamo, in un certo senso, il nostro passato. Per tali ragioni è importante non volgere il proprio sguardo di ricercatore esclusivamente al qui e ora. Seguendo questa impostazione teorica e metodologica, il balzo all'indietro mi ha permesso di analizzare, evidenziare e approfondire la matrice indigena della violenza: quel tipo di violenza "buona" e necessaria a ristabilire il principio fondante del comunitarismo andino, la reciprocità. Spesso le condotte caratterizzate da forte individualismo o da scarso senso della collettività, venivano lette, vissute e interpretate come un "tradimento culturale" e come l'ingresso del "male" nella comunità: questa "essenza" doveva essere in qualche modo immediatamente espulsa dal consesso collettivo, pena la distruzione della comunità stessa.

L'arrivo degli spagnoli e il loro particolare esercizio della brutalità, ha in seguito prodotto nuove forme di sincretismo anche nelle pratiche, negli habitus e nell'esercizio della violenza ordinaria. La parte visibile oggi, è il risultato finale di questo processo di contaminazione reciproca fra differenti modalità di concepire, pensare, attuare la violenza, declinato nella quotidianità, nella naturalizzazione e nella culturalizzazione di agiti spesso inconsapevoli, in quanto, oramai, totalmente "incarnati".

4.3. "Desde donde llega esta violencia": le radici della violenza nelle Ande peruviane

Intervista a Luis Mario Quispe Mamani, mediatore dei conflitti, associazione Allin Kawsay (Sicuani)

Luis Mario Quispe Mamani 66 anni è un insegnante di lettere in pensione. Nel 1980 con Jean Bouchet, ex sacerdote francese fondò l'Associazione Allin Kausy. La nascita di A.K. scaturì dalla necessità di iniziare ad interrogarsi, a livello di società civile, sulla problematica delle violenza, sulle sue cause e sulle possibili soluzioni in Perù ed in particolare nelle zone andine. L'associazione iniziò lavorando prima nella regione di Puno, fra le comunità indigene e soltanto nel 1996 si stabilì definitivamente nella città di Sicuani, dove iniziò a operare sia nella parte dei villaggi andini più impervi sia nella parte urbana. Mission dell'Associazione è quella di trasmettere competenze nella gestione, mediazione e risoluzione di conflitti in particolare a livello collettivo e comunitario. Da alcuni anni gestisce un progetto finanziato con fondi statali, di formazione specifica agli insegnanti della scuola primaria e secondaria a Sicuani; inoltre lavora già a diretto contatto con i bambini della primaria: l'obiettivo del lavoro con questa fascia di età è di trasmettere alcune nozioni basilari riguardo alla capacità di apprendere la gestione dei differenti livelli di frustrazione senza che questi sfocino in violenza. *"Dobbiamo insegnare ai bambini che il conflitto è una cosa naturale e fa parte della società e della vita di tutti i giorni"* cita il Dott. Quispe Mamani," *essi devono imparare a conviverci serenamente, il problema non è il conflitto ma la violenza che spesso scaturisce da esso, che va evitata e scongiurata con ogni mezzo"*.

La testimonianza del Dott. Quispe è stata fondamentale nella comprensione di alcuni elementi chiavi di lettura sul fenomeno della violenza in Peru. Per tale motivo ho deciso di inserire quest'intervista all'interno del lavoro di ricerca e non come allegato finale.

"La violenza in queste latitudini del sud andino del Perù (Cusco, Puno, Apurimac) ha una lunga storia alla sue spalle" così inizia la testimonianza del Dott. Quispe. *"Inizia*

in primo luogo con la prima occupazione di queste terre da parte di tribù provenienti dall'America settentrionale datata più o meno 20.000 anni fa. Questo popolamento è associato a una lotta senza quartiere per l'occupazione dei migliori terreni indispensabili alla sopravvivenza. Diversi gruppi di uomini e donne stanzializzati in Ayllus iniziarono vicendevolmente a farsi guerra per assicurarsi il controllo dei terreni di caccia e pesca e su quelli atti alla coltivazione e all'allevamento. Queste lotte hanno oggi una reminiscenza e un'attualizzazione nelle rappresentazioni delle battaglie intercomunitarie rurali nella Provincia di Canas-Chiaraqhi" nei mesi di dicembre e gennaio di ogni anno.

Il salto temporale ora è notevole poiché il prof Quispe mi porta direttamente al tempo delle Conquista. "La violenta connessione con il mondo occidentale avvenuta per mezzo della conquista e tramite pratiche di totale spoliazione economica dei nativi, di oppressione politico-militare, di dominazione culturale ha lasciato un solco profondo a livello identitario, tutt'oggi presente nei popoli andini, che la trasformazione del Perù da colonia a stato indipendente avvenuta nel 1821 non ha minimamente scalfito. Gli indigeni sono entrati nel nuovo Perù indipendente già come cittadini di serie inferiore e come tali sono stati trattati almeno sino *alla riforma agraria di Velasco Alvarado[184] avvenuta nel 1968. Il periodo successivo all'indipendenza ha visto elevarsi il livello di violenza in maniera netta: caudillos e militari si sono combattuti in una lotta senza quartiere per la conquista del potere politico. La violenza è diventata parte della costruzione e della narrazione collettiva del paese e si è protratta senza soluzione di continuità sino ai nostri giorni. Nel secolo XX, forse il più violento di tutta la storia dell'umanità, il Perù è salito agli onori della cronaca per aver vissuto una tappa di violenza politica senza precedenti: i dieci anni di guerra civile di Sendero Luminoso hanno lasciato sul terreno quasi settantamila morti. Le comunità campesino sono state devastate sia dal punto di vista militare sia culturale. La sconfitta di Sendero per noi è stata forse il punto da cui dovevamo iniziare a ricostruire un paese in macerie. Il lento ritorno alla vita.*

Fu quello un momento terribile: gli andini già abituati a un grado molto elevato di violenza, subita e praticata, svilupparono una tolleranza ancora più elevata: tutto era

---

[184] Il generale Juan Velasco Alvarado fa parte di quella categoria di militari definiti di "sinistra", come J. Arbenz in Guatemala, J.D. Peron in Argentina, J. Chavez in Venezuela, R. Trujllo nella Rep. Domenicana, G. A. Nasser in Egitto, Sukarno in Indonesia. Fu autore della prima e unica riforma agraria mai messa in atto in Peru dalla sua indipendenza.

considerato normale. Il confine fra orrore e normalità diventò flebile, invisibile. Quest'accettazione della violenza sociale ebbe delle potenti ricadute anche nella "normalità" (anche se questa parola fra il 1980 e il 1990 perse totalmente il suo senso) nella vita familiare, nella scuola, nel lavoro, nelle relazioni umane".

A questo momento è introdotto il tema oggetto della ricerca ovvero, il livello di connessione fra l'alcool e la violenza. Prosegue il Dott. Mamani *"al tempo dello sviluppo andino autoctono, prima dell'arrivo degli spagnoli, l'alcool si estraeva e otteneva principalmente dalla fermentazione del mais (la chicha de jora de mais che ancora oggi è consumata contiene una bassa percentuale di alcool) e serviva quasi esclusivamente come mezzo di celebrazione nei momenti di festa e di celebrazione, nel lavoro nei campi per ottenere forza e nei riti religiosi. A seguito dell'invasione spagnola, fece la sua comparsa l'alcool: l'aguardiente de cana, qui soprannominato il canazo, il vino i distillati. L'alcool fu utilizzato per "addomesticare" i già docili popoli andini, poco o per nulla abituati a bevande con un tasso alcoolico così alto. La gente delle terre alte scoprì che l'ubriachezza causata dal vino e dall'aguardiente era molto diversa da quella ottenuta con la chicha e conduceva ad uno stato di oblio nel quale le sofferenze e l'oppressione della vita di tutti i giorni, scomparivano. Da quel momento l'alcolismo o forse è più corretto dire, un approccio teso all'abuso divenne una prerogativa dei popoli andini sino ai nostri giorni. A differenza del consumo attuato durante l'inkanato, non connesso a pratiche di violenza fine a se stessa, le nuove modalità di utilizzo di alcool si saldarono in maniera indissolubile alla brutalità, alla coercizione, al machismo, in particolare a livello familiare e collettivo. L'alcool e la violenza diventarono uno degli elementi più comuni all'interno delle famiglie nell'area andina e purtroppo lo sono tuttora".*

Dopo l'illuminante panoramica storica sulle connessioni fra violenza e uso di alcool, il Prof Quispe mi illustra quali possano essere secondo il suo parere delle buone prassi per intervenire sul problema della violenza nelle Ande. *"E' mia personale opinione"* continua il Prof. Quispe *"Che si debbano considerare due dimensioni del lavoro sull'uso della violenza: uno preventivo ed uno protettivo. La dimensione protettiva deve avere un carattere costruttivo. Occorre riabilitare sia la vittima sia il carnefice, che spesso riamane intrappolato a vita in questa identità. Norme e Istituzioni devono fare la loro parte, proteggere le vittime e giudicare, senza vendicarsi, i carnefici. Non ci devono essere vuoti legislativi di nessun genere, che finiscono poi per essere riempiti dalla logica dell'occhio per occhio, dente per dente.*

La dimensione preventiva è essenzialmente formativa e associata alla formazione scolare. Oggi in Perù è molto debole. Però io ritengo che in quest'ambito si debbano produrre i maggiori sforzi per fare in modo che le prossime generazioni possano sviluppare le necessarie capacità e competenze per identificare le differenti forme di violenza, le sue cause ed i suoi effetti. In poche parole, apprendere e applicare tecniche e strategie utili a prevenire la violenza nella convivenza familiare, scolare e sociale. Tutto questo in un paese come il nostro deve essere fatto con un approccio interculturale. Dobbiamo essere capaci nei prossimi anni a implementare un sistema educativo integrale, interculturale, libertario e promotore della cultura della pace e del buon vivere".

Il professor Mamani e Jean Bouchet, continuano la loro battaglia quotidiana per l'eradicazione delle violenza nelle zone andine del sud del Perù. La testimonianza dell'ex professore di liceo mi ha fornito interessanti spunti che ho sviluppato nei capitoli successivi. Il suo impegno quotidiano come mediatore e promotore di un'idea differente della convivenza, apre un ampio spazio di riflessione rispetto alla plasmabilità della cultura: la sua idea che le competenze per gestire in maniera alternativa le frustrazioni, vadano insegnate già a bambini di sei anni, rappresenta una sorta di cambiale in bianco verso l'acquisizione di capacità di gestione alternativa e "pacifica" dei conflitti. Tali competenze se generalizzate possono incidere, modificare e abbassare notevolmente in un futuro prossimo, il livello di violenza nella società andina e peruviana.

Come la violenza nel Perù odierno non è qualcosa di "genetico", ma è il risultato finale di un lungo processo d'introiezione e normalizzazione delle pratiche di violenza, iniziato molto tempo addietro, così una nuova cultura della pace non è qualcosa di "estraneo" alla cultura andina ma un elemento che necessita soltanto di un lungo lavoro di "traduzione" e d'inserimento nelle pratiche della quotidianità.

4.4. La connessione fra abuso di alcool e violenza a Sicuani e Canchis

A questo punto occorre riannodare i fili del presente lavoro e riprendere in mano, con strumenti e conoscenze nuove il tema della connessione fra alcool e violenza, mantenendo Sicuani e dintorni come focus privilegiato di studio e osservazione. Ho già trattato questo delicato aspetto sia nel secondo sia nel terzo capitolo con obiettivi differenti: delimitare i concetti teorici "guardiani" della ricerca; misurare l'entità quantitativa del fenomeno grazie ai dati dell'ospedale di Sicuani; dare un inquadramento storico al tema della *borrachera*.

La prospettiva storica ha restituito alcuni interessanti elementi d'indagine: lo scontro fra le due culture è stato anche uno scontro fra diverse modalità di approccio culturale all'alcool. La fase preispanica fu caratterizzata da una rigida e ferrea regolamentazione dell'abuso, con tanto di divieto per alcune categorie con ruoli socialmente rivelanti, di farne uso.

La violenza durante l'inkanato non fu assente come tanta letteratura ha cercato di tramandarci, fu semplicemente regolamentata. Anche l'approccio alle sostanze inebrianti (come la *chicha*) era fortemente inquadrato e delimitato. Gli eccessi erano autorizzati soltanto all'interno di frame consentiti di consumo collettivo. Non si può escludere che in tali occasioni non avvenissero episodi di violenza "non rituale", ovvero fine a se stessa: questi non sembrano però essere stati gli elementi strutturanti e caratterizzanti di quegli eventi. L'uso dell'alcool s'inserì nel grande discorso rituale di offerte e sacrifici per gli dei: uno scambio asimmetrico fra uomini ed essere sovra-naturali in cui l'alcool ottenuto dalla fermentazione della *chicha* sembrava rappresentare il carburante sacro.

L'arrivo degli europei e dell'alcool puro spagnolo ruppe definitivamente i meccanismi di controllo dell'abuso. Il sistema di contenimento venne letteralmente smantellato come venne smantellato il sistema politico-economico sui cui si reggeva lo stato incaico. L'alcool divenne democratico. Ma questa supposta democratizzazione del consumo si scontrò con alcuni aspetti decisivi nella diffusione dell'abuso fra gli indigeni:

1) l'abitudine a un consumo, sebbene spesso teso all'eccesso, assolutamente e rigidamente regolamentato, senza spazi per iniziative personali.

2) il più' alto contenuto alcolico delle bevande come vino e acqueviti importate dagli spagnoli rispetto alla *chicha*.

3) la campagna di estirpazione, dell'idolatria e dei riti collettivi e comunitari a essa connessi nei quali l'uso/abuso di alcool ricopriva un elemento centrale, intrapresa dai missionari; tale azione contribuì a de-ritualizzare definitivamente il consumo di sostanze.

A questi tre fondamentali elementi si può aggiungere il livello di ferocia e di brutalità con cui fu portata avanti la conquista. Gli indigeni subirono questa violenza terribile fine a se stessa; la introiettarono nel loro corpo, nella loro anima, la respirarono senza soluzione di continuità per secoli. Benché i riti collettivi e comunitari furono letteralmente translitterati e trasferiti nei "*compromisos*" familiari e sociali come già delineato nel terzo capitolo, il livello di shock culturale fu comunque altissimo. In qualche modo la violenza subita doveva essere espulsa, esorcizzata, riconvertita. L'uso dell'alcool fornì in parte queste risposte. S'intrecciarono in questa maniera, una modalità rituale tesa all'eccesso priva ormai delle vecchie limitazioni; una disponibilità di reperire un tipo alcool di gradazione molto superiore alla *chicha*; la necessità di allontanarsi, seppur momentaneamente, da una situazione di indicibile sofferenza. La *borrachera* andina fu il prodotto non voluto dell'unione di questi fattori. Fu un prodotto della conquista, anzi delle modalità con cui fu condotta la conquista. Fu un prodotto iberico e ironia della sorte, furono proprio gli spagnoli quelli che s'impegnarono maggiormente per combatterla. La costruzione "dell'*indio borracho*" cominciò proprio da lì, con l'errata lettura della predisposizione "genetica" degli andini per l'abuso di alcool. Questa etero-definizione identitaria è viva ancora oggi, come lo scrivente ha avuto modo di appurare nel corso di alcuni incontri.

Riferendosi al passato, si può affermare senza dubbio che

l'alcool fu un potente, forse il più potente. Anestetico alla bestialità della conquista[185]. Il prezzo pagato per la de-ritualizzazione del consumo di sostanze fu però alto: un tasso di alcolismo fra gli uomini tra i più alti al mondo, e una normalizzazione della violenza domestica preoccupante. Conoscere il percorso che ha portato a dare per scontata la "naturale predisposizione" degli andini per l'eccesso di alcool, non serve a ridimensionarne la sua problematicità attale. Tutt'altro, è utile ad abbracciarlo e comprenderlo nei suoi più svariati aspetti, a integrare, per la prima volta degli strumenti di tipo antropologico nella lettura degli avvenimenti storici del fenomeno e se necessario ad attualizzarli (che è quello che faremo nel prossimo sotto-capitolo).

Conoscere a fondo il passato è utile per progettare il futuro.

Compromisos e uso/abuso:

Dopo aver attentamente ripercorso i meccanismi di costruzione dello stereotipo dell'uomo andino, *borracho*

---

[185] Lo stesso successe nel nord delle Americhe: alcool e vaiolo furono e le armi con cui inglesi e francesi prima, americani e canadesi poi quasi sterminarono milioni di Uroni, Mohicani, Sioux, Apache, Cheyenne. Furono i principali alleati della conquista.

"per natura", provo ora ad attualizzare il portato anestetico dell'alcool, a Sicuani e nelle zone limitrofe e le sue connessioni con la violenza.

Come già rilevato, le modalità rituali di consumo sono "trans-migrate" in contesti di uso familiare e comunitario. L'approccio teso all'eccesso è rimasto intatto, l'ubriacatura finale sembra essere ancora l'unica meta da raggiungere. Quello che è mutata è la cornice culturale in cui questi episodi avvengono. Non più comunicazione con gli esseri sovra-naturali ma semplicemente celebrazione dello scorrere del tempo. Le feste rappresentano momenti di "tempo dilatato" dove le comunità celebrano una sorta di patto con la storia.

Attraverso le feste, le comunità si re-creano ogni volta, i legami sociali si rinsaldano e il gruppo ne esce "restaurato" e più forte. Sulle Ande e in particolare a Sicuani queste feste, questi *"compromisos"* possono interessare varie sfere della vita degli individui: dai battesimi, ai *"corte de pelo"*, dai matrimoni, alla semina, al raccolto. Alcune sono sicuramente di carattere più personale e familiare e potremmo dire, sono il prodotto finale della de-ritualizzazione; altre come la semina o il raccolto hanno un sapore più antico, portano i segni del tempo e forse sono una versione moderna dell'attenzione dell'uomo andino per la ciclicità della vita e delle cose, il vero motore del principio di reciprocità.

L'uso o l'abuso di alcool come già rilevato in precedenza rappresenta in tali occasioni, il "marcatore", fissa il limite, il confine fra i territori della quotidianità, spesso fatti di fatica, lavoro sottopagato, difficoltà economiche, e il "tempo ritrovato", e l'evento eccezionale, dove per un attimo, un'ora, un giorno, il mondo esterno scompare. Questi momenti di "eccezionalità temporale" diventano il contenitore sociale e comunitario della funzione anestetica dell'uso di sostanze. Basta una breve osservazione effettuata qualsiasi sabato o domenica pomeriggio nella città di Sicuani, per capire la portata sociale di questo fenomeno. Alle sei di sera, nelle zone delle *peñas* (variante locale della nostra osteria) gli ubriachi, di solito posti fra la strada e i locali, sono già numerosissimi. La ragione intrinseca di questa disposizione, né totalmente all'interno delle *peñas*, né totalmente esterno corrisponde a due logiche ben precise: da una parte connota il consumo come "familiare" (il permanere con una parte del corpo dentro), dall'altra risponde all'esigenza e alla necessità mai sopita del bere collettivo e comunitario di rimettere in moto in qualche modo il principio di reciprocità. L'invitare a bere chi passa in strada rappresenta questa parte. Io stesso, dopo alcune settimane di permanenza, diventato una figura quasi familiare sono stato più volte oggetto di questi inviti.

La diffusione di queste modalità di "occupazione del tempo libero" in particolare nei week-end, ingenera altre riflessioni. Come gli stili di consumo e di occupazione degli spazi nelle strade genovesi dell'eroina, rispondevano a logiche d'incorporazione di determinati habitus scollegati spesso alle biografie personali dei tossicodipendenti, così alcune modalità "anestetiche" di approccio all'alcool sulle Ande possono essere state frutto di un lento processo di naturalizzazione e incorporazione di pratiche ormai di uso comune, tramandate e socializzata culturalmente.

La spinta all'eccesso nell'uso diventa meta-comunicazione all'interno di determinanti contesti: riaffiora quella funzione dell'alcool creatore e ri-creatore di comunità; il bere si riappropria del suo vecchio ruolo di lubrificante sociale comunitario. Forse non serve essere necessariamente poveri (se per povertà si intende mancanza di risorse) nella Sicuani del 2014 per usare l'alcool come "auto-medicamento",(come non era necessario nascere in una famiglia povera o malfamata di Genova per "apprendere" determinate modalità di occupazione dei luoghi e dei modi dello spaccio nel centro storico genovese) basta solo aver introiettato e incorporato queste norme, essere stati oggetto di un processo che si potrebbe definire di antropopiesi implicita: un lento lavorio di trasmissione culturale iniziato in giovane età, prodotto di anni di osservazioni, socializzazioni, partecipazioni ad eventi in cui bere sino a stare male era considerato "la normalità".

La connessione fra violenza e uso/abuso:

Riprendo, dopo averlo toccato nel secondo capitolo, il tema della connessione fra l'uso di alcool e le pratiche di violenza a Sicuani. I dati emersi hanno evidenziato una situazione singolare: la violenza e l'uso-abuso di alcool non emergono tanto dai dati, quanto dalle narrazioni, dalle "voci" (riportate in un sotto capitolo a parte) dai racconti più o meno ufficiali. Facendo tesoro dell'invito metodologico di Fabio Dei a non cadere nel tranello della deculturazione della brutalità: la violenza connessa all'abuso di alcool a Sicuani deve rispondere a logiche culturali di qualche tipo, probabilmente misconosciute o celate nei meccanismi quotidiani dell'incorporazione di pratiche e gesti "naturali". Intanto la violenza, come già rilevato sia nel presente sia nel terzo capitolo, è una componente essenziale della società peruviana: esiste un "assuefazione" una tolleranza alla violenza subita e praticata di notevole entità. Esiste una violenza "buona" e una "cattiva", ma sempre di violenza si tratta. P. Bourgois[186] propone questa distinzione utile per comprendere di fronte a quale "cultura" della violenza ci troviamo:

1) la violenza politica, che include quelle forme di aggressione fisica e di terrore amministrata dalle autorità locali o dai suoi oppositori, in nome di un'ideologia, un movimento, uno stato.

2) la violenza strutturale, termine coniato da Galtung, che si riferisce a un particolare assetto socio-economico che impone condizioni di dolore fisico ed emozionale, attraverso il lavoro precario e rischioso o fomentando indici di morbi-mortalità nel settore della popolazione più debole, al fine di favorire il gruppo sociale dominante.

3) la violenza simbolica, definita da Bourdieu come una sorta d'incosciente assenso dei dominati nei confronti di chi esercita il potere, legittimando lo status quo, la gerarchia e la discriminazione che si trasformano nel soggetto dominato in umiliazioni interiorizzate.

4) la violenza quotidiana che si dispiega a livello macro-sociale nelle relazioni interpersonali; un concetto che emerge soprattutto nel lavoro di Scheper-Hughes, incentrato sull'esperienza quotidiana normalizzatrice di quelle piccole

---

[186] Bourgois P." *The power of violence in war and peace: post-cold war lesson from El Salvador*", New York, 2001, pag. 5-34.

brutalità che nella comunità prefigurano un nuovo ethos della violenza.

Lungi dall'operare una forzatura delle realtà per potervi poi applicare meccanicamente i modelli testé proposti, provo a definire i contorni della violenza e dei significati della stessa nella cornice di ricerca di Sicuani. Una premessa importante: favorire una o l'altra di queste letture non significa che altre non siano presenti o non esistano, significa solo che gli "occhiali" del ricercatore hanno approfondito alcuni aspetti tipici di un determinato tipo di violenza, tralasciandone volutamente altri.

E' importante essere consapevoli che non tutto entra nel campo "visivo" e comprensivo di un lavoro di ricerca, spesso è addirittura maggiore la parte che non si riusce a cogliere. Spesso, come ripete sempre F. Remotti, si procede a tentoni, *gaffes* ed errori. E' chiaro che volgendo il mio sguardo alle "micro-rappresentazioni" quotidiane delle connessioni fra alcool e violenza, le ultime due letture, quella di Bordieu e Scheper-Hughes sono in grado di fornirmi elementi di riflessione più approfonditi: infatti, entrambe hanno il loro focus privilegiato sui meccanismi quotidiani e ordinari, sulle routine della costruzione della violenza.

Provo ora a "leggere" le ipotetiche connessioni fra uso e

abuso di alcool e violenza a Sicuani utilizzando le chiavi di lettura o "orizzonti teorici" di Bourdieu e Sheper-Hughe.

La violenza scaturita dall'uso dell'alcool può essere letta come una sorta di disperata risposta quotidiana versus soggetti ritenuti più deboli (come le donne per esempio) veri elementi terminali posti alla base della piramide sociale su cui è strutturata la società andina. Tale violenza in un certo modo "libera" energia che anziché essere rivolta verso l'alto, in istanze di reclamo di diritti o migliori condizioni di vita, rimane intrappolata in basso, di fatto contribuendo al mantenimento dello status quo.

La violenza funge in questo caso da grande stabilizzatore di norme e ruoli sociali prestabiliti. Non è assurdo pensare che in società in forte cambiamento come quella andina, un certo livello di violenza intra-familiare non solo sia accettato ma garantisca in un certo modo, un mantenimento di una cultura profondamente intrisa di machismo. L'alcool funge in questo caso da "detonatore sociale": diventa la miccia che innesca e fa emergere la perdurante asimmetria dei rapporti fra uomini e donne. Reifica in sostanza qualcosa di "incorporato". L'uso della brutalità sancisce il confine fra spazi di movimento leciti e non leciti all'interno di ruoli familiari culturalmente prestabiliti. L'autore della violenza vive anch'esso questi atti come una sorta di umiliazioni interiorizzate: egli è il penultimo anello di una filiera di cui non vede l'inizio. Non ha disposizione che l'uso di una violenza cieca, riflesso di un'ingiusta stratificazione sociale e di una resistenza tipica delle culture di questo tipo, a qualsiasi movimento verso l'emancipazione dell'altro genere. Egli ha appreso, ha "incorporato" queste modalità come qualcosa di culturalmente ordinario.

La violenza connessa all'alcool diventa così strumento di mantenimento e tutela di una cultura "della dipendenza emotiva" della donna verso l'uomo ed è strettamente interrelata alla cultura di tipo machista, molto presente nel Perù andino. Il machismo è un fattore che incide profondamente nella relazione fra uomini e donne e ha un effetto destabilizzatore nelle relazioni familiari, in particolare fra i più poveri: rappresenta quel nucleo d'identità che permette all'uomo di "giustificare" il potere che pretende (o pretenderebbe) di esercitare sull'intero nucleo familiare e in particolare sulla donna. Il machismo instaura una supposta superiorità dell'uomo sugli altri membri, superiorità che oggi rischia di andare in frantumi di fronte all'impossibilità pratica per molti uomini di mantenere la propria famiglia in modo adeguato[187]. Tali difficoltà

---

[187] E' importante re-sottolineare qui che il presunto boom economico della città di Sicuani, non ha prodotto migliore qualità

rischiano di "sbriciolare" l'identità di capo famiglia vero perno di culture (o forse sarebbe più opportuno utilizzare il termine "sotto-culture", vedi O.Lewis)[188] di questo tipo.

Dall'altra parte, movimenti come quelli definiti *"de los abajos"*, in cui un numero sempre più crescente di donne ha assunto ruoli di leadership (sia in Perù sia in tutto il continente Latino-americano)hanno prodotto rilevanti cambiamenti a livello pedagogico, giuridico e di identità, innescando a loro volta processi che hanno portato molte di loro ad acquisire una differente e mutata visione (e accettazione) della supposta "naturalità" dell'asimmetria dei ruoli di genere, mettendo in discussione la centralità "culturale" della figura del macho. Questo vento del cambiamento è arrivato anche a Sicuani.

La violenza disinnescata dall'abuso di alcool rimane così una delle ultime difese contro il processo di ridefinizione dei ruoli familiari in atto: tale processo è in essere e procede lentamente e a fari spenti, ma sta già riconfigurando pratiche sociali e quotidiane di fondamentale importanza.

La violenza subita che i dominati a loro volta scelgono di

---

nel trattamento dei lavoratori più umili. Le loro condizioni restano quelle di chi lavora per sopravvivere e non per vivere.

[188] Lewis O. *"La cultura della povertà"*, Il Mulino, New York, 1970.

re-indirizzare verso l'interno e il basso (coniugi e figli) rappresenta quella sorta d'incosciente assenso dei dominati nei confronti di chi esercita il potere, una naturale accettazione del senso delle cose, dell'immodificabilità degli status; l'uso che fanno dell'alcool come "miccia emotiva" funge invece da estrema difesa dello status quo, messo in pericolo da processi di ridefinizione dei ruoli di genere.

Queste modalità sono state "incorporate", sono diventante parte del fluire quotidiano delle interazioni fra persone. In una società come quella peruviana, normalizzare e naturalizzare pratiche di violenza rappresenta un esito certamente non straordinario.

Il collegamento con le teorie di Bourdieu a Scheper-Hughes è naturale: come queste modalità che connettono l'uso/abuso di alcool e le manifestazioni di violenza, sono funzionali al mantenimento di "confini" vari (di genere, di ruolo, di una cultura di un certo tipo) e produttrici di "habitus" della brutalità, esse sono a loro volta creatrici di una violenza quotidiana dispiegata a livello macro-sociale nelle relazioni interpersonali. Un'esperienza quotidiana normalizzatrice di quelle piccole brutalità che nella comunità prefigurano un nuovo ethos della violenza.

Credo che non esistano definizioni più corrette e precise che quelle prese in prestito dal sociologo/antropologo francese e dall'antropologa statunitense nello sforzo di dare un senso e una lettura di tipo culturale al legame fra alcool e violenza nella città di Sicuani e nella Provincia di Chanchis.

Infine, non posso terminare questa parte di ricerca, senza prendere in considerazione il contributo di J. Galtung, uno dei più grandi studiosi a livello mondiale del fenomeno della violenza.

Il taglio di ricerca, teso maggiormente a indagare le micro-rappresentazioni e le forme dell'uso abuso di alcool nel quotidiano non mi ha permesso (per onestà scientifica e intellettuale) di fare "diagnosi" di violenza strutturale: non perché questa non vi fosse, ma perché gli "occhiali" del ricercatore erano attratti da altro.

Questa impostazione metodologica ha sicuramente rilevato, sempre seguendo lo schema teorico dello studioso norvegese (e i dati dell'Ospedale pubblico di Sicuani) la presenza di violenza materiale, concreta, oggettiva e di violenza psicologica, entrambe messe in atto come armi di difesa e di salvaguardia di pratiche e habitus culturalmente prestabiliti, ma ora minacciati dalla lenta ridefinizione dei ruoli di genere in corso. Queste rappresentano la parte visibile dell'iceberg. Tutto lascia pensare che una percentuale molto alta di violenza materiale e psicologica ancora oggi non sia denunciata, rimanga sotto il livello "visibile" dell'iceberg.

Una violenza materiale seminascosta o secondo i differenti punti di vista, semi-visibile.

L'obiettivo minimo, di studi come quello effettuato dallo scrivente nei mesi di gennaio, febbraio e inizio marzo del corrente anno nella città di Sicuani e nella Provincia di Chanchis, non può che essere quello di provare a fornire qualche contributo (assai modesto in verità) alla rilettura e all'approfondimento del senso e dei significati culturali "dietro" (o alle spalle, per citare F.Remotti,2012) la connessione fra abuso di alcool e violenza in contesti specifici come quello alto andino.

Questo difficile lavoro di "re-interpretazione d'interpretazioni" (Geertz 1957, ho messo io il *re*, Geertz parlava solo di "interpretazioni d'interpretazioni") ha un unico scopo: cogliere i significati indigeni, locali dietro a una serie di azioni incorporate, inserite nel rassicurante fluire della normalità. Questo si può fare soltanto procedendo a ritroso,"*a rebours*" cercando di estrarre concetti depurati e disincrostati dal lento lavorio della quotidianità che è esplicitamente antropopoietica. Questa emersione dei significati è oltremodo utile per mettere in discussione e per riflettere sulla presunta "normalità" di molte pratiche routinarie o per demolire stereotipi o pregiudizi antichi come quello che ancora oggi vede l'uomo andino come naturalmente portato verso l'abuso e l'ubriacatura.

O ancora per dimostrare che la cultura non è qualcosa di rigido, immodificabile e dato per sempre. Così come la violenza, un certo tipo di violenza è diventata un elemento onnipresente della società peruviana, un "habitus", dopo un lungo processo di inculturazione da parte degli spagnoli (benché in forme differenti fosse presente anche prima della conquista) così questa può essere, come il prof. Mamani mi ha insegnato, combattuta e riconvertita grazie a strumenti "autoctoni" incardinati nel frame culturale andino come il concetto di reciprocità applicato.

Sembra un'ulteriore conferma di un aspetto decisivo. La violenza non è una caratteristica genetica dei peruviani andini: questa è stata culturalmente trasmessa e successivamente naturalizzata e "incarnata". Nello stesso modo, re-attualizzando e trasponendo nel linguaggio attuale il concetto di reciprocità, depurato delle sue antiche derive violente e autarchiche, si può dare avvio a una cultura del dialogo e della non violenza e della gestione pacifica dei conflitti.

Forse da queste parti, in futuro non avranno nemmeno bisogno di leggere Galtung.

Questo lungo viaggio lungo l'asse temporale della

violenza in Perù volge al termine: ho tentato di sondare i vari strati di significato che quest'antico comportamento umano ha avuto (ed ha) in una zona specifica del paese latinoamericano. La ricerca storica non è mai stata fine a se stessa: aveva l'obiettivo di connettere idealmente alcune pratiche passate all'attualità, per scorgervi similitudini o antichi retaggi.

Termino questo capitolo con un pensiero scaturito da quanto appreso in questo viaggio di ricerca e conoscenza: la violenza non è mai qualcosa di "naturale", a-culturale o bestiale. Risponde sempre a logiche marcatrici d'identità e di umanità: che siano il mantenimento di confini, l'espulsione del male dalla comunità, la perpetuazione di ruoli asimmetrici all'interno di una società, dietro a ogni atto di brutalità, è sempre celato un progetto "culturale". Spero che il lungo excursus appena terminato lo abbia, almeno in parte, dimostrato.

CAPITOLO QUINTO: ASPETTI CULTURALI DELL'USO E ABUSO DI ALCOOL A SICUANI E NELLA PROVINCIA DI CANCHIS

La subcultura della povertà e l'abuso di alcol a Sicuani. Alcool e "compromisos": echi del lavoro di campo e uso quotidiano e rituale dell'alcool. Alcool e adolescenti: aspetti innovativi di una nuova modalità di consumo.

Sono giunto al capitolo più decisivo dell'intero libro, quasi interamente dedicato alla descrizione minuziosa delle osservazioni di campo del fenomeno oggetto del lavoro di ricerca.

5.1. La subcultura della povertà e l'abuso di alcool a Sicuani

Dopo aver attentamente analizzato il ruolo e i significati della violenza a Sicuani, è ora importante soffermarsi su un altro aspetto di notevole importanza, quello della povertà. La povertà qui oggetto di approfondimento scientifico non è quella che sociologi ed economisti sono soliti indicare come "assoluta". E' importante bene non perdere di vista il vero obiettivo del sottocapitolo, che non è tanto quello di misurare la povertà tout-court ma semmai di valutarne il livello di connessione con l'abuso di alcool.

Per fare ciò è opportuno dotarsi di uno strumento scientifico specifico in grado di rilevare non tanto la presenza di "povertà" ma di "cultura della povertà". In quella che si può definire come una delle opere di maggior rilievo nella letteratura antropologica sulla povertà, il libro *"Five familias"*[189] (che nella versione spagnola diventa *"Antropologia del Pobreza"*) l'autore, l'antropologo statunitense Oscar Lewis, nell'osservare e descrivere un intero giorno di cinque famiglie messicane residenti in cinque fra i quartieri più poveri di Città del Messico, osservazione "calda" e intensa che rappresenta il focus centrale della sua etnografia, sottolinea e riporta l'abuso di alcool come una costante, in particolare fra gli uomini adulti.

Alcuni anni dopo nel teorizzare gli indicatori essenziali per portare a termine eventuali "diagnosi" di cultura della povertà, O. Lewis inserì fra essi, l'uso e abuso di alcool[190], sovente collegato a episodi di violenza domestica. Occorre ora fare un piccolo passo indietro per capire che cosa è la

---

[189] Lewis O. *"Five familias "(Mexican case study in the culture of poverty)"*, Fondo de Cultura Economica, New York, 1959.

[190] Lewis O., *"La cultura della povertà"*, Il Mulino, New York, 1970.

cultura della povertà.

Per l'antropologo statunitense povertà non era declinata come sinonimo di cultura della povertà: la prima faceva riferimento a gruppi umani che vivevano in situazioni caratterizzate da un altro grado di omogeneità sociale e culturale, un generale alto livello di organizzazione sociale, bassa specializzazione, assenza di mobilità. Lewis utilizzò i villaggi africani come metro vivente per diagnosticare la povertà e differenziarla dalla cultura della povertà. In società siffatte, ancora non "inquinate" dalla modernità e dagli stimoli che un certo tipo d'ideologia dello sviluppo impone, prive di parametri con cui misurare i loro bisogni, si trova la povertà, quella oggettiva e reale.

Non la cultura della povertà.

Nella teoria di Lewis si rilevano alcuni punti critici: in primis risente forse troppo dell'impostazione allora vigente facente capo all'antropologia sociale e al funzionalismo. Un'idea "statica" delle società definite primitive studiate come un tutt'uno (usa quella africana come parametro, retaggio di vecchie letture "stadiali" sullo sviluppo delle culture) contrapposte alle nostre, sempre in movimento, società calde contro fredde.[191]

---

[191] Levis Strauss teorizzò che le società calde erano le nostre: dinamiche, in movimento; contrapposte alle società fredde,

Questa impostazione teorica è stata via via confutata e oggi, nessuno pensando anche all'ultima tribù umana residente nel più sperduto angolo di mondo (se mai esiste), la immaginerebbe come immobile, congelata, statica, e rinchiusa nel suo "presente" etnografico.

Il nucleo "rivoluzionario" della teoria di Lewis risiede nella definizione del concetto di "cultura della povertà", che in parte re-attualizza un'altra astrazione molto importante: quella di povertà relativa. La cultura della povertà non è un prodotto di situazioni "solo" oggettive: essa vive nel costante e continuo rispecchiarsi nella società dei consumi, anzi non esisterebbe senza questo continuo gioco di specchi riflessi. Esiste propria nella sua vicinanza geografica e culturale con situazioni di benessere e opulenza. Spesso ne condivide valori e *mission*. E' una cartolina, un invito a stili di vita irraggiungibili per buona parte della popolazione[192].

Quest'ampia porzione di cittadinanza cui è precluso il raggiungimento di determinati livelli di benessere (qui inteso nel senso più aperto possibile) struttura una risposta

---

concetto con cui egli soleva indicare le società "primitive", e per questo inermi, statiche, cristallizzate nel presente.

[192] Bandini T., Gatti U.," Delinquenza *giovanile: analisi di un processo di stigmatizzazione e di esclusione*", Giuffrè Editore, Genova, 1987, pag. 105.

particolare: *la cultura della povertà* che è al contempo un adattamento e una reazione dei poveri alla loro posizione marginale in una società stratificata in classi. Essa rappresenta un tentativo di far fronte al senso di disperazione dovuto alla consapevolezza dell'impossibilità di raggiungere il successo attraverso valori, scopi e mezzi "legali" forniti dalla società. Da O.Lewis a R. Merton il passo è stato brevissimo.

Essa, quindi, non è soltanto un puro adattamento a una serie di condizioni obiettive della società più vasta ma rappresenta quel sistema sottoculturale che tende a crescere e a manifestarsi nelle società che presentano la seguente serie di condizioni:

- una percentuale persistentemente elevata di sottooccupazione per quanto concerne la mano d'opera non specializzata.

- la presenza di salari ai limiti della sussistenza nel settore dei lavori non specializzati.

- l'incapacità di creare un'organizzazione sociale, politica, su base volontaria a favore della popolazione di basso reddito.

- infine, l'esistenza di una serie di valori della classe dominante che evidenziano l'importanza dell'accumulazione della ricchezza e della proprietà e spiegano la povertà come il risultato finale ed irreversibile dell'incapacità e dell'inferiorità personale dei poveri[193].

Comunemente, la cultura della povertà viene a determinarsi, quando un sistema sociale ed economico di un certo tipo è sostituito da un altro: in questo vuoto di valori, in questo intermezzo culturale, in questa temporale "anomia" fiorisce la cultura della povertà.

I candidati più probabili sono le persone che provengono dagli strati più bassi di una società in rapido mutamento e che sono già in parte alienate. Per esempio fra i lavoratori agricoli, che scappano dalla miseria, cercando nei pressi delle città migliori condizioni di vita, la cultura della povertà può attecchire molto più rapidamente rispetto a chi ha sempre vissuto lavorando la propria terra pur in condizioni di vita che economisti e scienziati sociali definirebbero "ai limiti dell'umana sopravvivenza". E' questa un'altra grande differenza fra povertà e cultura della povertà: il basso livello di organizzazione sociale e quel senso di marginalità e di anacronismo in una società divenuta estremamente complessa e ultra-specializzata.

Secondo Lewis dal punto di vista socio familiare, la

---

[193] Lewis O. *"La cultura della povertà"*, Il Mulino, New York, 1970, pag. 95.

cultura della povertà possiede caratteristiche abbastanza indiscutibili: assenza della fanciullezza come stadio particolarmente protratto e protetto; precocissima iniziazione al sesso; libere unioni matrimoniali; elevata incidenza di casi di abbandono di mogli e figli da parte dei padri/mariti che produce una tendenza alle costruzione di famiglie mono-genitoriali centrate sulla donna/madre; una forte predisposizione all'autoritarismo e la mancanza d'intimità.

Le caratteristiche individuali della cultura della povertà si declinano nei seguenti indicatori: forte senso di marginalità, d'impotenza, di dipendenza e d'inferiorità. Altre caratteristiche di taglio psico-sociale sono un'elevata incidenza di mancanza di cure materne[194]; un'oralità esasperata; la quasi totale incapacità di dominare gli impulsi primari; la forte tendenza a vivere alla giornata con una capacità relativamente scarsa di rimandare i piaceri e di fare progetti sensati e non grandiosi e irrealizzabili per il futuro; un diffuso senso di fatalismo; la convinzione, anche femminile di una "naturale" superiorità maschile ed infine la grande tolleranza per i fenomeni di violenza e abuso di

---

[194] Nel 2011 lo scrivente fu testimone nella città di Sicuani del fallito tentativo di due medici neuropsichiatri italiani di trasmettere alle madri del posto i principi e le tecniche della "estimulacion temprana", ovvero le tecniche di massaggio, di interrelazione con bambini piccolissimi.

alcool e sostanze varie.

Provo ora ad analizzare ogni singolo indicatore correlandolo alla città e all'area interessata dal nostro lavoro di ricerca.

1) una percentuale persistentemente elevata di sottooccupazione per quanto concerne la mano d'opera non specializzata e la presenza di salari ai limiti della sussistenza nel settore dei lavori non specializzati.

Dai dati, dalle osservazioni e dalle voci colte, sembra che il livello di lavoratori sottoccupati e con salari ai limiti della sussistenza sia sempre stato molto alto. Un esempio su tutti: soltanto il 30% dei circa 5.000 moto-taxisti (un numero esorbitante, viste le dimensioni della città) sono iscritti a un'associazione o a un sindacato di categoria[195], gli altri lavorano totalmente in proprio o affittano il mezzo (la maggior parte).

Non hanno nessun tipo di tutela legale sanitaria, contributiva, assicurativa.

Essere iscritti a un'associazione è molto importante perché rappresenta l'unico strumento di protezione e garanzia della professione: fissa il prezzo minimo delle corse e le sue tipologie. Non essere iscritti li espone alla mercede

---

[195] Dati forniti dalla camera del lavoro di Sicuani e relativi agli anni 2003-2013.

di chiunque, e spesso sono vittime di aggressioni o richieste di denaro dalla polizia stradale, che in questo modo chiude un occhio su ovvie mancanze di licenze. Sono costretti a fare prezzi più bassi, per poter sopravvivere (un buon 80% non è neanche proprietario della moto) e questo fatto di per sé li espone al rischio di linciaggio per concorrenza sleale da parte dei colleghi "regolari".

Sembra che la violenza entri quotidianamente nelle dispute e nelle grammatiche interne a questa tipologia di lavoratori, inseriti a pieno titolo in una situazione di sfruttamento della loro forza lavoro che potrebbe connotarli come i veri *"lumpen alto-andini"*

Questo esempio era utile a far a comprendere al lettore che il fenomeno della sottooccupazione è molto diffuso a Sicuani. I moto-taxisti sono il classico caso estremo, ma anche altri settori sembrano interessati dallo stesso fenomeno di forte marginalizzazione della forza lavoro.[196]

Sembra che anche nel settore della vendita al dettaglio, prevalgano situazioni di sottooccupazione e salari ai limiti della sussistenza.

Micro-attività di vendita di generi di abbigliamento a bassissimo prezzo (quasi tutti di origine cinese) accanto a

---

[196] Dati forniti dalla camera del lavoro di Sicuani e relativi agli anni 2003-2013.

negozi di scarpe e articoli per la casa. Quasi sempre questi piccoli esercizi sono gestiti da donne. Sentendo pareri e voci, sembra che questo non sia un fatto recente: da qualche tempo la vendita al dettaglio è appannaggio del genere femminile insieme con un'altra attività assolutamente tipica di Sicuani, il cibo di strada.

Le bancarelle di cibo di strada sono insieme ai mototaxi forse l'immagine tipica della città. Pollo e patate fritti in grandi padelle sulla strada (ottimi), o improvvisate griglie dove sono cotti fantastici spiedini di lama e patate. O ancora bancarelle in cui si vendono tisane[197] o si fanno spremute all'istante. Tutte queste attività hanno alcune caratteristiche in comune: la gestione al femminile, l'estrema mobilità (anche se spesso tendono a sostare nella stessa zona) e un numero imprecisato di figli di età varia al seguito.

Queste attività molto impegnative hanno una quota di ricavo molto basso, essendo molto bassi i prezzi (uno spedino= due sol, nemmeno due euro)

Dopo aver passato in rassegna alcune delle attività produttive di livello più basso della città, un elemento

---

[197] Questo è uno degli elementi più tipici della città: a seconda del disturbo (pancia, testa, fegato ecc.) l'oste-curandera è in grado di indicare quale sia il rimedio migliore. Una sorta di erborista di strada.

emerge molto nitido: molte di queste persone lavorano (molte ore al giorno, alcune anche 16/18) non per vivere ma per sopravvivere.

2) l'incapacità di creare un'organizzazione sociale, politica, su base volontaria a favore della popolazione di basso reddito.

Leggermente migliore invece è la situazione connessa a un altro indicatore quello che misura la capacità o l'incapacità di creare organizzazioni a favore della popolazione di basso reddito. A Sicuani esistono almeno due grandi organizzazioni di natura popolare: una è l'associazione presieduta dal R.P. Luciano Ibba che si occupa di volontariato a favore dei soggetti più deboli e in particolare dei minori; l'altra è l'Associazione *"Allin Kawsay"* che promuove a livello pedagogico e culturale, la non violenza e la gestione pacifica dei conflitti.

Entrambe hanno avuto la caratteristica in comune di essere state create per colmare e vicariare buchi "Istituzionali" nei settori sociali, pedagogici e culturali. Oggi, entrambe stanno attraversando un momento di crisi dovuto ai forti cambiamenti in atto che la città sta attraversando. Al loro interno è assolutamente maggioritaria la presenza delle donne, che anche attraverso la partecipazione a realtà di questo tipo sembrano portare avanti la loro personale e giusta campagna tesa a rivendicare nuovi spazi, nuova visibilità e nuovi ruoli sociali.

Da questo punto di vista Sicuani non sembra priva di un tessuto associativo: non si riscontra quindi quell'incapacità di creare organizzazioni in favore delle popolazioni di basso reddito, tipico elemento di ambienti caratterizzati dalla cultura della povertà. Colpisce però la quasi totale assenza degli uomini e degli adolescenti all'interno delle due associazioni. Un dato che fa riflettere.

3) l'esistenza di una serie di valori della classe dominante che sottolineano l'importanza dell'accumulazione della ricchezza e della proprietà e spiegano la povertà come il risultato finale ed irreversibile dell'incapacità e dell'inferiorità personale dei poveri[198] unita ad una situazione di forte cambiamento in atto.

La comparsa negli ultimi quindici/vent'anni di sette evangeliche e pentecostali ha modificato nella città (ma credo in tutto il continente) il rapporto fra povertà, fede e successo personale. E' datata al 1980, l'edificazione della prima chiesa protestante a Sicuani. Oggi se ne contano almeno dieci, compresi i testimoni di Geova e la chiesa avventista del settimo giorno.

---

[198] Lewis O.,*"la cultura della povertà"*, Il Mulino, New York, 1970, pag. 95.

L'impianto culturale verso la povertà è differente dall'impostazione cattolica: mentre per i secondi, questa non è vista tanto una "colpa", quanto come una sorta di espiazione, in vista dell'ottenimento del regno dei cieli, per i primi all'opposto la ricchezza è il segno tangibile delle presenza di Dio su di noi e la povertà la sua totale assenza. Ne deriva una differente linea di azione rispetto alle situazioni d'indigenza: i poveri, vanno "rieducati" attraverso una quasi totale de-strutturazione dell'identità precedente colpevole della situazione attuale di arretratezza. Tutta la responsabilità rispetto alla situazione economica viene così proiettata sull'individuo, vero e unico colpevole. Quest'impostazione, di matrice assolutamente individualistica, secondo quanto ascoltato e registrato attraverso incontri più o meno ufficiosi, sta minando alla base i principi della cultura andina, basata sul concetto di aiuto reciproco e forte senso della comunità.

L'ambito in cui questo evento si manifesta in maniera più evidente, oggi nella città di Sicuani, è quello della scuola: sembra che questa cultura dell'individualismo sia penetrata "filosoficamente" all'interno dei programmi didattici, vendendo e promettendo ideali di successo raggiungibili solo da una percentuale molto esigua di ragazzi. Questo fatto, come già rilevato nella lunga intervista con il R.P. L. Ibba, sta producendo un lento ma graduale e ineluttabile allontanamento dei giovani dai principi che per anni hanno retto e sostenuto la cultura andina. Queste tensioni culturali in atto stanno generando una serie rilevante di cambiamenti, vissuti in maniera ambivalente dalla popolazione della piccola città: per una larga fascia tali modificazioni in atto stanno mettendo a repentaglio l'integrità del quadro valoriale su cui si reggeva la comunità andina, incardinata sulla reciprocità, l'aiuto reciproco, la gestione collettiva dei conflitti, il forte senso di comunitarismo. Per altri, quelli che hanno in un certo senso "agganciato" il treno economico favorevole, il progressivo sfaldamento dell'egualitarismo andino non è che un evento da salutare positivamente.

4) Caratteristiche socio-familiari della cultura della povertà.

Procedo con ordine, rispettando i punti così come sono stati teorizzati da O.Lewis.

- Assenza della fanciullezza come stadio particolarmente protratto e protetto:

Come già rilevato nel secondo capitolo l'assenza della fanciullezza (ora adolescenza) è sicuramente una delle caratteristiche osservate a Sicuani. Ancora oggi un numero molto alto di ragazzi fra i nove i tredici anni è costretto a lasciare la scuola per seguire i genitori[199] (le madri in particolare) al lavoro. Il tasso di abbandono scolare è altissimo, in particolare all'interno di famiglie a basso reddito e mono genitoriali. Non esistono nella città interventi e progetti mirati a trattare il fenomeno del lavoro minorile. Semplicemente sembra non esistere, o meglio sembra essere inserito nel "normale" fluire della quotidianità. E' considerato normale che una famiglia con scarse o nulle risorse economiche integri nel proprio bilancio familiare la forza lavoro dei propri figli ancora piccoli. Anche se alcune cose stanno lentamente cambiando, la percezione è che ancora oggi in alcune zone del Perù, l'adolescenza, per motivi spesso anche di origine culturale, non abbia quelle forme minime di riconoscimento. Continua a essere considerata come qualcosa di "culturalmente altro", nonostante gli sforzi quotidiani d'insegnanti, operatori sociali e della salute e qualche sacerdote illuminato. E' risaputo che un precoce esordio lavorativo rischia di produrre effetti nefasti sulla salute psico-fisica dei bambini. Come antropologo, mi preme rilevare un altro rischio insito in questo delicato fenomeno: quello di esposizione a eventi implicitamente "antropopoietici", a veri e propri riti di

---

[199] Dati forniti dall'osservatorio della gioventù recentemente creato nella città e coordinato dal R.P. Luciano Ibba.

passaggio connessi a questa precoce adultizzazione prodotta dall'inserimento anticipato nel circuito lavorativo del giovane.

La partecipazione a tali riti sociali, che possono essere svariati, dal fumo, al sesso e in particolare all'uso/abuso di alcool può produrre alla lunga, una normalizzazione inserita nel quotidiano, di un comportamento considerato fortemente a rischio, data l'età.

- L'elevato numero di unioni fuori dal matrimonio e una precocissima iniziazione al sesso.

Passo ora a esaminare due fenomeni fortemente correlati fra loro e riscontrati nella città oggetto del mio studio. Secondo la Dott.ssa S. Gamarra[200], l'iniziazione al sesso avviene oggi intorno ai dieci, undici anni, e aggiunge che nell' ultimo anno hanno partorito in ospedale ragazzine di dodici anni (due casi nel 2013). Spesso i rapporti sessuali avvengono durante feste in cui l'alcool scorre a fiumi, per cui la lucidità di chi li compie (o purtroppo subisce) non è garantita. Questo fatto espone i giovani sia al rischio di gravidanze non volute sia al rischio di trasmissione di malattie come HCV e HIV, vista la perdurante idiosincrasia, anche fra i ragazzi più giovani per l'utilizzo del preservativo.

---

[200] Dato emerso durante una pausa dell'intervista effettuata il giorno 22/01/14.

In ogni modo l'età media del primo rapporto sessuale si è notevolmente abbassata negli ultimi tempi passando da una media di quindici ai tredici anni attuali[201].

- Passando invece al secondo aspetto quello delle unioni libere, più persone mi confermano che questo è sempre stato un fenomeno tipico in queste zone del Perù. Contrariamente a quanto diffuso da un immaginario collettivo portato a considerare le Ande come un luogo morigerato e pregno di fede, scopriamo che la realtà è (e forse è sempre stata) molto diversa. Due fattori sembrano essere stati oggi, come nel passato, decisivi: un quadro culturale indigeno-tradizionale molto tollerante verso le convivenze non ufficiali e i costi proibitivi dei matrimoni, spesso assolutamente fuori dalla portata economica per i *campesinos*. Oggi per ovviare a questa non diffusa ufficialità delle convivenze, il comune celebra una volta l'anno *"las bodas colectivas"* una sorta di cerimonia pubblica, dove sono sposate anche cento coppie alla volta. Ovviamente la chiesa ed anche il R.P. Luciano Ibba sono abbastanza contrari rispetto a tale iniziativa. La loro accusa è di trasformare un evento fondamentale nella vita delle persone in un mero atto burocratico privo di

---

[201] Dati emersi da un indagine semi-quantitativa effettuata in 10 scuole secondarie nell'anno 2010 dall'Associazione *"Allin Kawsay"*.

spiritualità.

In un'ottica di riduzione del danno questo però sembra essere l'unico strumento che da una parte garantisce la stabilizzazione legale della coppia e dall'altra evita salassi economici da cui spesso le famiglie più povere non riescono più a uscire. Il fenomeno delle nozze collettive è molto interessante dal punto di vista antropologico perché sembra essere uno dei tanti "campi di battaglia" in cui modernità e tradizione si scontrano.

- l'incidenza relativamente elevata dell'abbandono di mogli e figli, la tendenza alle famiglie centrate sulla donna o sulla madre e la quasi totale mancanza d'intimità.

L'elevata incidenza di abbandoni coniugali e dei figli da parte degli uomini è un fenomeno già rilevato nel primo studio di fattibilità effettuato nel 2011: condizioni economiche difficili, una cultura del machismo radicata (trattata nel quarto capitolo), una diffusa modalità di convivenza non ufficiale producono un numero elevatissimo di abbandoni familiari. Questo evento a sua volta crea le condizioni per un'organizzazione sociale in cui la figura della donna è assolutamente centrale: a lei competono la gestione e il mantenimento dei figli.[202]

---

[202] Vedi studio di fattibilità Marco Gaspari 2011.

-Rispetto alla mancanza d'intimità io stesso ne sono stato testimone in occasione di alcune visite a nuclei, in particolare nel 2011: le case delle famiglie con meno risorse economiche sono strutturate spesso con una zona giorno comune e una zona notte anch'essa collettiva, dove tutta la famiglia riposa, spesso nello stesso letto. Il concetto di spazi o zone per i bimbi, non esiste, la maggior parte del tempo è passata dai più piccoli all'esterno della casa. Anche nelle zone andine più impervie la situazione è abbastanza simile. In questo caso però si evidenzia come decisivo un altro fattore: il terribile freddo invernale delle Ande. L'esigenza d'intimità e di vicinanza dei corpi in questo caso sembrano essere dettati dalle durissime condizioni climatiche[203] e ambientali.

A sua volta, questa particolare modalità di gestione degli spazi personali all'interno della sfera familiare, che sembra essere una costante sia delle zone andine impervie sia delle zone urbane più povere, può in qualche modo aver naturalizzato e normalizzato nel tempo una differente delimitazione di "confine e spazio personale" fra i corpi, una

---

[203] Nel 2011 presso Livitaca ho dormito tre notti in una di queste case di paglia e fango(adobe) a 4.400 m. A Novembre la temperatura esterna era già di -3 gradi e durante l'inverno andino poteva arrivare a toccare i -20. La casa aveva un vano unico dove si mangiava dormiva e cucinava.

differente percezione del bisogno di intimità.

5) Caratteristiche individuali della cultura della povertà.

E' necessario che prima di approfondire e correlare le caratteristiche individuali qui tema d'indagine possa precisare alcuni aspetti metodologici: il taglio della ricerca di tipo antropologico non mi ha permesso di indagare e misurare alcuni indicatori di portata più psico-dinamica utili a fare diagnosi di cultura della povertà. Ho scelto di privilegiare solo gli aspetti di portata più sociale e culturale osservarti da vicino.

- La convinzione molto diffusa della superiorità maschile, unita a una generale tolleranza per la violenza e per l'uso e abuso di alcool.

Gli indicatori riscontrati tutti connessi tra loro, sembrano essere consequenziali e propedeutici. Infatti, benché la percezione sociale del ruolo del maschio, del macho, sia interessata da lenti, costanti e spesso quasi impercettibili processi di modificazione, non si può negare che ancora oggi, rappresenti l'ideale culturale di genere più diffuso in questa zona del Perù. Questa definizione identitaria porta con sé tutto un corollario di pratiche e delimitazioni di confini che ne caratterizzano l'essenza. La violenza e una rigida rappresentazione dei generi sono fra queste.

L'uso e l'abuso di alcool sono come già ampiamente

dimostrato, molto diffusi in città, anche se i pareri che li associano esclusivamente a situazione di povertà non sono maggioritari. Secondo molti, infatti, sembra che la cultura dell'alcool sia diffusa in ogni segmento sociale, dal povero al ricco.

E' chiaro che l'alcool può essere utilizzato sia come marcatore di confini fra il tempo di lavoro e il tempo di festa e quindi declinato in versione più o meno pacifica, sia come detonatore, miccia emotiva ed essere utilizzato per innescare situazioni di violenza domestica.

La violenza, sembra essere un fenomeno presente e costante, interna all'universo culturale andino. Da quanto osservato e raccolto attraverso le interviste è emerso un grado di tolleranza molto alto per le diverse forme di brutalità e maltrattamento. Tolleranza che non è altro che l'esito di grammatiche quotidiane di apprendimento e normalizzazione, a loro volta prodotto finale di processi secolari d'inculturazione e di utilizzo della violenza per scopi differenti e non sempre declinati al negativo (la violenza buona che espelle il male dalla comunità). La secolare filiera della violenza reificata.

Declinando gli indicatori teorizzati da O.Lewis alla città di Sicuani ne è emerso un quadro molto interessante: l'elemento più rilevante sembra essere la quasi totale interdipendenza fra gli indicatori oggettivamente riscontrati. Sembra siano l'uno la causa dell'altro, ed è quasi impossibile individuare il "motore immobile", la fonte zero da cui tutto prende vita.

In questo *frame* culturale e sociale, una situazione di forte abbandono del tetto familiare da parte degli uomini produce a sua volta, famiglie mono-genitoriali in cui è la donna a essere l'unica responsabile della crescita dei figli. Donne su cui incombe tutto il peso della genitorialità, donne che per sopravvivere e far mangiare i propri figli, sono costrette a lavorare molte ore il giorno, spesso "inventandosi" un'occupazione. Figli che sovente per motivi quasi esclusivamente economici, si vedono costretti ad abbandonare la scuola e iniziare un percorso di adultizzazione precoce che li avvicinerà a pratiche sociali tipiche degli adulti come l'uso-abuso di alcool e un investimento precoce nel sesso.

Sulla violenza e sulla *borrachera* ho scritto in abbondanza, ripeto solo che anche questi due elementi sembrano interdipendenti e collegati ai fattori prima esposti.

Infine non posso che riportare quanto osservato: una situazione di forte cambiamento, in cui le vecchie e sicure certezze del passato sembrano venire meno, incalzate da nuovi modi di intendere la vita, la società, i conflitti e fenomeni, come ad esempio, la povertà. Questa situazione è in costante mutamento: i vecchi punti di riferimento culturali non sono stati sostituiti dai nuovi né forse lo saranno mai, e questo produce incertezza identitaria e anomia in particolare fra i più giovani.

La città andina oggetto della ricerca è oggi un laboratorio in cui nuovo e vecchio si stanno plasmando vicendevolmente. Come ogni antropologo sa molto bene, le culture, anche quelle che esternamente appaiono oggi più "solide" e cementificate nel tempo, sono in realtà, l'esito di processi storici che hanno comportato fusioni, incorporazioni, mimesi, sincretismi ma soprattutto crisi e riconfigurazioni varie.

Tutti indicatori che fanno presagire la presenza di elementi collegati alla subcultura della povertà.

Che cosa produrrà nel futuro il "laboratorio" Sicuani è molto difficile da prevedere.

5.2 Alcool e "compromisos": echi del lavoro di campo e uso quotidiano e rituale dell'alcool

Questo sotto capitolo è interamente dedicato alle osservazioni di campo eseguite durante i mesi di ricerca, in situazioni caratterizzate da un forte uso e abuso di alcool.

Gli eventi osservati dovevano fornire risposte e spunti di riflessione utili ad approfondire, comprendere, rileggere e tradurre i significanti culturali celati alle spalle del fenomeno oggetto di studio e di indagarne altresì le funzioni d'importante e decisivo "costruttore" e facilitatore di relazioni umane.

Un'altra area della ricerca molto importante e decisiva, cui il lavoro di campo doveva fornire materiale utile per l'elaborazione di eventuali riflessioni, era quella riconducibile all'eventuale correlazione fra gli approcci di consumo di alcool attuali, e quelli riferiti alla tradizione e al passato. In poche parole capire cosa di antico era rimasto negli stili di consumo odierni.

La prima tipologia di eventi osservati faceva esplicito riferimento alle situazioni contraddistinte da un utilizzo rituale e comunitario dell'alcool, all'interno di *fiestas,* collettivamente molto importanti e sentite dalle comunità, che sembravano mantenere un legame più forte con la tradizione, i cosiddetti "*compromisos*".

La seconda tipologia si rivolgeva invece all'approfondimento del consumo "ordinario" dei week end fra gli uomini adulti nelle *peñas,* utilizzo connotato da un'elevata propensione all'abuso.

La terza tipologia aveva come bersaglio-target l'osservazione del consumo di alcool fra i giovani, con particolare attenzione per la fascia di età fra i sedici e i ventiquattro anni, all'interno di alcune discoteche cittadine, consumo connotato sia da modalità innovative extra-culturali di ingestione sia da una forte propensione all'abuso.

La quarta e ultima tipologia era rivolta all'osservazione del consumo di alcool inserita all'interno di eventi culturalmente denotati ma di dimensioni imponenti e di carattere nazionale se non addirittura internazionale.

Nelle situazioni di osservazione partecipante più rischiose, oltre alle competenze di tipo antropologico ed etnologico, sono stati utilizzati gli strumenti professionali tipici del lavoro sociale di strada, totalmente in possesso dell'autore delle osservazioni di campo e della ricerca.

La prima necessità di chi è impegnato nel lavoro sociale di strada (il lavoro in locali è equiparato in tutto e per tutto al lavoro di strada) è quella di riuscire a gestire e controllare totalmente la scena dove si svolge il suo operato. Esistono per questo tutte una serie di tecniche e metodologie atte a ridurre a quasi zero il rischio personale. Queste metodologie sono state utilizzate e messe in atto durante il lavoro di campo in quei contesti caratterizzati appunto da una presenza, seppur minima di rischio come le *peñas* di Calle

Arequipa e le discoteche frequentate dagli adolescenti.

1) Per rappresentare la prima tipologia di eventi osservati ho scelto di descrivere l'intera giornata passata presso Soltera-Pampa, una comunità campesina autosufficiente a 6 km da Sicuani durante il 50° anniversario della strage avvenuta nel medesimo luogo il 4 Febbraio 1964.

Lo scrivente insieme aveva ricevuto l'invito ad assistere alla celebrazione direttamente dai capi della comunità e grazie all'intermediazione del R.P. Luciano Ibba.

"Il giorno 3 Febbraio 1964, nel pieno delle sollevazioni popolari per la concessione della riforma agraria, un gruppo di contadini appartenenti alla comunità di Solterapampa, pochi chilometri a sud di Sicuani, stanchi dei soprusi del latifondista di riferimento, decisero di occupare un terreno incolto, appartenente a quest'ultimo. La risposta del proprietario terriero non si fece attendere: il giorno 4 Febbraio, all'alba l'esercito (affiancato da milizie private al soldo del proprietario terriero) intimò ai campesinos di abbandonare le terre occupate: al rifiuto degli occupanti di eseguire tale ordine, i soldati aprirono il fuoco e successivamente diedero vita ad una caccia all'uomo

terminò solo al calar del sole. Alla fine, il conto fu di sedici morti, fra cui due bambini".

Ogni anno (da almeno quaranta) l'evento è celebrato e rivissuto con particolare enfasi e trasporto: è portato in scena attraverso una sorta di socio dramma collettivo in cui attori scelti all'interno delle comunità ridanno vita all'eccidio, il dramma viene re-significato[204]. Con il tempo, questa rappresentazione "teatrale" si è rivelata fondamentale per mantenere viva la memoria e il ricordo dell'evento più drammatico nella storia delle città e della provincia.

La comunità di Solterapamapa conta tremila anime, fra uomini, donne e bambini. La proprietà della terra è individuale ma inserita in una filiera di produzione collettiva: nessuno coltiva e vende solo per se stesso, ma tutti cercano di ottimizzare il raccolto in vista della vendita nei vari mercarti zonali. Le case sono state tutte auto-costruite negli anni, attraverso il lavoro obbligatorio comunitario.

Anche oggi, la maggior parte dei lavori di ristrutturazione di case e stalle, sono realizzati attraverso tale forma d'impegno collettivo.

---

[204] L'evento si chiama infatti *"resignificaciòn de Solterapampa".*

Ogni persona, deve mettere a disposizione, oltre al tempo "individuale" dedicato alla sua terra e alla sua famiglia, un tempo "collettivo" ancora oggi interamente dedicato alla comunità.

La partecipazione a tali forme di lavoro non è facoltativa, è obbligatoria. La comunità è retta da un capo e da varie figure con svariati gradi di responsabilità legati ad aree specifiche del lavoro e della vita comunitaria. Le cariche sono elettive ma tutti devono per una volta nella vita occupare una carica di responsabilità. E' il cosiddetto sistema de "*cargos*"[205]: la responsabilità e il potere devono essere redistribuiti nel modo migliore. Un'abitudine al potere alla lunga produce sistemi di alleanze spesso contrarie al bene comune; viceversa una disabitudine alla responsabilità rischia di dis-allentare i meccanismi di reciprocità alla base di Comunità come quella di Solterapamapa.

Per questo, tutti, una volta nella vita devono ricoprire una carica o un ruolo di responsabilità.

Arrivo nella comunità verso le nove della mattina in jeep

---

[205] Sistema rotante di responsabilità comunitaria e collettiva presente in molti paesi e contesti dell'America Latina, dal Messico all'Argentina.

insieme al missionario italiano: la sua presenza non è casuale, è, infatti prevista una messa in onore dei caduti all'inizio della celebrazione. Il ruolo del sacerdote è fondamentale: egli ha il compito di ricordare ufficialmente i morti, accoglierli simbolicamente nelle braccia del Signore, e benedire la comunità tutta. Nell'omelia li ricorderà uno a uno, scandendo i loro nomi, uno a uno.

L'intervento di Don Luciano simboleggia, e rileva anche la storica vicinanza agli "ultimi" di un certo tipo di Chiesa in America Latina: nel suo discorso il sacerdote non dimostra di aver dubbi circa la necessità, oggi come ieri, di una giusta politica di redistribuzione della terra.

Il clima in paese è di festa e di smobilitazione: si avverte, nell'aria una tensione e un'agitazione tipica dei grandi eventi. La messa comincia puntuale alle ore dieci e termina alle undici con il sacerdote e l'intera comunità che scandisce ad alta voce i nomi delle sedici vittime.

E' un modo per reificarli, per richiamarli simbolicamente in vita ed anche per mantenere viva e vigile la memoria della strage. Finita la cerimonia religiosa assistiamo al momento più toccante della giornata. A due superstiti della strage è dato il compito di issare la bandiera nazionale del Peru e quella delle Comunità. Terminata, anche la cerimonia dell'alza- bandiera, il capo della comunità dà il via ufficialmente alla rappresentazione. In lontananza vediamo avvicinarsi gruppi di uomini, donne e bambini che esibiscono grandi cartelli, striscioni e bandiere del Peru. Stanno interpretando gli occupanti.

Dall'altro lato della piazza stanno invece un gruppo di attori che interpretano a loro volta, i militari. All'interno di questo gruppo una buona parte è personale realmente appartenente alle forze dell'ordine. La partecipazione dei militari alla rappresentazione, negli anni ha permesso un processo di riavvicinamento fra le parti, vittime e carnefici, giocata su una modificata percezione dei ruoli, delle rappresentazioni e delle ragioni "dell'altro". Un riconoscimento reciproco.

La scena cerca di rispecchiare il più fedelmente possibile gli accadimenti: prima si assiste al dialogo serrato e molto duro fra il capo comunità e l'ufficiale di più alto grado in capo, una tenzone verbale che dura circa mezz'ora, poi l'ufficiale ordina l'attacco.

Benché tutti siano consapevoli che si tratta di una finzione, una sensazione di stupore e sgomento sembra impadronirsi dei presenti. Assistere a rappresentazioni in cui viene riprodotta la violenza, ci costringe a recuperare all'interno della nostra memoria personale ed emotiva, sensazioni, emozioni e stati d'animo che possano in qualche modo aiutare a "leggerla" in maniera razionale. E' un rassicurante processo di "traduzione", senza il quale non potremmo stare tranquilli e seduti mangiando il nostro pranzo mentre nella tv scorrono immagini di massacri.

Il socio-dramma continua e si sposta dalla zona della piazza alle aree adiacenti i campi: lì in quella zona si svolse infatti la terribile caccia all'uomo che durò tutta la giornata. La rappresentazione dura circa due ore, fra urla, spari, inseguimenti, rigorosamente finti. I corpi vengono raccolti e messi sui carri bestiame. La mattanza è finita ma la festa può cominciare.

Sono accompagnato a sedermi in una lunga tavolata: il primo elemento che noto è che insieme a me ci sono solo uomini. Le donne hanno occupato un altro lato della tavola. Sul tavolo imbandito, sono posati piatti di riso, verdure bollite, bottiglie di birra e *chicha*. La carne arrostita e fritta è servita una volta cotta. Il capo comunità viene verso di me e mi offre un po' di chicha da un recipiente azzurrino. Accetto volentieri e a mia volta qualche secondo dopo, prendo un altro recipiente di *chicha* posto davanti a me (uno ogni sei, sette persone) e né verso il contenuto nel bicchiere del mio vicino di destra. L'aria è molto rilassata, mi rendo conto di essere, in quanto straniero ed occidentale, un po' l'attrazione del momento. Decido però di stare al gioco, di non sottrarmi a nessuna delle domande e a nessuno degli inviti a bere. Ritengo che per "sentire" e capire alcune dinamiche di un contesto, per coglierne i significati profondi, un ricercatore debba, anche se solo momentaneamente, immergersi quasi totalmente nel contesto umano e sociale dove si svolge l'indagine. Mi riecheggiano in mente le parole di Clifford Geertz, riportate in vita da Francesco Remotti durante le sue lezioni nel maggio 2012: *"Se devi capire i significati intrinseci di una cultura devi nuotare per un po' nella direzione di quella cultura, ma ad un certo punto devi riuscire poi a cambiare rotta per mantenerti lucido e scientifico"*.

Né di qua né di là, il destino dell'antropologo è di stare perennemente nel mezzo.

Mi domando però che tipo di osservazione partecipante avrei potuto fare se fossi stato astemio. La risposta che mi do è che per fortuna non lo sono mai stato. Quest' aneddoto mi porta però a riflettere su quanto alcune caratteristiche totalmente personali e private di chi fa ricerca possano far prendere alla stessa direzioni non volute, non previste o non programmate.

Inizio a mangiare, mi accorgo che i recipienti di *chicha* sono quasi spariti e al loro posto ora si trovano solo bottiglie di birra di varie marche. La modalità di approccio all'alcool, essendo questa una celebrazione di una certa importanza non è quella del *baso rotante* (bicchiere che gira e che viene riempito ad ogni turno, osservato nelle *peñas* a Sicuani) ma quello di carattere più individuale, dove ognuno ha a disposizione un suo calice. L'atmosfera è sempre più distesa, con l'arrivo della carne, è il tempo per riempire altri bicchieri di birra. Non mi tiro indietro. Sono tempestato di domande sulla mia famiglia, sui figli, e se in Italia sono mai successe stragi del genere. Racconto della strage di Portella delle Ginestre in Sicilia nel 1948[206], è una buona scusa per inserire il tema della mafia, argomento con cui gli italiani sono tristemente conosciuti in tutto il mondo che diventa tema di discussione per un po'.

Alle tre del pomeriggio inizio a intravedere qualche commensale che chiaramente non si regge in piedi, la birra continua a essere rifornita su tavoli senza soluzione di continuità. Rifletto su quanto impegno, organizzazione ed esborso economico possano richiedere eventi del genere in comunità non certo ricche. Verso le quattro mentre è distribuita una melassa gelatinosa arancione, gialla e rossa che chiamano dolce, inizia la parte musicale della festa. Un

---

[206] Nel 1948 un gruppo di contadini occupò le terre di un proprietario terriero siciliano: la risposta fu una strage di uomini e donne per mano d'integranti della mafia al soldo dei latifondisti.

gruppo di cinque musicisti (due chitarre, una percussione, un charango tipico strumento andino più una cantante) inizia a suonare il loro repertorio, fatto, di canzoni tradizionali della sierra e di canzoni di lotta.

La lotta per la terra coniugata a questa idea di essere sempre in guerra è molto presente durante la celebrazione: più volte durante il pranzo si levano cori contro le compagnie minerarie che oggi sono il vero nemico da combattere. Non lontano da qua, ad *Achachaci* l'anno scorso (Aprile 2013) si è verificata una vera e propria sollevazione popolare contro l'insediamento di una compagnia Franco-Canadese di estrazione di nichel. La strada principale è stata bloccata dai manifestanti per giorni e giorni. Si sono verificati incidenti fra esercito e manifestanti con vari arresti e feriti da entrambe le parti. Solo la mediazione del R. P. Luciano Ibba ha permesso che la situazione non degenerasse ulteriormente. Purtroppo la compagnia mineraria si è insediata regolarmente nel marzo 2014.

Verso le cinque mentre tante persone sono già impegnate nel ballo noto che assieme alla birra hanno fatto la loro comparsa i superalcolici come rhum e vodka. Per quell'ora prendo la decisione di interrompere la mia osservazione partecipante tramite ingestione di alcool, pena il rischio di perdere di lucidità nell'osservazione. Il numero di ubriachi supera la metà dei partecipanti. Uomini in maggioranza ma anche donne. Noto che tutti sono pacifici e non si riscontra la minima traccia di violenza. I corpi sono avvinghiati nel ballo, marito e moglie, ma non è assolutamente raro vedere danzare anche uomini con altri uomini o donne con altre donne.

Cala il buio, che a queste latitudini arriva all'improvviso e ammanta il tutto di un nero pece. La cerimonia volge al termine. Vengo ringraziato personalmente dal capo e dai leader delle comunità per la mia presenza "discreta" ed omaggiato di una ricordo del cinquantesimo anniversario della strage. Sulla strada del ritorno incontriamo (io e il R.P. Luciano Ibba) lo sciame di persone che tornano alle loro case, mentre altri stanno re-sistemando la piazza. L'evento a cui ho avuto la fortuna di assistere si inserisce a pieno titolo in quelli che vengono definiti *"compromisos"* ufficiali. Un evento totalizzante che coinvolge la comunità intera. Ho osservato dal vivo la funzione "cerniera" o confine dell'alcool delimitante il tempo ordinario dal tempo straordinario.

Ho osservato altresì la funzione della festa e dell'alcool come "ricreatore" e "ri-consolidatore" dei legami comunitari, in particolare attraverso il ballo. Anche il principio di reciprocità è stato rispettato perché ho attentamente osservato che anche a tavola nessuno decideva di bere in autonomia, ma permaneva l'obbligo di invitare o essere invitati.

L'uso dell'alcool e le modalità con le quali ho osservato la sua assunzione assumono in contesti come Solterapampa, una funzione di strumento sociale di applicazione pratica dei principi di reciprocità. Anche la successione dei tre tipi di bevande non è stata casuale: la si può rappresentare come un continuum temporale, dove ad un estremità è posto il consumo della bevanda dai contenuti più "rituali" e carichi di tradizione e all'estremità opposta, troviamo l'utilizzo più "moderno" e meno legato al passato.

Iniziare con la sacra bevanda di mais raffigura l'ideale cerniera fra passato, presente e futuro, poiché sembra riprodurre su scala minore l'antico gesto dell'Inka attualizzato. La birra nella fase centrale del pranzo restituisce a questa bevanda la sua posizione attuale di "carburante" etilico più diffuso, la sostanza dei week-end. La cesura conclusiva con i super alcolici è invece legata alla necessità e alla ricerca finale della *borrachera*, da raggiungere con lo strumento più "forte" a disposizione.

2) *Per rappresentare invece la seconda tipologia di eventi ho scelto l'osservazione partecipante effettuata*

in alcuni locali denominati "peñas" ubicati nella
zona del terminal terrestre e in Calle Arequipa.

Tali osservazioni si sono svolte prevalentemente nei giorni di venerdì e sabato sera durante l'intero periodo della mia permanenza nella città peruviana.

Calle Arequipa è situata nella zona ovest della città, è una via estesa circa un chilometro. La parte alta è considerata una delle zone più pericolose della città. In questa zona si trovano la maggior parte delle *peñas* e alcuni locali notturni. Il via vai è notevole, a qualsiasi ora della giornata, fatto dovuto anche all'estrema vicinanza, quasi contiguità, con il terminal terrestre dei bus.

Alle sette di sera di un venerdì qualsiasi nei mesi fra gennaio e marzo dell'anno 2014, sulla strada antistante al terminal, s'intravedono già i primi corpi inerti di qualche ubriaco. Nelle vicinanze si scorgono tutti i locali che sono stati oggetto di osservazione partecipante (una mezza dozzina quelli visitati dallo scrivente).

Considerando che dall'esito dalle osservazioni nei locali sono emerse tutta una serie di caratteristiche molto simili, in particolare nell'abito delle relazioni fra le persone, nelle modalità di approccio all'alcool, nella gestione degli spazi e nell'uso dell'illuminazione, per descrivere quanto avvenuto al loro interno ho creato, a puri fini divulgativi una sorta di "modello etnografico" che fosse applicabile a tutti i contesti analizzati e capace di spiegare nella maniera più chiara possibile, le dinamiche culturali. Ciò che colpisce appena entrati è la presenza di una luce soffusa, tipica di un locale notturno. Primo elemento di osservazione: nei locale non vi sono quasi mai donne ma solo uomini, più o meno "tirati a lucido" per l'occasione. Alcuni sembrano già visibilmente alticci. Un altro elemento degno di nota è la posizione "liminale" di molti clienti, posti né totalmente all'interno delle *peñas*, né totalmente all'esterno. L'età media varia fra i venticinque e i sessant'anni.

Questa curiosa disposizione sembra rispondere come già evidenziato nel quarto capitolo a due logiche ben precise: da una parte connota il consumo come familiare o amicale (il permanere con una parte del corpo dentro mantiene simbolicamente il legame con il gruppo più stretto), dall'altra risponde all'esigenza e alla necessità mai sopita del bere collettivo e comunitario di rimettere in moto in qualche modo il principio di reciprocità. L'invitare a bere chi passa in strada rappresenta questa parte.

E' come se due modalità sociali di consumo convivessero vicendevolmente senza ostacolarsi.

Alcuni gruppi sorseggiano in maniera individuale, in particolare chi sosta esclusivamente all'interno, mentre chi preferisce la posizione "liminale", utilizza lo schema del "bicchiere girevole": a ogni astante a turno viene riempito il bicchiere, che una volta svuotato viene riempito un'altra volta e passato al compagno più vicino. Mentre il "sistema individuale" permette di capire, quanto una persona ha bevuto, quello collettivo a *"baso social"* rende quasi impossibile questa operazione. È chiaro che mentre la prima permette un maggior controllo personale del consumo, la seconda è una strada senza ostacoli verso situazioni di ubriachezza. Mentre la prima può essere connotata anche come semplice uso, la seconda è soltanto di ricerca dell'abuso.

Abuso che diventa assolutamente "pubblico": la consuetudine vuole che le persone totalmente ubriache svolgano all'esterno delle *peñas* tutte le funzioni fisiologiche tipiche di questo stato. E' inoltre interessante osservare che più aumenta il livello di alcool nel corpo, più le persone tendono a varcare la soglia del locale. Questo avviene però senza un esplicito invito dei gestori ad allontanarsi. Sembra una grammatica già scritta: la fase finale del consumo, quella che porta alla *borracheras* va "situata" e vissuta rigorosamente all'esterno. Deve essere "pubblica".

Sembra che sotto la coltre del tempo, dell'inculturazione forzata, dei processi di negoziazione re-negoziazione messi in atto dallo scontro-incontro di due culture, riemergano, in queste due differenti modalità di approccio all'alcool attentamente osservate, pallidi ricordi di una ancestrale modalità di utilizzo di sostanze psico-attive. Sono segnali timidi e fievoli, ma qualcosa all'interno di questi teatrini del quotidiano sembra rimandare ad antiche consuetudini.

Infatti, se nella posizione "liminale" è forse possibile rilevare elementi di conservazione di quell'antico "atto di reciprocità" dell'invito a bere di remota memoria, nella tensione a vivere la *borrachera* all'esterno dei locali permangono elementi della vecchia modalità pubblica di abuso di alcool, tanto invisa agli spagnoli, perché vissuta come potenzialmente sovversiva.

Le sostanze utilizzate sono birra e super alcolici: spesso si beve per festeggiare la fine di lavori (in particolare nel campo dell'edilizia), il diploma del figlio o solo semplicemente perché è venerdì. Rispetto al contesto culturalmente più codificato a cui ho assistito nel villaggio di Soltera Pampa, è come se mi trovassi di fronte ad una sorta di *compromiso,* che non esito a definire "laico", nel senso che appare sprovvisto di quella sacralità culturale osservata durante l'evento della *Resignification.* Dopo tre ore il numero di persone fuori controllo è molto alto: stupisce la quasi totale assenza di aggressività. Anche in quest' occasione l'uso di alcool si denota come un elemento che rinsalda patti di amicizia, anche se di minore portata comunitaria.

Nelle mie osservazioni serali sono riuscito spesso a interagire (malgrado il mio ottimo spagnolo, un gringo è sempre un gringo): alcuni mi hanno raccontato delle loro disgrazie amorose, della moglie gelosa, dei figli. Tutti affermano più meno di passare nelle *peñas*, quasi tutto il week end: per molti rappresenta l'unico vero sfogo ad una settimana di duro lavoro. Inoltre, e questo è un aspetto che colpisce, passare ore qui dentro, significa in un certo senso dimostrare di "avercela fatta": infatti, solo chi ha un lavoro può permettersi di spendere cifre considerevoli per bere.

L'uso e l'abuso rappresentano in questo senso una sorta di marcatore socio-economico.

Nessuno appare consapevole che il bere molto possa danneggiare la salute. Sembra un comportamento totalmente introiettato all'interno del normale fluire della vita.

3) *Il consumo di alcool fra i giovani con particolare attenzione all'introduzione di regole innovative extra-culturali di consumo è stata la terza tipologia rappresentata e osservata.*

Con le discoteche frequentate dagli adolescenti, vale l'

identica opzione di restituzione del lavoro di campo utilizzata per le "*peñas*" per adulti: considerato che l'esito delle osservazioni all'interno di siffatti luoghi ha rilevato una serie di caratteristiche molto comuni, ho scelto di descriverle tramite la creazione di "modelli" che potessero restituire al lettore la rappresentazione più fedele e possibilmente vicina alla realtà, di quanto osservato (dinamiche sociali, modalità di approccio alla sostanza, caratteristiche di genere, ecc.). A differenza delle *peñas*, ubicate quasi esclusivamente in un'area geografica, le disco sono sparse su tutto il territorio cittadino. Dalle più centrali, le prime visitate, a quelle più periferiche, ben oltre Calle Arequipa, si attraversa mezza città. Solitamente sono aperte dal giovedì alla domenica, ad orari variabili (di solito dalle 19.00 alle 3.00 di notte).

Le discoteche per giovani a Sicuani hanno avuto un'evoluzione interessante: nate storicamente come semplici garage o locali privati autogestiti, negli ultimi dieci anni hanno subito un lento processo di regolarizzazione. Quelle ufficiali, possesso di regolare permesso o licenza di vendita alcolici sono circa una decina. Il fenomeno interessante è che l'emersione e il riconoscimento pubblico sono andati di pari passo con il permanere di un fittissimo e sempre in espansione sottobosco di locali "privati" totalmente autogestiti. Sembra che in quest'ambito si siano evidenziate due opposte tensioni: la prima quella tesa all'emersione, con tutto l'ovvio corollario di ufficialità e di controllo pubblico e la seconda che ha preferito mantenersi nell'ambito dell'illegalità. Purtroppo sia per limiti di tempo sia per mancanza d'informazioni circa la presenza delle minime garanzie di tutela personale, riscontrabili in tali contesti informali, ho scelto di effettuare le osservazioni esclusivamente all'interno dei locali "ufficiali", lasciando un vuoto in questa analisi, di non poco peso. Parrebbe, infatti, da quanto ascoltato da differenti voci, che proprio in tale tipologia di discoteche siano avvenuti i peggiori episodi di abuso alcolico terminati con ricoveri per intossicazione acuta e coma etilico.

Il concetto della discoteca per adolescenti è relativamente nuovo nel frame "culturale" alto andino e sembra intimamente connesso con un'altra delle grandi e delicate questioni tipiche di quest'area geografica: il mancato riconoscimento, rilevato anche ai giorni nostri, dell'adolescenza come un periodo temporale a se. Come l'adolescenza "rompe" i confini cronologici della naturale suddivisione andina delle tappe della vita, la discoteca contraddistinta da invisibilità e isolamento del consumo "rompe" le consuetudini culturali della *borrachera*, caratterizzate dalla "visibilità" sociale" dell'utilizzo di alcool come osservato nelle *peñas*.

Bere, osservare: un esempio di osservazione molto partecipante.

Un sabato sera qualsiasi fra gennaio, febbraio e marzo 2014, Sicuani. Dopo aver percorso il centro cittadino apparentemente senza meta *("caleando sin rumbo")* verso la mezzanotte, l'autore della ricerca e la Dott.ssa Dal Lago (integrante associazione ASSF) fa il suo ingresso in una discoteca ubicata dietro Plaza de Armas, quindi centralissima.

L'accesso ai locali è successivo a una sorta di "selezione alla porta" (in particolare in quelli situati direttamente sulla strada) effettuata da una variante nativa dei nostri buttafuori, cui dovrebbe (il condizionale è d'obbligo) essere affidata anche la gestione della sicurezza all'interno del locale stesso: da quanto osservato sovente questo "uomini d'ordine" risultano più ubriachi degli avventori. Le luci come sempre sono molto basse, soffuse. All'interno si contano di solito fra i cento e i centocinquanta adolescenti di un'età compresa fra i quattordici e i venticinque anni. Il numero degli uomini supera di poco quello delle donne: evento di notevole importanza culturale. Appena entrati, ci dirigiamo senza indugio verso il bancone di somministrazione delle bevande. In tali situazioni occorre mimetizzarsi il più possibile, poiché la figura di due occidentali, fermi a osservare l'ambiente, sostare senza bicchieri in mano, "darebbe troppo nell'occhio".

Una volta seduti al banco, familiarizzare è molto semplice. Spesso la prima figura con cui siamo riusciti a interagire è il padrone del locale che di solito, sta al banco e si occupa egli stesso della somministrazione. Di solito si tratta di uomini fra trentacinque e i cinquant'anni, alcuni molto trasandati, ma con uno spiccato senso dell'ospitalità. Il primo giro è sempre offerto. Mentre discorriamo, davanti ai nostri occhi vengono somministrati bicchieri da un litro riempiti sino all'orlo di coca cola e rhum a ragazzi che sembrano non avere più di quindici-sedici anni.

I gestori dei locali non sembrano preoccupati di infrangere la legge: in Perù, infatti, è vietata la vendita e la somministrazione di alcolici a ragazzi di un'età inferiore ai diciotto anni. La loro preoccupazione più grossa sembra essere quella di avere sempre la sala piena. Sono pienamente consapevoli del reato in cui stanno incorrendo, ma questo non sembra distoglierli dal loro obiettivo principale: fare soldi a palate e farli nel minor tempo possibile. Spesso effettuano anche promozioni del tipo, tre *jarres* al prezzo di due: la *jarra* è un'unità di misura alcolica che fa riferimento ad un bicchiere di vetro della capienza di un litro, riempito con metà superalcolico e metà *gaseosa* (coca-cola, inka cola, aranciata, ecc.).

La media pro capite, sembra essere di almeno due *jarre,* per un periodo di permanenza nel locale che può andare da un minimo di due a un massimo di cinque ore. Abbiamo visto e osservato molti ragazzi ubriachi, anche se non siamo mai stati oggetto di molestie o disturbi di nessun genere. All'apparenza sembra un abuso "educato". Contrariamente ad una tradizione di "visibilità sociale dell'eccesso", sembra che tutto si debba svolgere rigorosamente all'interno del locale. Abbiamo visto molti ragazzi stare male, ma nessuno è mai uscito dal locale in preda a conati di vomito. Chi resiste riesce ad andare in bagno, chi non ce la fa sembra libero di appartarsi in angoli che sembrano "ufficiosamente delimitati" per tale funzione. Il personale del locale è pronto a eliminare ogni residuo in brevissimo tempo.

Un proprietario di un locale mi confermato che questa è una meta regola che tutti gli avventori sono tenuti a rispettare, pena l'espulsione. Tutto deve essere circoscritto all'interno del locale. Questo credo sia anche il motivo per cui questi locali stanno aperti sino a ore tarde (tre, quattro di notte). Per dare la possibilità ai ragazzi di riprendersi dalla sbornia. Il consumo è essenzialmente di tipo individuale: una *jarra* a testa. Il consumo di birra è nettamente inferiore a quello dei cocktail a base di sostanze gasate dolci e super alcolici. Ovviamente non è servita *chicha*, in nessuno dei locali visitati. Il rhum più in voga sembra essere il *Cartabio*, un prodotto nazionale, quarantadue gradi di alcool. Le ragazze sembrano bere leggermente meno in quantità, anche loro sembrano prediligere *le jarre* alla *cerveza*.

Molti ragazzi sono vestiti alla moda *"emo"*, quasi totalmente neri, caratterizzati da un acconciatura particolare che si ispira al gruppo rock Tokyo Hotel. Tanti di loro studiano, e alcuni ragazzi ascoltati vivono soli in città, mentre la famiglia è rimasta a lavorare nei campi. La discoteca afferma Carmen (un nome inventato come tutti quelli che seguiranno), 16 anni afferma *"è un modo per non sentirmi sola"*. Alcuni ragazzi con cui siamo riusciti ad interagire (lo scrivente e la Dott.ssa Elena Dal Lago) sembrano non essere consapevoli che un uso così precoce di super alcolici, può avere effetti devastanti, in futuro sulla loro salute.

"Yo no soy un adicto" mi risponde Octavio di diciassette anni," io *non sono un alcolista, bevo soltanto nei week end e comunque qui è normale, lo fanno tutti, mio padre, mio zio, ma da voi la gente non beve?"*

Anche per Jaime, diciotto anni fra un mese," bere *e ubriacarsi è normale. Qui non c'è niente da fare dopo lo studio, a parte qualche partita di calcio. Ma anche quelle, sai, finiscono sempre con tanta cerveza".*

Jaime ha introdotto il fenomeno del *"fool-vaso"*, abbreviazione di *football* e *vaso*, bicchiere: la partita di calcio o calcetto (a sette persone), è seguita da un forte consumo di birra. Questo fenomeno è caratterizzato dallo schema di consumo del bicchiere rotante, dall'uso di birra e dal suo manifestarsi esclusivamente all'esterno, nei pressi del campo da calcio. Ancora Julio, quindici anni: *"L'importante è bere senza fare casino, non come mio padre. Noi siamo diversi, facciamo tutto di nascosto, per mio padre io sono uno studente modello".*

Da quanto emerso parrebbe che anche per questi ragazzi consumare alcool sia normale e addirittura compatibile con lo studio. Questa "supposta normalità" avviene però attraverso logiche di consumo differenti rispetto a quelle dei padri. Non ho riscontrato all'interno dei locali visitati, la presenza di nessuna, delle famigerate botti azzurre contenenti il temibile alcool metilico. Quello che dai racconti "adulti" è visto e vissuto come il nemico numero uno per la salute degli adolescenti cittadini, non è stato individuato. Non escludo, tuttavia che possa essere stato celato sotto altri prodotti "ufficiali" (come riportato da *"rumores"* vari*).* Per cui, sono consapevole che tale elemento può essermi sfuggito. Le osservazioni, frutto del lavoro di campo svolto all'interno delle discoteche, hanno messo in luce tutta una serie di aspetti di rilevante portata culturale, da non sottovalutare.

Tali aspetti necessitano, per i motivi testé menzionati, di un'ulteriore analisi all'interno della presente indagine. Per tali approfondimenti vi rimando a pag. 224.

4) *Rappresentare invece la quarta tipologia di eventi è stato il compito più semplice: la scelta è naturalmente ricaduta sull'osservazione partecipante ad uno degli eventi di maggio portata nazionale e internazionale: il festival della "Virgen de la Candelaria" che si svolge ogni anno a inizio febbraio nella città di Puno, sulle sponde peruviane del lago Titicaca, a 4000 metri di altezza.*

La Virgen de la Candelaria o *Nostra signora della Candelaria* è un'orazione dedicata alla Vergine Maria originaria di Tenerife (Isole Canarie/Spagna). Il suo nome deriva da "candelabro" o "candela" e si riferisce alla luce: la luce santa che guida e illumina il buon cammino e la redenzione e ravviva la fede in Dio. La festività è celebrata secondo il calendario liturgico il 2 di Febbraio e commemora la presentazione di Gesù nel tempio di Gerusalemme, dopo la sua nascita e la purificazione di Maria.

E' una celebrazione molto radicata in Spagna, nelle zone a forte presenza ispanica degli Stati Uniti e in alcuni paesi dell'America Latina come il Perù, la Bolivia, il Messico, la Colombia.

La festa è conosciuta e celebrata, secondo la nazione dove ha luogo, con diversi nomi: "presentazione del Signore", "purificazione di Maria", "Festa della luce e delle candele": tutti questi nomi esprimono a modo loro il significato della festa: Cristo, la luce del mondo è presentato da sua madre nel tempio. Egli viene a "illuminarci" il cammino (da lì il riferimento alle candele).

Nella città di Puno la festività della vergine della Candelaria è una celebrazione che dura diciotto giorni. Vi partecipano più di duecento gruppi di danza Folk, diretta espressione delle comunità *campesine* e dei *pueblos* della Regione di Puno.[207]

Questi collettivi preparano i loro balli duramente l'anno esercitandosi duramente. Possono avere dai trenta ai trecento componenti, non esiste un numero prestabilito. La

---

[207] La regione e la città di Puno sono considerate il "cuore" Folk del Perù. Ogni villaggio ha una sua danza e suoi costumi tradizionali. Quindi, se Lima rappresenta la capitale economica, Arequipa quella culturale, Huancayo quella gastronomica e Cuzco quella archeologica, Puno è sicuramente quella Folkloristica.

celebrazione della *"Virgen de la Candelaria"*, dall'anno 2000 è tutelata in modo particolare, in quanto considerata un "bene intangibile dell'umanità": dall'inizio del nuovo millennio, infatti l'Unesco ha disposto la protezione e la salvaguardia non soltanto delle forme d'arte statiche come musei, monumenti, o meraviglie naturali sparse per il mondo ma anche per quelle espressioni artistiche "mobili" come particolari forme di canto, di danze, di musica popolare, di teatro.[208] Questo tipo di osservazione partecipante mi ha portato, per la prima volta durante il periodo della mia indagine sul campo, ad allontanarmi dal territorio di Sicuani e della provincia di Canchis. Pur avendo luogo nella città di Puno, la Candelaria è un evento a carattere nazionale (e da venti anni a questa parte anche internazionale) il numero di peruviani che si posta per assistere alle sfilate dei tre giorni principali (1,2,3 febbraio) è nell'ordine di tre-quattrocentomila.

Puno, passa in quei giorni, da trecentomila a quasi un milione di persone. L'idea di recarmi a fare osservazioni sul fenomeno da me studiato, durante le celebrazioni della

---

[208] In Italia sono tutelate le forme d'arte intangibile rappresentate dal teatro dei pupi siciliani, dai canti tradizionali dei pastori sardi, dalla danza della taranta salentina più svariate processioni in particolare nel sud.

Candelaria è nata, dopo le varie esortazioni delle persone intervistate a Sicuani, tutte concordi nel definire quell'evento, un buon "teatro di osservazioni socio-antropologiche" indispensabili alla mia ricerca.

Anche in questo caso, la capacità di improvvisare e di mettere in agenda qualcosa di non previsto, mi ha fatto riflettere sulla necessità di organizzare e pianificare i lavori di ricerca utilizzando la metafora dei "contenitori flessibili" sempre modificabili alla bisogna, e mai troppo rigidi. Carpe diem, in buona sostanza.

Passiamo al diario di campo (che riporto integralmente): la partenza per Puno è prevista per le ore cinque della mattina di sabato 1° febbraio (dopo aver trascorso buona parte della notte del 31 gennaio a portare a termine osservazioni nelle discoteche per adolescenti). Il mercoledì ho acquistato il biglietto: dal venerdì mattina non era già più possibile trovare posti liberi sui bus diretti verso la città di Puno, ma solo e soltanto taxi e mezzi privati che applicavano tariffe quintuplicate (da notare che già per l'occasione il prezzo del biglietto per la città lacustre era passato da venti a quarantacinque *nuevos soles*). La Candelaria sembra essere un affare per tutti.

La durata del viaggio è di circa sei ore: dalla regione del Cusco si sconfina a quella di Puno. Il limite geografico fra i due dipartimenti è rappresentato dal passo della Raya, a 4.660 m. Questo passo montano è prossimo alla stazione di treno più alta del mondo[209]. Qui, infatti, transita e si ferma il Cusco-Puno della compagnia cilena Peru-rail, convoglio ormai totalmente turistico. Il paesaggio è spettacolare: cime innevate e cielo terso che sembra di poter toccare.

Arrivato in città, la scena che mi si presenta è la seguente: un brulichio di taxi, mototaxi, macchine private, bus, pulmini, jeep, ecc. Il traffico è congestionato in maniera "asiatica". Mi soffermo a pensare che malgrado questa cartolina di benvenuto, Puno pur non essendo una città "classicamente" (e turisticamente) bella, dimostra comunque di possedere un certo fascino e una comprovata capacità organizzativa, in grado di accogliere, in questi tre giorni, quasi il triplo dei suoi abitanti. Dopo aver posato i bagagli, un giro per il centro. Tutto sembra essere in vendita nella città lacustre e l'alcool è uno dei generi più richiesti. A ogni angolo, s'intravedono rivenditori ambulanti di birra locale e di rhum di tutti i tipi (fra cui il famigerato Cartabio).

La prima sera è dedicata alla sfilata notturna nelle vie più centrali della città. Prima escono tutte le scuole della città, in bella vista con le loro luccicanti divise, e poi varie

---

[209] Almeno sino all'anno 2010, prima della costruzione della ferrovia sino-tibetana Pechino-Lhasa.

confraternite, sempre facenti parte dell'area cittadina, a cui seguono i vari corpi militari. Sono parate di componenti "urbane" che non sfileranno nella gara di domenica, dedicata interamente alle scuole folkloriche della regione. Il numero di turisti peruviani e stranieri è impressionante. Mi rendo conto che non sarà semplice osservare gli approcci e le grammatiche autoctone di consumo di alcool "isolandole" dal resto, in una tale e così caotica situazione ambientale. Il clima di ebrezza collettiva pone non poche difficoltà nell'evidenziare eventuali condotte di abuso. Un numero imprecisato di turisti e peruviani con bicchieri, lattine o bottiglie di birra in mano, sosta incessantemente nelle vie adiacenti alla Plaza de Armas. Durante la prima sera non si registrano gravi fenomeni di violenza né di ubriachezza molesta, anche se dalla mezzanotte in poi, il numero di persone ebbre incontrate dal sottoscritto per strada abbia superato abbondantemente il centinaio. Da quanto osservato, la birra sembra la sostanza più consumata, dopo i superalcolici. Pochi i rivenditori di *chicha*. In compenso si può mangiare qualsiasi tipologia di cibo di strada: dai *tamales*, una sorta di polenta di mais bollita arrotolata in una foglia di banano, dolce o salta; agli spiedini di lama e patate; al pollo fritto; ai *chicharrones*, maiale tagliati a pezzetti molti piccoli e fritto nel burro; alle *empanadas* di pollo.

Autentiche delizie per il palato.

I bar sono stracolmi, ma solo all'esterno.

La serata successiva non sono previste sfilate "ufficiali", è la notte antecedente alla grande kermesse della domenica che decreterà il miglior gruppo folk della manifestazione.

La situazione è sempre frizzante, elettrica. Sembra che la sonnolenta Puno "bruci" di energia in questa settimana di passione, consapevole poi di dover ritornare alla placida tranquillità che la contraddistingue. Dopo una cena frugale, il lavoro di campo mi porta a osservare le dinamiche del consumo all'interno di alcuni locali. Nella zona del centro è impossibile trovare bar o locande i cui avventori siano solo autoctoni.

Turisti e peruviani si mischiano vicendevolmente. Da un'accurata osservazione non sembrano esserci grosse differenze nella scelta della "materia alcolica". La birra continua a essere la sostanza prescelta. L'età media va dai venti anni in su, peruviani compresi.

La scena non sembra essere troppo distante da un tranquillo sabato sera in un pub di Genova.

Le grammatiche del consumo sono rigorosamente individuali: una persona, un bicchiere o una bottiglia. Come la sera prima, non ho riscontrato fenomeni di ubriachezza molesta né all'interno dei locali visitati né all'esterno. Non altresì rilevato il consumo di *jarre,* le pinte andine osservate all'interno delle discoteche per giovani a Sicuani. Si può dedurre, che gli stili di consumo osservati convergono verso modalità quasi occidentali di approccio all'alcool connotate da: forte individualismo; assenza di alcune caratteristiche culturalmente "connotanti", come il bicchiere "rotante"; basso grado di ritualismo e assenza totale del principio di reciprocità. Il "progetto culturale" alle spalle del consumo è totalmente spogliato da significati rituali e tradizionali, benché questo avvenga all'interno di un contesto di festa di straordinaria importanza.

Domenica 2 febbraio, all'interno dello stadio di calcio e nelle sue immediate vicinanze si tiene la parata, il vero fulcro di tutte le celebrazioni. I vari gruppi folcloristici iniziano a sfilare alle dieci di mattino, sotto un sole cocente. Lo stadio è già quasi pieno, si fatica a trovare in posto libero. Moltissimi i turisti, tanti i peruviani con famiglie intere al seguito. Ogni gruppo viene presentato da uno speaker ed ha a disposizione circa 20 minuti per la sua esibizione fatta di danze, canti e suoni. Le scuole folcloriche ammontano quest'anno a ottantasei. L'atmosfera è quella tipica delle giornate di festa. Rivenditori di birra ovunque, in tutti i lati dello stadio. Vedo molti iniziare a "carburare" già dalle undici di mattina, in particolare uomini peruviani fra i trenta e i cinquant'anni. Due posti fianco a me, un signore di mezza età, è già visibilmente alterato. Le modalità osservate sono sia individuali, sia di gruppo: in questo frangente ricompare il "vaso rotante", in concomitanza con il consumo di gruppi abbastanza numerosi. Nel frattempo, il mio "quasi" vicino osservato poco tempo prima, è già totalmente ubriaco, alle due del pomeriggio.

La vendita è totalmente monopolizzata dalla *cerveza*. Addirittura a uno dei lati dello stadio, si erge un'enorme bottiglia di una nota marca di birra locale, alta come un palazzo di tre piani. Qualche piccolo elemento di ritualismo permane nell'utilizzo, già rilevato, dello schema di consumo, del bicchiere rotante: piccole e insignificanti tracce di un ancoraggio alla tradizione, in questo caso totalmente spogliate di ogni significanza culturale. La lunga giornata volge quasi al termine, e uscendo dallo stadio non si può fare a meno di osservare un "tappeto" di bottiglie di birra vuote, lasciate sulla strada e un numero di ubriachi abbastanza elevato. Momenti come questi funzionano come un'improbabile macchina del tempo e mi fanno tornare alla memoria le prime volte in cui osservai fenomeni del genere, nel lontano 2012, in Bolivia.

I vari *rumores* sentiti a Sicuani circa l'elevato uso e abuso di alcool e in particolare di birra, durante le due principali giornate delle celebrazioni della *Virgen de la Candelaria* sono totalmente confermati dal lavoro di osservazione sul campo.

Emerge un quadro di consumo differente dalle altre tipologie di grammatiche di uso, in precedenza osservate: mi trovo ad analizzare, per la prima volta, un evento di gigantesche proporzioni, dove la spinta esclusivamente commerciale al consumo è elevatissima, ed è veicolata ora da succinte ragazze che ammiccanti sorridono dagli innumerevoli chioschi, ora da offerte "due per tre", ora da bottiglie di birra formato gigante visibili da ogni lato della città. Mi trovo nel bel mezzo del luna park della modernità, dove tutto è lecito, basta vendere. Le grammatiche di consumo osservate nei giorni delle celebrazioni, sembrano essere "molto vicine" a quelle occidentali. Gli schemi di uso e abuso vanno osservati e letti, in casi come questi, attraverso "lenti" particolari, totalmente disincrostate dai fardelli "culturali" precedentemente acquisiti che finiscono spesso, per far emergere in maniera forzosa, elementi "etnici", anche dove di questi non vi è che una labile traccia. Il rischio "dell'eccesso di cultura" è sempre alle porte.

Per tali motivi anche l'uso rilevato del "bicchiere rotante", non sembra rimandare a particolari significati di tipo rituale ma solo a pratiche tanto incarnate e naturalizzate da poter essere "spostate" e ri-utilizzate con differenti scopi, con una totale, ribadisco, assenza di qualsiasi tipo di elemento rituale.

Osservazioni sulle "osservazioni":

il lavoro di campo teso a osservare le varie modalità di approccio all'uso e abuso di alcool nell'area oggetto dell'indagine può essere simbolizzato attraverso come un continuum: ad un estremo si trovano le situazioni connotate da una forte componente rituale, collettiva, comunitaria legata a gruppi molto piccoli come la Re-signification di Solterapampa; all'estremo opposto invece quelle inserite in dinamiche di forte globalizzazione dove il peso della tradizione, era minimo, se non impercettibile.

Nel mezzo alcune situazioni contraddistinte sia da ritualismo, sia da innovazione nel solco della tradizione, come le *peñas* per adulti e le discoteche per giovani. Queste letture delle grammatiche di uso e abuso restituiscono un'immagine sfocata, cangiante, indefinibile del fenomeno osservato, dove è quasi impossibile tracciare dei confini fra i differenti tipi di approccio.

Il contesto in cui avviene, sembra essere il principale elemento caratterizzante delle varie grammatiche del consumo: questa personale lettura prova a "smontare" pezzo per pezzo tutte le rappresentazioni "personologiche" o etniche con cui si etero-definiva (e ancora si definisce) *la borrachera* o il semplice uso. La stessa persona può mettere in atto schemi di consumo connotati da forte ritualità come nell'occasione di Solterapampa e contemporaneamente adattarsi alla perfezione alla via quasi occidentale rilevata durante *la* Candelaria senza subire processi interni di ridefinizione culturale. E' sempre lo stesso individuo, che non s'identifica totalmente né con l'uno né con l'altro di questi approcci, ma semplicemente li mette in atto quando la situazione ambientale lo richiede. Anche la scelta delle sostanze è correlata a questo processo di "immersione" in determinate situazioni: uso della *chicha* connota situazioni contraddistinte da forte ritualismo e tradizione, è il carburante ufficiale della maggior parte dei *compromisos*.

La birra si connota come una sostanza spuria, senza un'identità culturale di uso definita: è la sostanza più "flessibile" e "fluida". Può integrare situazioni simili alla *re-significacion* dal forte valore simbolico o essere presente sia nelle *peñas* per adulti sia nello stadio di Puno.

Per i super alcolici vale un discorso a parte: consumati in maniera singola, rappresentano "un'estensione" per gradi del consumo di birra, ne aumentano ed amplificano gli effetti. Sono la sostanza "ultima" prima della *borrachera* finale.

Sono l'ultimo stadio di quel processo di addormentamento dei sensi e di annichilimento dell'empatia che spesso sfocia in situazioni di violenza intra-familiare: un continuum dove la *chicha* rappresenta la bevanda con il minor grado di correlazione con situazioni di aggressività, e il rhum collocato esattamente in posizione opposta, quella con le maggiori.

Nel mezzo il consumo di *cerveza*.

Riflessioni in itinere:

Il tema della cultura è sviscerato in modo spesso bizzarro e paradossale dai non addetti ai lavori: o la si esclude totalmente dalle letture dei fenomeni, come ancora oggi avviene nel caso della *borrachera*, declinata come mera patologia sociale o problema psichiatrico/individuale; o al contrario la si fa diventare la causa principale di determinati comportamenti, che divengono in questo modo immodificabili proprio perché "culturali": in questo caso C. diventa sinonimo di cristallizzazione, chiusura, retaggio e mantenimento di pratiche civili e selvagge. Nulla di più lontano dalla realtà: la cultura si situa in quel continuum Solterapampa-Puno sopra rappresentato, dove la stragrande maggioranza delle persone fa della mobilità e della variabilità delle grammatiche di uso e abuso ben rappresentate nell'asse, la normalità.

In ogni "progetto culturale" è insito un certo grado di tradimento della tradizione, sempre.

Soltanto carpendo gli strati di significato più profondi, più celati e misconosciuti nelle maglie della presunta "normalità" quotidiana, è possibile intervenire per provare a "mettere il motore a marcia indietro". Continuare a declinare il fenomeno come segno di una debolezza personale e intrinseca della persona, senza mai coglierne gli aspetti di tradizione, storia, rito, cultura, alle spalle o al contrario pensare che sia un vizio "etnicamente e culturalmente" connotato e per questo immodificabile, significa prepararsi a pensarlo solo e unicamente come un "problema".

E come tale continuare a trattarlo, senza mai risolverlo.

5.3 Alcool e adolescenti: aspetti rilevanti di un nuovo modello di consumo

Riprendo ora l'approfondimento del fenomeno delle discoteche per giovani: fenomeno che mi ha messo di fronte a elementi culturali di grande portata innovativa (la parola "rivoluzionaria" sembrava francamente esagerata).

Provo a "risalire la corrente", utilizzando quel procedere a *"rebours"* tanto caro a Francesco Remotti. Al mio arrivo a

Sicuani la problematica dell'abuso fra gli adolescenti (e il conseguente utilizzo di alcool metilico) mi viene presentata da alcuni addetti ai lavori (educatori, medici, insegnanti, cc,) come una delle questioni più complesse e preoccupanti della città. Dopo aver parlato a lungo con il R.P. Luciano Ibba decido di inserirla nel presente lavoro di ricerca.

Inserire questo fenomeno nel lavoro d'indagine, trattandolo in maniera differente (ovvero non assimilarlo alla *borrachera* degli adulti) risponde a diverse esigenze di studio:

- allarga il mio campo di osservazione a un fenomeno autonomo di notevole interesse culturale;
- mette a disposizione degli addetti ai lavori, degli strumenti di analisi nuovi come quelli dell'antropologia culturale;
- si collega a quanto osservato e rilevato nel 2011 durante lo studio di fattibilità, dove questa problematica era già emersa in maniera potente: s'inserisce a pieno titolo all'interno dell'intervento dell'associazione ASSF in loco. Diventa un intervento di *antropologia applicata a progetti di servizio sociale*, i cui beneficiari sono in primis i committenti dell'intervento dell'organizzazione italiana;

-   risponde alla richiesta fattami dal sacerdote italiano al mio arrivo nel gennaio 2014, di indagare questo fenomeno come parte del lavoro effettuato da ASSF in loco.

La prima informazione utile è capire la portata "quantitativa" del fenomeno di abuso: per fare questo, utilizzo di dati dell'ospedale pubblico di Sicuani. Ho già incamerato il dato di cinquantanove pazienti totali ricoverati[210] in stato di intossicazione o coma etilico nell'anno 2013. Le due aree di età di maggior problematicità emerse sono quelle fra i quindici e i diciassette anni (con ventisei ingressi, diciotto maschi e otto ragazze) e fra i quaranta e i cinquantanove anni (diciotto ingressi, quattordici uomini e quattro donne).

I padri e i figli. I dati in un certo qual modo sembrano confermare un uso problematico fra i giovanissimi.

Il lavoro d'indagine e ricerca effettuato sino ad ora ha evidenziato alcuni elementi quasi oggettivi riscontrati a Sicuani. L'uso di alcool sembra culturalmente incarnato, naturalizzato, routinizzato nelle pratiche di relazione quotidiana fra le persone, e in particolare fra i maschi adulti.

---

[210] Report statistico di rilevazione degli accessi presso l'Ospedale Pubblico di Sicuani e presso i presidi sanitari della Provincia di Chanchis riferiti all'anno 2013.

Come da poco sottolineato, non sembrano tanto le differenti individualità a essere orientate verso differenti tipi di approccio; è invece la forza "culturale" dei contesti e del gruppo che dirige e direziona le varie grammatiche. In una determinata situazione si consuma secondo schemi o parte di quella competenza "alcolica" che ogni *macho* andino deve possedere. L'approfondimento appena eseguito può in parte spiegare per quali ragioni le situazioni di uso e abuso riguardanti gli uomini adulti non siano considerate un allarme sociale, come invece succede per quelle riferite agli adolescenti: tali approcci paiono inseriti nella normalità, nel flusso e nello scorrere quotidiano (ed extra quotidiano) del "tempo collettivo e comunitario" sembrano intimamente legati all'etero percezione e alla costruzione dell'identità dell'uomo andino latinoamericano che tali eventi, a loro modo contribuiscono a consolidare. Infatti, è proprio questa etero-identificazione e percezione (*"el hombre es asi"*; l'uomo è così) che produce, per effetto di un meccanismo di azione-retroazione, il mantenimento, e il rinforzo della mentalità machista. E' una pedagogia della normalità della violenza, dell'abuso di alcool e della rigida asimmetria dei ruoli di genere.

Il consumo delle discoteche rompe un asse culturale dato per scontato.

Occorre però ripartire da O.Lewis per capirne di più. Sicuani contiene in sé alcuni elementi che l'antropologo americano connota come tipici indicatori di Sub-cultura della povertà.

Alcuni di questi indicatori, come il mancato riconoscimento dell'adolescenza come tappa di vita a sé e un contesto caratterizzato da forti cambiamenti in atto, possono risultare molto utili per "leggere" e interpretare, il grado e il livello di apparente distonia culturale del fenomeno oggetto di studio. La città oggetto d'indagine è coinvolta ormai da anni in processi di forte trasformazione, e di transizione fra culture, modi di vita e di consumo che investono ogni aspetto della quotidianità. Sicuani si trova al centro di un incontro-scontro fra "faglie culturali" che non ha ancora prodotto nulla di definitivo (e forse non lo farà mai). I tempi di fusione, mimesi, ricollocazione sono lunghissimi, e producono a loro volta dei "limbi" di senso e di significato molto ampi, che i sociologi sono soliti chiamare, anomia.

Sono vere e proprie brecce all'interno dei "moloch culturali" (per come vengono erroneamente definiti; partendo dal presupposto che nessuna cultura è statica): spazi di improvviso e nuovo movimento, spazi di distruzione e di creatività. Il fenomeno discoteche si nutre di varia linfa: da una parte lo stimolo veicolato dalla "rete" all'omologazione culturale che spinge verso consumi, mode, sistemi di pensiero, sempre più connessi a livello globale, come A. Appaduraj ci ha ampiamente descritto nei suo saggi. Questi adolescenti di Sicuani fanno parte a pieno titolo della comunità di giovani "immaginata" e interconnessa a livello planetario. La portata antropopoetica, di tali network è potentissima. Inoltre è osservabile una lenta ma inarrestabile penetrazione di schemi culturali infarciti di individualismo e ricerca del successo personale in totale e aperta contrapposizione rispetto alle vecchie cornici collettive e comunitarie dove l'elemento delle reciprocità era il perno intorno al quale ruotava la vita. Questi schemi infarciti di personalismo, stigmatizzazione dei poveri e della povertà, apologia del successo personale, stanno minacciando alla base l'intera impalcatura teorica su cui si basava e si basa, la cultura e la tradizione andina.

Questo scontro-incontro fra faglie, porta a riflettere sull'eterno conflitto, spesso trattato con esorbitante enfasi retorica fra "sviluppisti" e "tradizionalisti": da una parte i "partigiani dello sviluppo", spesso rappresentanti da operatori di Ong, attivisti dei diritti umani, politici, decision-maker, uomini d'affari, convinti assertori della necessità di un abbandono di alcune pratiche non compatibili con leggi democratiche e dell'utilizzo di cure shock con strumenti di tipo occidentale, unici strumenti utili a uscire da situazione di povertà e disparità economica.

Dall'altra parte troviamo i fautori della difesa ad oltranza di aspetti culturali e di tradizioni, che sovente gli stessi nativi hanno già provveduto a modificare nel tempo, non ritendendoli più adeguati all' epoca attuale e alla società che cambia. Spesso tali impostazioni "romantiche" ed etero-prodotte sono solite pensare e declinare le culture "altre", come intoccabili, immobili, veri monumenti viventi del passato, ritenendo ogni processo di cambiamento in corso, un attentato alla purezza e all'integrità della tradizione. Queste fratture ideologiche, comunemente non hanno rapporti con realtà, che è immensamente più complessa: come la modernità può avere diluito e indebolito pratiche culturali e tradizionali, essa stessa può però aver veicolato valori e nuove rappresentazioni di vecchi schemi non per forza negativi. Due esempi su tutti: una nuova concezione del ruolo della donna e il riconoscimento dell'adolescenza come tappa autonoma della vita (quest'ultima in verità è appena abbozzata).

Come in tutti i contesti caratterizzati da sub-cultura della povertà, il concetto di adolescenza come età "liminale", età "ponte" fra la fanciullezza e l'età adulta, stenta a trovare riconoscimenti culturali. Nella tradizione andina il concetto di adolescenza e di "giovane uomo" è quasi sconosciuto. La dura vita dei campi ha prodotto una netta divisione e separazione delle fasi della vita legata al lavoro. Bambino-non produttivo, adulto-produttivo, anziano-non produttivo: tutto sembra essere correlato alla maggiore o minore capacità di lavorare.

Non esiste il concetto di quasi-uomo o si è uomini o non lo si è, o si è produttivi o non lo si è. La comparsa negli ultimi anni di giovani già in età da lavoro che tardavano il loro ingresso nella dura vita degli uomini ha prodotto, quasi una cesura culturale fra generazioni. Per tali motivi è ipotizzabile che gli adolescenti di Sicuani e di conseguenza tutti i loro comportamenti, siano considerati quasi tipici di "fuori casta", di *Out Group*[211] in quanto non collocabili e inquadrabili culturalmente in nessun luogo della memoria.

Ecco uno dei motivi plausibili per cui l'uso/abuso di alcool fra ragazzi, è vissuto in maniera così allarmante: fra la condotta in questione e la società degli adulti, vi è una distanza ed un livello di non conoscenza elevato.

Nel consumo adulto, infatti, la formazione precoce di

---

[211] *Out Group* si contrappone a *in Group*: mentre il secondo si riferisce al "nostro gruppo" ed ha chiare connotazioni etnocentriche, il primo fa riferimento ai processi di messa al bando di altri gruppi considerati diversi dai componenti dell'*in-Group*. E' in sostanza un processo di etero-definizione.

determinati filtri culturali rappresenta il principale ostacolo ai processi di consapevolizzazione riguardo la nocività (per la salute), di alcuni modelli di approccio all'alcool, in quanto assolutamente "naturalizzati" e incardinati nella quotidianità. Nel caso del consumo adolescente di alcool, questo filtro non è presente o non si è ancora strutturato. Per tale motivo questi comportamenti sono, utilizzando un termine molto caro a psicologi e assistenti sociali," problematizzati".

Un altro elemento di forte rottura con la tradizione è quello riguardante l'assenza di visibilità: che sia costruttore di legami comunitari, elemento cardine nei momenti di passaggio nella vita delle persone, carburante del principio di reciprocità, una,se non la principale caratteristica dell'approccio andino all' uso di alcool è quella della sua estrema e voluta visibilità sociale.

Al contrario, il consumo degli adolescenti si caratterizza per elementi di estrema invisibilità: nascosto all'interno delle discoteche, sembra rompere quella "funzione" culturale di strumento di perpetuazione della collettività e di delimitatore di limiti fra la quotidianità e l'extra-quotidianità.

In questo modo il consumo e il comportamento sotteso, allontanandosi dal rassicurante controllo che la tradizione rappresenta, diventano e sono vissuti come un problema sociale.

In realtà il fenomeno sembra possedere alcune caratteristiche riscontrabili anche negli schemi di uso adulti. Intanto la sua dimensione socio-culturale riscontrabile quando il consumo si converte in un rituale di gruppo. Nel caso esaminato quest'indicatore, è stato osservato in particolare fra i più giovani (quattordici, quindici anni) dove l'atto del bere è vissuto come una sorta d'iniziazione[212]. Durante il mio lavoro di campo ho notato che il consumo di *jarres* all'interno dei locali sembrava rappresentare un atto culturalmente obbligatorio. L'atto del bere diventava una condizione necessaria per permanere all'interno di ogni mini-gruppo, assumendo su di se le funzioni di regolatore dei confini fra il gruppo stesso e l'esterno. In questo caso si può parlare di rito di gruppo.

Si ritrovano almeno due delle funzioni principali riscontrate anche nel consumo adulto e tradizionale: la sua effettiva portata antropopoietica (il suo creare uomini e ri-creare comunità) e la sua funzione di "confine" fra momenti differenti dell'esistenza quotidiana.

Quanto osservato riporta indietro di secoli: come fra il sedicesimo e diciassettesimo secolo si assistette a una sorta di translitterazione sincretica e culturale nella quale i rituali

---

[212] Luchini R." Niño *de la calle: identitad, sociabilidad, droga*", Los Libros de la Frontera, Barcelona, 1993, pag. 242.

familiari, sociali e comunitari religiosi vennero "riempiti" di significati culturali e rituali direttamente importati dai riti tradizionali, nel caso del consumo di adolescenti nelle discoteche cittadine avviene qualcosa di abbastanza simile. Alcune caratteristiche culturali del consumo adulto sono importate, riproposte e ri-modulate all'interno di un contesto i cui valori di riferimento appaiono distanziarsi dal quadro di riferimento tradizionale andino. Ma non è un tradimento culturale bensì un "cantiere aperto" dove sono in corso alcuni interessanti processi di fusione, mimesi, apparente rottura con la tradizione e creazione di nuovi schemi di convivialità. Si può affermare che il fenomeno del consumo fra gli adolescenti rappresenti quasi una sorta di "terreno neutro" in cui vengono chiaramente alla luce tutte le tensioni tipiche di un momento di grande cambiamento come quello che la città di Sicuani sta subendo. Nel "campo di battaglia" si osservano sia tensioni al cambiamento, sia resistenze allo stesso: il processo di demonizzazione della *joven borrachera* sembra partire da alcuni aspetti di rilevante importanza.

Da una parte esiste il fondato sospetto che parte del processo di stigmatizzazione sia intimamente collegato al mancato riconoscimento "culturale" dell'adolescenza: l'allarme suscitato dal fenomeno sembra derivare non tanto da un'improvvisa "tensione preventiva" quanto da una carenza di mappe storico-culturali per leggerlo e per leggere le differenti traiettorie di vita, rispetto al fiume della tradizione, di chi lo mette in atto. Dall'altra, sembra che i modelli di consumo degli adolescenti, caratterizzati da assenza di visibilità sociale e pubblica, sanciscano una rottura con la tradizione d'uso e abuso dei padri, contraddistinta invece da un'estrema visibilità dell'atto. In un contesto come quello andino caratterizzato da un altro grado di controllo sociale dei riti, l'invisibilità di un atto, non fa che autoalimentare, nella collettività, la percezione di "non controllo culturale" e di estrema pericolosità dello stesso: il consumo adolescente si nutre di questa etero-rappresentazione, anzi azzardando si può pensare che sia proprio tale etero rappresentazione che lo abbia a suo modo "creato".

Senza sottostimare la pericolosità insita in un consumo precoce, penso sia necessario, in qualche modo, trovare una via per "accorciare le distanze" culturali fra mondo degli adulti e adolescenti. Più un fenomeno non si conosce, più si tende a sovra-rappresentarlo come qualcosa di pericoloso, diverso, non omologabile.

Viceversa, più le distanze si accorciano, più "il mostro immaginato" si rivela tutt'altro che tale.

Nella parte delle conclusioni, saranno proposti alcuni

suggerimenti di antropologia applicata al lavoro sociale che potrebbero essere utilizzati dagli addetti ai lavori per avvicinarsi, comprendere, de-stigmatizzare e ridimensionare il fenomeno testé analizzato. In poche parole, per ridurre le distanze fra due mondi che apparentemente sembrerebbero non comunicare.

CAPITOLO SESTO: VALUTAZIONE DEI RISULTATI DEL LAVORO DI RICERCA

Considerazioni conclusive. Funzioni anestetiche e antropopoietiche dell'uso e abuso di alcool. Piccoli suggerimenti di antropologia applicata.

Sono giunto al termine di questa "avventura alcolica" che mi ha portato al centro della cultura e della tradizione andina.

Ritengo, a lavoro ultimato, che la scelta di analizzare l'uso e abuso di alcool utilizzando gli strumenti dell'antropologia culturale sia stata ripagata da quanto emerso dal lavoro etnografico. Ho cercato di comprendere il fenomeno utilizzando chiavi di lettura non riconducibili alla consueta visione problematizzante tipica delle scienze sociali e medico-psicologiche, senza però sottostimare, nella maniera più assoluta, gli elementi delicati, emersi chiaramente durante il lavoro di ricerca. Ho cercato di leggere, interpretare, capire le regole attuali di approccio all'alcool non come fatto sociale statico, cristallizzato e attualizzato ma come processo finale di una storia fatta di scontri, fusioni, mimesi, confini incerti. Il mio procedere a "*Rebours*" ha cercato di mettere in luce, far emergere, le dinamiche culturali poste "alle spalle" delle varie grammatiche di uso e abuso costruendo un percorso sia antropologico sia storico.

Questo capitolo si declina con le seguenti modalità: in *considerazioni finali* ho inserito alcune riflessioni circa le tematiche emerse dal lavoro di ricerca. Ho deciso di restituirle in mini capitoli, per dare al lettore una visione più approfondita possibile. In *funzioni anestetiche e antropopoietiche dell'uso e abuso di alcool* ho invece "fatto i conti" con la fondatezza delle mie ipotesi di ricerca di partenza. Infine in *piccoli suggerimenti di antropologia applicata* ho provato a ipotizzare interventi di prevenzione e riduzione del danno che tenessero conto del contesto e della cultura locale.

6.1. Considerazioni conclusive

Il passato e la storia.

La ricerca effettuata presso il Centro Bartolomè de Las Casas di Cuzco ha permesso di affinare e approfondire le mie scarse conoscenze di tipo storico sulla *borrachera* andina: tali conoscenze si sono rivelate fondamentali nel dare un significato all'intero lavoro.

Mi riecheggiano nella memoria le raccomandazioni di F.

Remotti[213] circa il pericolo, insito all'interno di ogni ricerca etnografica di "spiaccicarsi troppo sul presente", ovvero la necessità (forse direi l'imperativo) di non centrare eccessivamente il proprio obiettivo solo e soltanto sull'attualità, ma cercare in qualche modo di trovarvi eventuali connessioni con il passato.

Il rischio è di offrire letture o interpretazioni totalmente scollegate con la realtà osservata.

La ricerca storica mi ha restituito una visione assolutamente particolare della tradizione del consumo di alcool nell'alto Perù: è emerso che a differenza di quanto veicolato da un certo tipo di cronaca, il consumo durante l'inkanato era rigidamente organizzato e delimitato. Era inoltre strutturato anche dal punto di vista sociale, poiché ad alcune categorie di persone era proibito farne uso (militari, giovani, vergini e giudici), in virtù delle loro particolari funzioni all'interno dell'ordinamento statale.

Rigidamente delimitato, poiché soltanto in determinate occasioni era consentito il consumo e l'abuso. Piccoli spazi di libertà e trasgressione che canalizzavano e circoscrivevano esclusivamente all'interno di tali momenti ludici, pulsioni profonde e potenzialmente disgregatrici

---

[213] 1° modulo del corso" *teorie e campi dell'antropologia*" febbraio-giugno 2012.

dell'ordine stabilito. Le cerimonie non rispondevano unicamente all'esigenza di "valvola di sfogo" e controllo sociale ma a loro volta rappresentavano l'attuazione pratica del concetto di reciprocità, perno filosofico su cui ruotava lo stato incaico. Le libagioni collettive diventavano una sorta di "incorporazione quotidiana" dei principi di asimmetria sui quali s'incardinava la società. Ogni episodio di festa diventava un'occasione per riproporre i valori su cui si erigeva il regno. L'uso e l'abuso di *chicha* rappresentavano il carburante sociale che permetteva la creazione di questo "tempo della festa".

Si può desumere che grazie alla ricerca storica sulle consuetudini legate all'uso di *chicha* sono affiorati alcuni elementi di fondamentale importanza storica: è emerso che lo stato incaico si reggeva su una rigida stratificazione sociale introiettata e incorporata a livelli molto profondi dai suoi membri, grazie a questi riti di perpetuazione precedentemente analizzati.

Rimane da indagare un aspetto: se la promozione di tali eventi, in cui veniva lasciato ampio spazio rispetto all'abuso di alcool, rispondesse a la sola esigenza di offerta di momenti di extra- quotidianità, utili a rinvigorire il patto politico, sociale, culturale, una sorta di *"panem et circenses"* in chiave andina o se invece fosse il risultato di prime riflessioni ante-literam sulla necessità di regolare e fronteggiare un fenomeno, altrimenti potenzialmente pericoloso per l'ordine prestabilito. Una prima larvata forma di riduzione del danno?

L'arrivo degli spagnoli, rappresentò uno shock culturale di notevole portata che investì anche l'approccio all'alcool e la gestione collettiva del tempo. A scontrarsi furono, infatti, due differenti modelli di intendere il consumo: quello importato dagli spagnoli, di tipo prevalentemente moderato, individuale, legato al vino e quello autoctono, andino che fu immediatamente etero-definito dagli iberici come nocivo, pericoloso, potenzialmente disgregatore dell'ordine coloniale, collettivo e connesso all'uso di *chicha*.

Ovviamente, l'errata interpretazione delle libagioni contribuì a costruire il mito dell'andino *"borracho"*: gli iberici percepirono le libagioni e i riti collettivi soltanto come occasioni per consumare in modo sregolato, non riuscirono quasi mai (con alcune eccezioni di alcuni illuminati studiosi gesuiti) a coglierne gli aspetti rituali e culturali. L'estirpazione della *borrachera* diventò l'obiettivo principale delle Compagnie del Gesù, che mise tutto il suo impegno nella demolizione ed eradicazione dei riti collettivi e comunitari legati ai sacrifici agli dei. La preoccupazione degli spagnoli non fu rivolta tanto al fenomeno sociale dell'abuso in sé, quanto ai suoi significati sociali e "politici". I gesuiti furono da subito ossessionati dalla portata potenzialmente rivoluzionaria della *borrachera*. Il suo essere un evento di dimensioni collettive e comunitarie fu interpretato dagli allora detentori del potere coloniale, esclusivamente come un pericolo al mantenimento del sistema.

Che l'abuso e la sua gestione potevano rappresentare un problema nei confronti del mantenimento dello status quo, fu problematizzato anche dagli Incas (come ho riportato).

Differirono le risposte date a questa problematica da questi due sistemi politici e statali: mentre gli antichi peruviani decisero di permetterlo ma di gestirlo in maniera molto organizzata attraverso divieti, concessioni, limitazioni, gli Iberici, scelsero in maniera differente. Dimentichi di una modalità che aveva garantito per secoli la gestione pacifica del fenomeno, decisero di smantellare il sistema ereditato dagli Incas. Da quel momento il consumo diventò "libero" e de-ritualizzato.

Queste improvvisa liberalizzazione si scontrò però con la totale incapacità del corpo sociale di metabolizzarla: abituati a una gestione totale e totalizzante da parte del potere statale del fenomeno in questione, gli andini non seppero reggere quest'improvvisa ventata di libertà e ne furono inizialmente travolti. A questo epilogo contribuì anche la maggior quantità di alcool presente nel vino e nei distillati iberici che invasero il nuovo mondo e che in breve furono adottati anche dai nativi. Lo stereotipo del "andino *borracho*" nasce da questo combinato-disposto cronologico di eventi: smantellamento della rigida regolamentazione in auge durante l'inkanato; de-ritualizzazione e liberalizzazione dello stesso; immissione sul mercato di prodotti a differente gradazione alcolica.

Gli annali riportano che per un periodo, fu addirittura proibito bere in pubblico a gruppi di persone, mentre si consentì il consumo individuale: questa fu la chiara e palese dimostrazione che il principale obiettivo della Compagnia del Gesù non fu certo quello di combattere il consumo, quanto di avversare la modalità indigena di utilizzo di alcool e di gestione del tempo extra-lavoro. In tale divieto emergono già chiaramente gli stereotipi che giungeranno quasi intatti sino ai nostri giorni, circa la naturale predisposizione indigena per la *borrachera* e l'alcolismo e la loro incapacità "biologica" di consumare in modo moderato.

Intorno all'anno 1550, in piena campagna di estirpazione della *borrachera* si assistette a un fenomeno di notevole interesse storico e culturale.

Si produsse una sorta di translitterazione sincretica di

grande richiamo antropologico: i rituali familiari come i battesimi, i funerali, i matrimoni, quelli sociali e comunitari come la semina, il raccolto, la costruzione di una casa e tutte le feste religiose cattoliche vennero "riempite" di significati culturali e rituali direttamente importati dai riti tradizionali. Ancora una volta, ben distante dall'idea di attecchimento e di totale passività dei popoli andini nei confronti della cultura spagnola e cattolica, si assistette a processi di assimilazione parziale, riconversione, mimesi e sincretismo, tipici elementi di una società e una cultura tutt'altro che sconfitta.

Malgrado il maldestro tentativo della Compagnia del Gesù, non si giunse ne all'estirpazione della *borrachera* né alla cancellazione totale degli antichi rituali. La capacità autoctona di resistere all'invasione culturale fu notevole. Assimilò il nuovo ma integrò, all'interno di nuovi frame culturali di senso, il vecchio.

Furono innescati processi di mimesi, fusione, riconversione: i vecchi Dei andini continuarono (e continuano) a vivere sotto nomi di santi cristiani.

Il fenomeno studiato ha subito una sorte analoga.

Il lavoro di ricerca storica ha cercato di "isolare" e astrarre una serie di caratteristiche antropologiche e culturali, ridestandole dal sonno della storia per poi cercare di individuarne tracce, rimasugli, residui e continuità nelle grammatiche attuali di approccio all'alcool.

La de-ritualizzazione ha tolto al consumo e abuso di alcool e *cicha* quella rilevanza culturale e sociale che l'ha caratterizzato nel lontano passato, sganciandolo definitivamente da quella rigida regolamentazione ereditata dagli Incas che ne determinava i limiti comunitari d'abuso valicabili. L'alcool è diventato il collante sociale di ogni "*compromiso*": battesimi, corte de pelo, festa della semina e del raccolto, feste cristiane, ogni occasione è utilizzata per consumare sino al quasi naturale epilogo, dello stato di ebbrezza. Sembra che l'uso dell'alcool faccia parte della vita quotidiana di molte famiglie, sembra delimitare il confine fra attività ordinarie e straordinarie: il consumo diventa "il confine", il limite, fra le attività quotidiane e le attività extra-quotidiane, fra il tempo individuale-ordinario e il tempo collettivo-straordinario.

Non esistono feste e celebrazioni di carattere rituale, sociale, comunitario, familiare, di puro divertimento, che non né prevedano l'uso: l''alcool funge da "carburante" gruppale di un patto comunitario che si ripete quotidianamente. All'interno di questi schemi d'impiego, rifiutare un "*trago*" significa rifiutare un patto di amicizia. In tal senso, le grammatiche di utilizzo non delineano l'uso come atto ludico in sé, ma come "evento fondante" della continuità e della perpetuazione del legame collettivo. Da quanto osservato si desume che l'utilizzo dell'alcool permane, ancora oggi, all'interno di cornici di consumo più collettive che individuali. Pur spogliato della quasi totalità del suo antico significato rituale, il bere in gruppo resta la fondamentale regola di utilizzo.

Ancora oggi rifiutare un invito a bere evidenzia la volontà di sottrarsi alla continuazione di un patto d'amicizia, e questo gesto, letto con occhi indigeni, può svelare la messa in discussione del proprio ruolo all'interno del gruppo, o peggio, la messa in discussione dell'esistenza e della struttura del gruppo stesso. La disapprovazione sociale che può accompagnare un gesto del genere connette idealmente il presente con il passato: anche nei banchetti regali organizzati dall'Inca non era previsto sottrarsi a un invito a bere, in particolare se tale invito era rivolto da un superiore a un inferiore. Non sembra azzardato ipotizzare che queste sopravvissute regole d'interazione alcolica, possano rappresentare delle deboli tracce di continuità con gli antichi rituali di consumo di alcol e *chicha* nell'epoca pre-ispanica. Questa funzione dell'alcool, creatore e ricreatore di legami sociali e comunitari, presente tutt'oggi, sembra essere il principale elemento di connessione con le consuetudini del passato.

Il contesto e i riti di passaggio.

Da quanto emerso dal lavoro di campo, le caratteristiche puramente personali o individuali non sembrano essere predominanti e decisive, nella scelta degli schemi di consumo: è il contesto che, utilizzando una parola spagnola, "*manda*"[214], strutturando frame più o meno legati alla tradizione, in un continuum ideale dove la *chicha* rappresenta la sostanza più intrisa di "cultura" e i super alcolici, risultano invece più legati ai processi di cambiamento e meno connessi al passato.

Lo stesso individuo può mettere in atto schemi di consumo connotati da forte ritualità e nel frattempo immergersi alla perfezione in situazioni meno caratterizzate dal peso della tradizione. E' sempre la stessa persona, che non s'identifica totalmente né con l'uno né con l'altro di questi approcci, ma semplicemente li mette in atto quando la situazione ambientale lo richiede.

Anche l'epilogo della *borrachera* finale, dello stato di ebbrezza, non sembra essere scontato, sebbene sia molto diffuso. Molto dipende, appunto, dalla "situazione": dall'ora

---

[214] In lingua spagnola "comanda".

della giornata in cui avviene (giorno-notte), dalla sua collocazione temporale all'interno della settimana o nel week end, dal suo inserimento all'interno di eventi molto sentiti sia dal punto di vista comunitario sia dal punto di vista familiare, dal luogo dove si consuma (*peñas*, casa), dalla sostanza utilizzata (*chicha*, birra, superalcolici). L'uso e abuso di alcool non ha soltanto una funzione "strutturante" della comunità ma anche della persona: il consumo può essere letto e interpretato come una sorta di rito di passaggio. La trasmissione paterna di un modello di uso fortemente pubblico e collettivo, delimita e sancisce l'uscita da un fase della vita e l'entrata in un'altra.

Questi schemi di trasmissione familiare non sono caratterizzati dalla strutturazione "classica" teorizzata da A.Van Gennep[215], contraddistinta da una fase interna precedente all'uscita dal proprio gruppo sociale di riferimento, da una fase liminale, di stacco e allontanamento momentaneo dal villaggio e da un'ultima fase, di rientro in esso dopo aver superato una serie di prove, ma da una ritualizzazione continua e ripetuta nel tempo, che incardina e

---

[215] Van Gennep A. "*I riti di passaggio*", Bollati & Borlinghieri, Amsterdam, 2002 (1912), pag. 80. Nei riti di passaggio la situazione di liminalità è quella in cui si abbandona uno stato (il vecchio) ma ancora non si è entrati nel nuovo. Spesso questo distacco aiuta a riflettere sulla società appena abbandonata.

mette in atto processi di "normalizzazione" e culturalizzazione dell'uso e dell'abuso.

Tali meccanismi d'incorporazione creano e modellano una cultura di tolleranza nei confronti degli eccessi comunitari e collettivi d'impiego: il prodotto di questo processo è, in una sorta di azione e retroazione, la difficoltà nel percepire l'abuso (e l'uso) come una problematica. Rileviamo in questo caso, come la trasmissione di una cultura dell'alcool a livello familiare sia qualcosa di oggettivo. Emerge chiaramente da quanto esposto, che il passaggio dall'uso all' abuso non può in alcun modo essere considerato un fatto "naturale", biologico, etnico, scontato: esso prevede la compresenza di tutta una serie di condizioni culturali e ambientali, imprescindibili alla sua realizzazione.

La violenza.

La violenza come rilevato, nel presente lavoro di studio e di ricerca, è un fenomeno ancora molto diffuso nel Perù odierno. Un tipo di violenza di tipo materiale, benché almeno nelle Ande, non immediatamente visibile, ma più nascosta. Una violenza sotterranea, celata ma presente. Una violenza che permea da secoli la società del paese latinoamericano e che sembra l'esito di processi di naturalizzazione di pratiche vecchie di secoli. La brutalità della conquista ha reso possibili livelli di crudeltà e di gestione dispotica dei rapporti fra indigeni e spagnoli inimmaginabili.

E' importante rilevare che la violenza non era un fenomeno sconosciuto nell'epoca pre-conquista, anche se non raggiunse mai i livelli di brutalità e gratuità dei colonizzatori. Lo stato incaico si reggeva, infatti, su livelli di accettazione e introiezione dell'asimmetria esistente fra classi sociali distinte, molto elevati.

Il principio di reciprocità funzionava da "impalcatura funzionale" dell'ordinamento.

La violenza però sembrava avere delle giustificazioni: rituali, di controllo e mantenimento dell'ordine, di espulsione di elementi che non condividevano i principi comunitari della reciprocità.

Ancora oggi in particolare nelle comunità *campesine*, nei confronti della violenza "cattiva" di chi tradisce il patto sociale di mutuo aiuto, è lecito rispondere con l'uso della violenza "buona" di chi cerca di ricucire lo strappo comunitario aperto dai "traditori". In contesti come quelli alto andini, dove il gruppo sociale è più forte del singolo, dove l'individuo deve obbligatoriamente mettere a disposizione della comunità parte del suo tempo, qualsiasi tensione di tipo individualista, può essere letta come rottura del patto di reciprocità e sanzionata. Tale rottura è la rappresentazione dell'ingresso del "male" nella comunità. Nella cosmo-visione andina, tutta centrata sul rapporto con la natura, l'ingresso del male può produrre la rottura del patto uomo-terra: questo evento è in sé, foriero di siccità, allagamenti o terremoti.

La violenza politica ha scritto pagine molto tristi ma centrali nella storia del Perù: un caso per tutti, i dieci anni di guerra civile fra stato peruviano e il gruppo terrorista (o guerrigliero ancora, oggi i punti di vista non sono unanimi) *Sendero Luminoso*, che ha prodotto quasi 70.000 morti. La guerra civile combattuta fra il 1980 e il 1990 ha ulteriormente innalzato il livello di "routinizzazione" delle pratiche di violenza estrema, spostando di molto il limite di tolleranza alla stessa.

Ancora oggi nelle pratiche e nelle interazioni quotidiane, il rapporto fra cittadino e Stato, è contraddistinto da logiche asimmetriche molto elevate: diviene elevatissimo nei casi in cui lo Stato è rappresentato dalle forze dell'ordine e il cittadino è appartenente a etnie indigene. In tali situazioni si riscontra il maggior disequilibrio di potere. Questo tipo di violenza istituzionale, rimanda alla teoria dell'antropologa Americana N. Sheper-Hughes dei "piccoli genocidi quotidiani": una violenza quotidiana che si dispiega a livello macro-sociale nelle relazioni interpersonali e nelle esperienze interpersonali normalizzatrici di quelle piccole brutalità che prefigurano un mantenuto ethos della violenza. Questa violenza è stata in qualche modo metabolizzata, tradotta," quotidianizzata" negli habitus e negli atti corporei. E' diventata parte della cultura e della storia peruviana ma come giustamente afferma il professor Mamani Quispe non è un dato "genetico" ma l'esito di un processo di interiorizzazione.

La cultura andina, permeata dal principio del mutuo aiuto, contiene in se "germi" che se tradotti e disincrostati da alcuni pratiche situate ai limiti dei diritti umani, possono diventare un ottimo strumento di regolazione, trasformazione, gestione e mediazione dei conflitti.

La connessione fra violenza e uso-abuso di alcool.

Dalla connessione fra le tre metodologie di raccolta dati del lavoro di ricerca è emerso che l'uso e abuso di alcool appare connesso a vario titolo con il fenomeno della violenza: si può passare dalla generica sbornia comunitaria di forte carattere collettivo e rituale, che può terminare anche tragicamente, alla rissa in una *peñas* tipica dei week end, all'ubriacatura all'interno della cornice dei *"compromisos"* familiari che può finire con una lite parentale, spesso per questioni di denaro e terra. Tali manifestazioni sono il prodotto e il sintomo di quel processo di ritualizzazione "continua e ripetuta" nel tempo che ha incardinato e messo in atto processi di "normalizzazione" e culturalizzazione dell'abuso di alcool, di cui abbiamo parlato in precedenza.

Un altro aspetto molto dibattuto e divenuto oggetto d'interesse da parte dello scrivente è stato quello inerente all'eventuale connessione fra abuso di alcool ed episodi di violenza intra-familiare.

Tale connessione è stata rilevata non tanto dalla presenza di dati statistici, quanto dalle interviste e dai *"rumores"*. Dopo aver attentamente vagliato e immagazzinato queste preziose informazioni, lo scrivente ha ipotizzato (costruendo una sorta di modello di misurazione "virtuale" di questa connessione) che i dati sull'abuso di alcool non potevano essere dedotti soltanto dagli ingressi ospedalieri per coma etilico: a questi andavano aggiunti anche quelli riguardanti le denunzie per violenza domestica. Tale modello virtuale, che postulava che almeno nel 50% dei casi di violenza si potesse riscontrare una qualche forma di utilizzo improprio di alcool, ha fatto emergere una realtà abbastanza distante dalla mera misurazione quantitativa effettuata dall'ospedale pubblico che parlava di cinquantanove casi registrati nel 2013, d'intossicazione alcolica.

Utilizzando tale modello e partendo dal dato reale di 1817 denunzie riferite all'anno 2013, ho rilevato come in almeno 908 casi si "potesse" ipotizzare un sospetto uso-abuso di alcool connesso a situazioni di violenza intra-familiare. Questa lettura, che lo ricordo, è il prodotto di un azzardato artificio statistico, sembra essere più vicina a quanto emerso dalle interviste e da quanto ascoltato durante i mesi di permanenza e di lavoro di campo: in poche parole, sembra rappresentare e fotografare meglio la realtà. La letteratura medico-psicologica sull'argomento, asserisce che la violenza scaturita dalle situazioni di abuso di alcool rappresenti una forma incontrollata di brutalità, di rabbia cieca, di dis-controllo degli impulsi aggressivi provocata in particolar modo dalla quantità di sostanza ingerita. Secondo queste impostazioni teoriche, l'azione violenta messa in atto da un ubriaco risponde soltanto alla "potenza" chimica dell'elemento bevuto e a caratteristiche di tipo personali dell'individuo abusante.

Ottimi lavori di ricerca, eseguiti da antropologi italiani, nord e sudamericani, hanno evidenziato come dietro ogni atto di violenza vi sia celato, sempre, un progetto culturale: l'idea del "vuoto" culturale posto alle spalle dai variegati fenomeni di violenza è stato fortemente confutato negli ultimi dieci anni. Secondo questo gruppo di ricercatori, l'antropologo possiede gli strumenti e il bagaglio teorico-pratico per leggere "alle spalle" per decifrare, decostruire e rendere evidenti queste azioni "impregnate" di cultura o parafrasando il celebre psicologo sociale argentino A. Moffatt, per *"detectar algo de cultural a tras de cada echo de violencia"*[216] (per scoprire elementi culturali dietro ogni atto di violenza).

Quest'impostazione ha il pregio, proponendo e teorizzando l'idea del "pieno di cultura", di far assumere la responsabilità dell'atto sul perpetratore finale cercando, inoltre, di comprendere quale "brodo" culturale di riferimento si trovi alle spalle del carnefice. In questo senso, leggere il rapporto esistente fra violenza intra-familiare e uso-abuso di alcool come prodotto di una momentanea perdita di lucidità, dovuta a una scarsa capacità di reggere la sostanza, a una perdita dell'autocontrollo o peggio a caratteristiche personali del soggetto imputato, sembra rispondere al duplice scopo: da una parte minimizzare l'accaduto, perché commesso in uno stato di non coscienza, dall'altra, di misconoscere l'azione strutturante del contesto culturale in cui quest'azione è immersa. Nel Perù andino, il progetto culturale "alle spalle" del fenomeno osservato,

---

[216] Moffat A." Terapia *de crisis: la emergencia piscologica"*, Libro de Ediciòn Argentina, Buenos Aires, 2007, pag. 113-115.

sembra essere associato a due fattori antropologicamente rilevanti: il machismo imperante e l'asimmetria dei ruoli di genere.

Ho cercato di "fotografare" il fenomeno utilizzando l'approccio teorico di ricerca del "pieno culturale", procedendo in senso inverso rispetto alla lettura medico-psicologica testé analizzata. E' emerso che l'alcool funge, nelle situazioni oggetto d'indagine, da "detonatore emotivo", diventa la miccia che accende volontariamente la violenza. Alla base dell'utilizzo della brutalità, esiste (secondo la mia personale interpretazione teorica dell'evento) la necessità di un mantenimento di confini di genere culturalmente naturalizzati e incarnati nelle pratiche quotidiane. In questo caso la violenza scaturita dall'abuso di alcool diventa, *"se vuelve"*, in un'azione "culturalmente connotata" di salvaguardia di una rigida asimmetria di genere. La violenza diventa spesso l'unica forma di risposta dialettica nei momenti di forte crisi sia economica sia familiare. Un'ipotesi di correlazione con il passato non è azzardata: nelle comunità *campesine*, l'uso della violenza "buona" era esclusivamente riservato ad espellere il "male" dal gruppo e dal contesto di vita del villaggio. Tutto ciò che attentava ai principi filosofici che erano alla base del funzionamento comunitario, era considerato, un elemento negativo, da espellere. La gravità non stava tanto nell'atto in sé, quanto nella pericolosità insita nell'atto stesso, rispetto a un indebolimento e a una messa in discussione dei "confini culturali" della collettività. Ripudiare anche un solo elemento dell'impalcatura tradizionale rischiava di mettere a repentaglio l'impianto intero.

Quindi, in contesti caratterizzati da un machismo imperante e da ruoli di genere apparentemente cristallizzati, l'uso della violenza facilitata e amplificata dalla connessione con l'abuso di alcool, può rappresentare un moderna forma di espulsione del male dalla micro-comunità chiamata famiglia (che nel Perù andino, è sovente ancora allargata).

In tali casi il "male" può essere rappresentato, da istanze di modifica nei rapporti fra uomo e donna. Il machismo, ancora largamente diffuso, ha reso evidente, una dipendenza della donna nei confronti dell'uomo sia dal punto di vista economico, sia da quello emotivo: fenomeno, quest'ultimo che sembra essere il prodotto di una costruzione antropopoietica azionata da dispositivi di etero definizione identitaria ascrivibili in primis proprio alle componenti femminili della comunità, alle madri, alle sorelle e infine alle compagne. Tali azioni culturali mettono in atto processi di costruzione, mantenimento e consolidamento della supremazia maschile.

Il risultato finale è dato dalla naturalizzazione (*"el hombre es asì"*) di una caratteristica culturalmente creata. *"El hombre no es asì, asì es como lo vamos a pensar"* ("l'uomo non è così, ma così è come noi pensiamo debba essere" sarebbe più corretto dire). Un'altra riflessione è legata al grado di diffusione e normalizzazione delle pratiche di violenza legate all'uso-abuso di alcool: più sono elevate, diffuse, introiettate culturalmente, più diventa difficile farle emergere come condotte problematiche, e di conseguenza de-normalizzarle e de-routinizzarle.

I processi di creazione di *Habitus* della violenza *"alcolica"* operano in questo caso, come una barriera "culturale" al riconoscimento del fenomeno come evento problematico. Si attiva in questo caso, quel dispositivo di creazione di "senso comune" che produce, a sua volta, la "normalizzazione di pratiche culturalmente accettate", laboratorio ideale di nuovi e futuri consumatori e abusatori di alcool, e di uomini violenti. In questo frame culturale, l'utilizzo della violenza nelle controversie familiari sembra essere un fatto largamente tollerato e normalizzato. L'alcool in questo caso non fa che accelerare i percorsi che portano all'uso della brutalità. Il tutto sembra essere già inserito in un'impalcatura culturale dove l'uso della violenza appare come un fatto ordinario.

Sicuani: cambiamenti e resistenze.

Dalle osservazioni effettuate sia nel novembre-dicembre 2011 sia nel gennaio-marzo 2014 è emerso che la città oggetto d'indagine appare inserita in un *asset* complesso di cambiamenti e mutamenti culturali, sociali, economici di enorme portata. L'essere passata da 20.000 a 62.000 abitanti in meno di vent'anni ha prodotto modificazioni non trascurabili. La crescita smisurata ha generato nuovi modi di concepire e delimitare gli spazi urbani, vedi ad esempio, la creazione del concetto di "periferia" assolutamente nuovo per una cittadina di dimensioni ridotte. L'arrivo d'internet e l'aggancio all'era elettronica hanno connesso simbolicamente Sicuani al mondo, mettendo in atto processi concorrenziali di costruzione identitaria sino a poco tempo fa appannaggio esclusivo della tradizione culturale autoctona.

Alcuni fenomeni sembrano rappresentare meglio di altri, le modificazioni in atto: un nuovo approccio culturale verso la povertà, trasmesso in particolare dalle chiese evangeliche; una richiesta di visibilità sociale, protagonismo associativo e ridefinizione dei ruoli di genere da parte della componente femminile; la comparsa e la definizione dell'adolescenza come periodo della vita a sé, non comprimibile fra la fanciullezza e l'età adulta; la comparsa dell'individualismo e della ricerca del successo personale sganciato dal benessere comunitario; infine, nuove modalità di consumo, uso e abuso di alcool in particolare fra gli adolescenti, che forse rappresentano uno dei principali spazi di osservazione e misurazione delle tensioni in corso, fra modernità e tradizione.

Alcuni di queste tensioni moderniste mal si conciliano con l'impalcatura culturale autoctona, basata sul principio del "noi", del bene collettivo e dell'aiuto reciproco: in particolare mi riferisco a quelle che in qualche modo tendono a esaltare "la corsa individuale" verso il successo personale, a detrimento dell'ideale collettivo e comunitario di benessere. Altre portano, invece, un vento di cambiamento in positivo, in particolare nel campo del riconoscimento di diritti, come nel caso dell'identificazione e del riconoscimento dell'adolescenza come arco temporale autonomo e della lenta ridefinizione dei confini di genere. I processi di cambiamento sono fenomeni alquanto complessi: occorre guardarli con occhi dinamici pronti a cogliere gli elementi di mimesi e ridefinizione culturale messi in atto. Gli sguardi "fissi" congelati, ingabbiati o in difese culturaliste di elementi della tradizione già interessati da anni a processi di modifica o in apologie della modernità, vanno assolutamente evitati.

Sicuani ben si adatta a questa metafora: i lavori in corso

sono rappresentati dalle tensioni fra queste faglie culturali spesso antitetiche. Il risultato finale di questo scontro, molto probabilmente non sarà né la scomparsa della tradizione a vantaggio degli ideali occidentali di sviluppo, né un ritorno a ideali comunitari "congelati" nel mito, presenti solo nell'immaginario collettivo di qualche "fondamentalista", ma una fusione culturale di entrambi.

I modelli attuali di uso e abuso.

Dal lavoro di campo e dall'osservazione partecipante sono emersi differenti modelli di uso e abuso. Tali modelli come già in precedenza sottolineato, sono fortemente condizionati sia dal contesto sia dall'evento all'interno del quale avvengono. Ogni evento appare diversamente connesso con la tradizione: si può rappresentare il tutto come un continuum, dove a una estremità si pongono tutte quegli eventi "intrisi di cultura" comunitaria e collettiva come ad esempio le celebrazioni per la semina e il raccolto o le ricorrenze di eventi importanti o tragici (come la *re-significacion* di Solterapampa) e all'asse opposto si trovano invece tutte le grammatiche di consumo apparentemente più distanti dalla tradizione come, le modalità adolescenziali e quelle rilevate all'interno di grandi eventi come quelli della Candelaria a Puno. Nella parte mediana dell'asse si collocano poi tutti gli avvenimenti a carattere familiare, dove il peso della tradizione sembra perdere un po' della sua forza pur rimanendo preponderante, come i battesimi, i matrimoni, i compleanni. Spostandosi poi, ancora verso l'altra estremità si rilevano altri tipi di utilizzo, come quello tipico delle *peñas*, mix fra modernità e residui di passato.

Un discorso a parte merita l'utilizzo di alcool connesso alle situazioni di violenza. Sembra essere un fenomeno culturalmente diffuso, accettato e normalizzato. Il "progetto culturale" *a rebours* di questa particolare modalità di espressione della violenza, lo pone in una posizione differente rispetto sia agli eventi "intrisi di tradizione" sia a quelli che ne sono ormai privi. Come già ampiamente sottolineato, il ricorso all'alcool connesso alla violenza, entra in un discorso dove il personale e il culturale si fondono vicendevolmente. In questo senso il peso strutturante del contesto o dell'evento, inteso come costruzione culturale e sociale di determinante modalità di socializzazione all'uso, viene meno.

La sua estrema variabilità sembra poterlo collocare ovunque o da nessuna parte, all'interno del continuum immaginato.

Ho rilevato altresì anche la correlazione fra tipologia di sostanze e livello e peso della tradizione: la *chicha* è utilizzata in tutti le situazioni e gli eventi, dove il peso della cultura e della consuetudine comunitaria è più sentito. La birra si trova esattamente a metà strada: secondo il contesto, viene consumata in modalità che sembrano contenere sia elementi della tradizione sia grammatiche più moderne ed occidentali di utilizzo. I super alcolici rimandano a molteplici funzioni: sono la base delle *Jarre* consumate dagli adolescenti nelle discoteche; sono la sostanza più connessa con i fenomeni di *borracchera* e con l'uso di violenza. Nel primo caso si trovano in una situazione che li pone (apparentemente) fuori dalla tradizione, nel secondo caso molto meno.

Il presente lavoro di ricerca ha trovato poi una correlazione e una sponda "scientifica" di rilevante importanza nell'indagine effettuata dallo psicologo Jorge Castro Morales[217], sui differenti *patterns*[218] di consumo nel trapezio andino. Egli individua quattro modalità principali di approccio all'alcool connesse con differenti contesti ed eventi: il bevitore *trasfigurante*, quello che utilizza l'alcool per ottenere un riconoscimento di valore nella società; *il*

---

[217] Morales Castro J. "*Patrones de consumo de alcohol en una comunidad campesina de* Cusco", Editorial Universidad, Revista Antropohologica,Lima,1997, pag. 75-83.

[218] Modelli, in lingua inglese.

cerimoniale, che usa l'alcool tanto nelle celebrazioni familiari quanto in quelle rituali, religiose, comunitarie, collettive; il b. *anestetizzato,* per il quale la bevanda rappresenta un mezzo per dimenticare la vicinanza di un viaggio, probabilmente senza ritorno; *il b. compulsivo,* quello avvezzo al consumo di gruppo nelle cantine e nelle *peñas,* che rappresenta l'unico caso, per l'autore, di "carriera alcolica senza ritorno".

L'autore, psicologo, utilizza una chiave individuale di lettura dei consumi collettivi: tali letture sembrano essere un prolungamento logico, compiuto con strumenti diversi da quelli dell'antropologia, del mio lavoro di ricerca. Come non rilevare, infatti, una connessione logica fra il consumo trasfigurante, dove la sostanza diviene un potente mezzo di riconoscimento d'identità individuali, familiari e comunitarie e i fenomeni di violenza intra-familiare, dove l'abuso è funzionale al mantenimento di rigidi confini di genere e quindi di particolari status legati a doppia mandata all' auto-etero definizione identitaria. Per non parlare di quanto emerso rispetto al b. compulsivo, e alla definizione di "carriera alcolica". Che cosa è la carriera alcolica se non una modalità culturalmente creata, attraverso processi di naturalizzazione e perpetuazione, di un certo tipo di approccio alla sostanza?

Queste due impostazioni, lungi dall'essere antitetiche, vanno invece a comporre un puzzle dove culturale, collettivo, psicologico, sociologico e comunitario si saldano, offrendo una lettura quasi globale del fenomeno studiato. Dalla connessione fra l'osservazione partecipante effettuata all'interno di differenti contesti-eventi caratterizzati da alti livelli di utilizzo, e lo studio (anche storico) delle differenti grammatiche di uso e abuso, ho teorizzato almeno cinque differenti modelli di consumo:

- consumo *"anestetizzante"*: tipico delle situazioni dei fine settimana, avviene perlopiù nelle taverne o *peñas*, è messa in atto da uomini adulti ed è fortemente tendente all'abuso. E' la forma in cui lo scrivente si è imbattuto più volte durante le sue esperienze in America Latina, ed è stato il "motore immobile", la scintilla, la genesi, che ha trovato poi la forma finale del presente lavoro di ricerca teso a decostruire dal punto di vista storico-culturale il fenomeno della *borrachera*. Questa modalità è quella che possiede alcune caratteristiche che possono portare a identificarla come "anestetico alla povertà": è messa in atto da uomini che spesso appartengono alla fascia bassa della popolazione; avviene in zone cittadine considerate a rischio; è naturalmente tesa alla perdita di controllo.

- *Consumo "rituale":* legato a manifestazioni, eventi e fenomeni di carattere sia collettivo, comunitario, sia più intimo e familiare. Il livello di raggiungimento di situazioni di abuso è alto, ma non raggiunge quello anestetizzante. Nelle situazioni di tipo più comunitario l'alcool funziona da "creatore e ricreatore" del patto di convivenza, serve a rinforzare i legami sia collettivi sia individuali e a marcare il confine fra attività ordinarie e straordinarie. Contiene alcuni elementi di connessione con l'uso storico.

- *Consumo legato a situazioni di violenza:* è questo l'uso più nascosto, dove il legame fra cultura, e agency individuale è più alta e dove la perdita di controllo è forse utilizzata con un obiettivo specifico: quello del mantenimento e della conservazione di *habitus* culturali fortemente improntanti al machismo e al predominio della componente maschile su quella femminile.

- *Consumo "adolescente":* unico fra i quattro a essere considerato una problematica sociale dalla collettività poiché racchiude in sé alcuni elementi di rottura con la tradizione. E' il consumo meno conosciuto e più mitizzato: proprio la non conoscenza e la lontananza dalle consuetudini di uso, l'hanno collocato in una situazione di de-culturalizzazione e de-naturalizzaione. Questo collocarsi "fuori" ha, a sua volta generato, per la prima volta, una presa d'atto collettiva della nocività dell'uso smodato di alcool, sebbene per ora la percezione della pericolosità di tale atto sia rivolta e proiettata unicamente verso l'esterno e quindi solo ai giovani e non alla componente adulta. Non rappresenta una nuova modalità tout court di approccio, ma raffigura altresì, un terreno di scontro fra vecchio e nuovo, fra modernità e tradizione.

Infine, riveste un aspetto di particolare importanza, la tendenza a pensare che bere alcool sia fondamentale "per dare forza": qui la sostanza si converte in una sorta di "combustibile[219]", necessario per il lavoro nei campi e per sopportare la fame e il freddo tremendo a queste latitudini.

---

[219] L'idea che l'alcool riscaldi non è tipica soltanto dei paesi andini: fra i senza dimora genovesi sino a circa 10 anni fa, era abbastanza frequente riscontrare come l'uso e l'abuso di alcool avesse l'obbiettivo di "riscaldarsi" dalle intemperie dell'inverno.

Tale modalità pare essere molto prossima al modello di impiego che ho definito come "anestetizzante", anche se in questo caso l'obbiettivo finale da raggiungere non è tanto l'estraniamento, quanto invece il riscaldamento del proprio corpo. Se nel primo caso l'obiettivo è di raggiungere una situazione quasi liminale fra coscienza e non coscienza, estatica, grazie all'abuso, in questo caso il consumo serve al contrario, per "stare dentro", per continuare il proprio lavoro giornaliero in condizioni climatiche proibitive. L'elemento che accomuna queste due esperienze è che in entrambi i casi, l'alcool è utilizzato, "per non sentire": le difficoltà della vita di tutti i giorni o il freddo e la fame. Oggi, quest'approccio più che configurarsi come un'applicazione pratica, un vero e proprio *patterns*, è importante poiché prende parte alla "costruzione culturale" dietro ai fenomeni di uso e abuso che avvengono nelle zone *campesine* di alta montagna. E' in sostanza più un pensiero, un'idea dietro le grammatiche d'impiego che non una vera e propria modalità di utilizzo.

Il consumo adolescente.

A differenza di quanto avviene per il consumo degli adulti, le modalità adolescenziali rappresentano per la collettività un fenomeno preoccupante: elemento che contiene in sé anche aspetti paradossali, visto e considerato che la cultura dell'abuso alcolico sembra essere culturalmente tramandata da padre in figlio e come già sottolineato ampiamente, tale trasmissione produce alti livelli di accettazione sociale e collettiva del fenomeno. Tale trasferimento di valori, avviene perlopiù all'interno di feste, riti familiari, chiamati *"compromisos"*, veri e propri teatri dell'iniziazione alcolica dei minori.

Sembra che le ragioni che abbiano determinato una presa d'atto del consumo dei ragazzi come problematico non siano scaturite soltanto da letture del fenomeno di tipo preventivo e pedagogico: la rottura con modalità di consumo consuetudinarie da parte dei giovani (consumo nascosto vs consumo pubblico, ritualizzato e trasparente della tradizione) ha come svelato, fatto emergere l'alcool e il suo abuso come un evento dannoso perché lo ha improvvisamente posto "fuori dalla cultura". Questo porre al di fuori, de-culturalizzare è come se avesse smantellato, o iniziato a farlo, i potenti filtri culturali che, di fatto, hanno sempre impedito che del consumo adulto si parlasse anche in termini di problema e non solo di tradizione.

Inoltre gli adolescenti rappresentano ancora un gruppo sociale non totalmente compreso e inglobato nel frame culturale alto andino: sono visti e considerati alla stregua di uomini che vivono come bambini. Per tale motivo ogni loro comportamento viene problematizzato per la sola ragione di essere messo in atto da un *"out group"*, da "un altro da noi" non appartenente totalmente alla comunità e ancora difficilmente inquadrabile dal punto di vista della tradizione. In realtà se osservato da vicino e con occhi privi di condizionamenti culturali autoctoni (come quelli che dovrebbe possedere un antropologo), la *"joven borrachera"* contiene, sia elementi nuovi, sia elementi tradizionali di uso. Anzi sembra essere uno dei campi privilegiati dove modernità e tradizione, non solo si scontrano, ma si fondono.

6.2. Funzioni anestetiche e antropopoietiche dell'uso e abuso di alcool.

Questo sotto capitolo è interamente dedicato alla valutazione delle ipotesi di partenza dell'intero lavoro di ricerca. L'ingrato compito è quello, di determinare se quanto emerso e rilevato dai mesi di lavoro di campo (in tutte e tre metodologie di ricerca dati) ha offerto delle risposte soddisfacenti ai quesiti teorici iniziali o se invece ne ha sconfermato totalmente la fondatezza.

I principali quesiti erano i seguenti:

- funzioni anestetiche dell'uso e abuso di alcool: per quali ragioni, e sua eventuale correlazione con la subcultura della povertà.

- il ruolo del consumo/uso/abuso di alcool nella costruzione della persona a Sicuani: fattore marginale o centrale nei meccanismi antropopoietici.

Dal lavoro di campo e di ricerca è emersa una situazione di non facile lettura: i cambiamenti in cui la città è immersa tendono a rendere più opachi e confusi i contorni fra situazioni di benessere e situazioni di mera sopravvivenza. Dietro l'apparente facciata di un boom economico quasi interamente legato al solo settore dei servizi (con i piedi di argilla, quindi), permangono situazioni, in particolare nella zona periferica della città, di nuclei con rilevanti problematiche di tipo economico.

Dalla lettura di alcuni dati sembra emergere una tendenza a un aumento della forbice fra chi ha e chi non ha: tale indicatore si riscontra solitamente nelle situazioni di passaggio da sistemi economici basati sulla sussistenza a economie di mercato inserite all'interno di sistemi più complessi.

Uno degli effetti collaterali di questo processo è propria la comparsa di un'accresciuta divaricazione economica fra chi ha e chi non ha.

L'osservazione accurata della situazione economico e sociale di Sicuani, sembra confutare irrimediabilmente la famosa teoria economica "dell'effetto a cascata": l'apertura di piccoli negozi al dettaglio, fenomeno avvenuto in particolare negli ultimi cinque-dieci anni, non ha prodotto significativi cambiamenti nella qualità di vita della maggior parte dei residenti della piccola città (e spesso nemmeno nella vita dei gestori di queste attività). Il circolo virtuoso per ora non si è messo in moto. L'intervento da parte dello Stato nell'ambito dello sviluppo umano (scuola, servizi sociali, ecc.) continua a essere assolutamente di tipo residuale. Le associazioni religiose o laiche seguitano a farsi carico di tutte le principali problematiche sociali. La logica dello "scatolone vuoto" impera: la "politica" predilige per puri fini elettorali, perseverare con l'inaugurazione di servizi per la cittadinanza che non offrono nessun tipo d'intervento sociale, poiché totalmente sprovvisti di un budget economico adeguato, ma servono a dimostrare che dal punto di vista governativo e istituzionale, "qualcosa si è fatto". Puri spot elettorali e niente di più.

Ancora una volta, prendo in prestito le originali teorizzazioni dello studioso italo-messicano U. Pipitone[220]: la

---

[220] U.Pipitone," Crescere *non basta*" Città del Messico, Edizioni dell'Asino, 2012, pag. 17/18.

modernità "senza sviluppo umano" rappresentata soltanto da *status symbol* o da feticci che vanno ad innestarsi in contesti ancora non culturalmente pronti ad accoglierli in forma così totalizzante a cui aggiungo un'altra significativa lettura, quella del R. P. Luciano Ibba, che individua nel passaggio dal *cuaderno amarillo al tablet,* una valida metafora che testimonia la velocità supersonica dei processi di trasformazione contemporanei in cui tutte le zone del mondo sono immerse. Processi, che come ha magistralmente teorizzato l'antropologo A. Appadurai, raramente tengono conto dell'effettiva capacità ricettiva culturale dei luoghi di "atterraggio".

La modernità punto 2.0 non vuole cittadini globalizzati ma solo consumatori globalizzati.

L'adozione totalizzante, in particolare fra i più giovani, di due dei feticci simbolo del progresso 2.0, lo *smart phone* e internet (gli internet bar) nella città di Sicuani, rappresenta il sintomo più visibile di questa trasformazione culturale in atto.

Come questi elementi possano coniugarsi in futuro con la cultura autoctona, resta molto difficile da immaginare.

La presenza di realtà associative molto attive nel supporto sociale alle persone in stato di bisogno economico, connesse ai pochi interventi statali di lotta alla malnutrizione[221], alcuni dei quali molto ben strutturati (es del *"proyecto vaso de leche"*), hanno permesso l'implementazione cittadina di una buona risposta in termini di sicurezza alimentare di base: oggi a Sicuani non si muore di fame, il fenomeno della povertà assoluta sembra apparentemente debellato.

Dall'applicazione degli indicatori teorici necessari a rilevare elementi tipici della "cultura della povertà" *(O.Lewis,1959)* al contesto oggetto della ricerca, sono emerse interessanti indicazioni: la città sembra possedere un numero elevato di caratteristiche utili a fare questo tipo di "diagnosi". Queste caratteristiche si riscontano a diversi livelli nella collettività e nella società cittadina. Sembrano interessare l'aspetto familiare (nuclei mono parentali composti da sole donne), quello scolastico (tasso di abbandono scolare molto alto; forte tendenza al lavoro minorile), quello pedagogico (la difficoltà a riconoscere l'adolescenza come periodo della vita autonomo e da tutelare); culturale (ethos del machismo molto diffuso; altissimi livelli di tolleranza alle più svariate forme di

---

[221] Da notare che tutti i progetti parlano di "malnutrizione", che è cosa ben diversa dalla denutrizione. La prima è un'errata e mal ordinata scelta di alimenti, spesso più legata a fattori culturali che alimentari tout-court; la seconda è l'oggettiva mancanza di alimenti necessari alla vita.

violenza). Inoltre, e questo è l'indicatore forse più importante, si riscontra una diffusione della cosiddetta "cultura dell'alcool", riferita alle pratiche di normalizzazione, incorporazione nel frame della quotidianità e culturalizzazione dei fenomeni di uso e in particolare di abuso di alcool.

In tal guisa sembra interessante rilevare che l'abuso di alcool sembra essere un fenomeno racchiuso all'interno del quadro valoriale della subcultura della povertà. Il focus su questo fenomeno "isolato" e il quesito posto all'inizio del lavoro di ricerca circa le sue capacità anestetiche vanno correlati al contesto culturale in cui tali manifestazioni hanno vita. L'utilizzo scorretto di alcool va in qualche modo letto alla luce di tutta una serie di fenomeni, rilevatori di un certo tipo di risposta culturale prodotta da determinati gruppi umani di fronte alle grandi sfide quotidiane che la vita pone loro dinanzi. La cultura della povertà rappresenta un modello di risposta a dinamiche strutturali e istituzionali di un certo tipo. E' al contempo un adattamento e una reazione dei poveri alla loro posizione marginale in una società stratificata in classi. Essa si struttura in micro-azioni, pensieri, identità, naturalizzazioni. L'abuso di alcool rappresenta una di queste, ma può essere letto soltanto se collegato a doppia mandata a tutte le altre. Isolarlo e leggerlo come mera risposta personale a situazioni di disagio significa non comprenderne il funzionamento globale e complessivo.

Il fenomeno va letto e spiegato all'interno del circuito consuetudinario, dove avviene: dove la cultura della povertà "impregna" i contesti, alcune risposte divengono strumento di uscita da situazioni di rigida subordinazione, di ingiusta stratificazione sociale, di mancanza di opportunità. Gli indicatori rilevati nel quinto capitolo, divengono strumenti naturali di adattamento alle diverse situazioni: la mancanza di denaro spinge le donne ad accettare lavori malpagati; a sua volta l'adattamento a questa situazione può spingere verso una maggiore partecipazione dei figli minori al circuito lavorativo familiare per le necessità economiche d'integrazione del reddito, fenomeno che a sua volta può generare elevati tassi di abbandono scolare; la predisposizione ad un livello di responsabilità limitata da parte degli uomini, determina nuclei mono parentali basati quasi esclusivamente sulla figura femminile.

L'uso e l'abuso vanno inseriti in questo contesto e collegati alle differenti forme di adattamento testé riportate, e per nessun motivo, astratti da esse: solo al suo interno io posso leggerne e significarne il consumo. Non tanto quanto mero anestetico a situazioni di povertà, quesito forse troppo semplicistico, ma come elemento fondamentale di tale subcultura. All'interno di questa, il campionario degli usi sociali, collettivi e comunitari sembra molto vasto, come emerso chiaramente, l'alcool è ben lungi dall'essere mono funzionale. Aver rilevato la naturalizzazione del fenomeno abuso di alcool, permette di collegarmi all'altro quesito iniziale, quello legato al ruolo che in particolare i fenomeni studiati hanno nella costruzione della persona a Sicuani. Come già ampiamente trattato nel capitolo cinque, l'uso e abuso di alcool riveste una funzione "strutturante" della persona: il consumo in alcuni contesti può essere letto ed interpretato come una sorta di rito di passaggio. La trasmissione paterna di un modello di uso fortemente pubblico e collettivo, che delimita e sancisce l'uscita da un fase della vita e l'entrata in un'altra

Questi schemi di trasmissione familiare (paterna) sono caratterizzati, da una ritualizzazione continua e ripetuta nel tempo, che incardina e mette in atto processi di "normalizzazione" e culturalizzazione dello stesso. Le tecniche di tolleranza dell'uso e abuso, rappresentano un patrimonio di conoscenze e abilità paterne da trasmettere in particolare ai propri figli maschi. Questi ultimi avranno in questo modo acquisito gli strumenti culturali e pedagogici atti a riprodurre il medesimo modello una volta divenuti padri: queste competenze andranno spese e socializzate seguendo gli schemi della tradizione. Emerge da queste riflessioni come tali meccanismi d'incorporazione, creino e modellino una cultura di tolleranza nei confronti degli eccessi individuali, comunitari e collettivi d'impiego: il prodotto di questi processi, è, in una sorta di azione e retroazione, l'incapacità nel percepire i modelli di abuso in termini problematici. Il risultato è quello di accettarli come un elemento cristallizzato e immodificabile della cultura alto andina. Tutte le "culture dell'alcool", lo ribadisco sono il risultato di questi processi di "culturalizzazione" e normalizzazione.

Sono giunto ai saluti finali. Da questa bellissima e densa esperienza umana, professionale, di ricerca, d'incontri, ho appreso, che non hanno fondamento le teorizzazioni (che definisco pseudo scientifiche) circa una predisposizione "naturale" e biologica all'abuso da parte degli andini. Purtroppo, ancora oggi, l'importanza della dimensione etnica e biologica correlata a una naturale propensione degli *indios* per "il bere molesto" incontra molti sostenitori. Riemerge un mai sopito dispositivo di stigmatizzazione che sembra essere l'attualizzazione (o la continuazione) dei vecchi stereotipi legati alla passata rappresentazione della "*borrachera*" andina come tipica ed esclusiva dei contadini e degli indigeni. Un vecchio pregiudizio che tuttavia rimane quasi intatto, riflesso di una scarsa considerazione per i fattori culturali "alle spalle" di un fenomeno come quello indagato. Il fare riferimento alla "natura" è sempre un'ottima scappatoia curativa e terapeutica.

Il principale elemento di apprendimento e di consapevolezza che mi porto a casa, è quello concernente la supposta predisposizione naturale al consumo: questi mesi (e anni) di ricerca mi hanno persuaso che essa non solo non trova riscontro a queste latitudini, ma che probabilmente non ha cittadinanza nemmeno in altre parti del mondo. Nessuno ha o nasce con una "predisposizione" naturale al consumo: sono l'ambiente e il livello e il grado di "naturalizzazione" e di culturalizzazione di tali atti che li fanno sembrare tali.

Ricollegandomi a quanto scritto nell'introduzione, credo che l'unica via percorribile per ridimensionare quest'orientamento dal vago sapore positivista, molto diffuso fra gli operatori che a diverso titolo si occupano di queste problematiche sia in Italia che in Perù, sia quella di inserire la cultura e la materia che la studia, l'antropologia culturale, nel frame terapeutico di intervento sui fenomeni sociali come l'abuso di alcool. Sono fermamente convinto che l'antropologia culturale sia fra le scienze sociali, la più pratica e poliedrica e per tali motivi, è necessaria la sua definitiva uscita dai fortini accademici dove è stata per troppi anni rinchiusa; ritengo i suoi strumenti di analisi delle culture indispensabili per comprendere fenomeni storicamente studiati e trattati nel passato, solo da altre discipline.

Quanto affermato non è utopico, è realizzabile, come una mia esperienza pregressa lo può testimoniare: nel 2010 ho trascroso due mesi all'interno di un Cesac, acronimo di *Centro de Salud e Accion Comunitaria* ubicato dentro una *Villas Miserias (favela)* nel quartiere *Bajo Flores*, zona sud della Città di Buenos Aires, in Argentina. All'interno di questo presidio socio-sanitario statale, dal 2006 (grazie ad una legge federale) è prevista la figura dell'antropologo. Il suo campo d'impiego varia fra attività di formazione, partecipazione a progetti, conduzione di gruppi, nelle tematiche riferite a violenza di genere, malnutrizione, riduzione del danno & abuso di sostanze varie (alcool, coca, paco[222]), gestione, risoluzione e mediazione di conflitti comunitari. Un vero esempio di antropologia applicata a un servizio socio sanitario.

Il mio desiderio (o forse il mio sogno) è quello di veder realizzato qualcosa di simile, anche in Italia, all'interno dei nostri servizi sociali e sanitari in tempi non biblici.

6.3. Piccoli suggerimenti di antropologia applicata

Chiudo riallacciandomi idealmente a quanto scritto all'inizio: questo lavoro di ricerca rappresenta un "progetto cerniera" che tiene collegate fra loro tutte le mie identità professionali, le mie pelli, i tanti miei "Noi".

Sono totalmente d'accordo con quanto affermato dal prof. Juan Carlos Vezzula sulla necessità di superare le ormai sempre più fragili barriere accademiche fra discipline attigue, che rappresentano solo un ostacolo alla piena

---

[222] Il *paco* è la parte residua della pasta base della cocaina: rappresenta lo scarto della lavorazione, si presenta in cristalli e viene fumato come il crack, attraverso pipette di vetro, colpisce particolarmente i neuroni e provoca forte dipendenza. Abbassa i livelli di fame, freddo, sonno, paura. E' molto diffuso nelle periferie urbane delle città latinoamericane e in particolare nella città di Buenos Aires.

comprensione dei fenomeni[223]. La presente indagine etnografica è stata un esempio di tale ibridazione: nel lavoro di campo i confini fra ricerca antropologica, sociologica e storica sono venuti meno. Anche la mia appartenenza alla comunità professionale degli assistenti sociali ha in parte condizionato la presente etnografia. Intendo terminare offrendo alcune riflessioni "progettuali" e qualche suggerimento di taglio operativo e preventivo che collegano idealmente il servizio sociale all'antropologia culturale, in particolare nella sua declinazione applicata.

La versione "militante" della studiosa americana N. Sheper-Hughes mi ha offerto una sponda sul versante antropologico: l'idea che la ricerca sociale sul campo debba uscire dalla trappola della "sola osservazione e interpretazione" rappresenta una delle ragioni per cui ho scelto questo campo di studio e non altri.

L'antropologia culturale grazie alla sua vicinanza, anche fisica, a chi è osservato, alla necessità di mettere in azione un "impregnamento" controllato nella ricerca di comprensione dei significati di altre culture (ma ora sempre di più anche della nostra), è forse fra le scienze sociali, quella più adatta a

---

[223] Concetto espresso in un work shop tenuto dal professore stesso all'interno del X congresso mondiale di mediazione che si è svolto a Genova fra il 22 e il 27 settembre 2014.

esprimere questa funzione "impegnata". Dal lavoro di ricerca sul campo è emerso che le grammatiche di uso e abuso di alcool rappresentano un fenomeno fortemente naturalizzato e introiettato nella pratiche e negli habitus quotidiani.

Questi processi però non sono inscalfibili: un precoce intervento di prevenzione primaria può produrre importanti modificazioni nell'approccio futuro al consumo. Ovviamente, un intervento volontario ed esplicito (penso alla costruzione culturale dell'uomo bevitore) di lenta modificazione dei processi di naturalizzazione della "cultura dell'alcool" deve avere come target bersaglio, chi, per ovvie ragioni meramente anagrafiche non è stato ancora sottoposto a forti pressioni antropopoietiche. Mi riferisco ovviamente ai bambini delle scuole primarie e secondarie (nostre elementari e medie). I programmi didattici dovrebbero prevedere l'inserimento di un monte ore di lezioni dedicate alla trasmissione di conoscenze circa la pericolosità dell'uso e dell'abuso di alcool e di tutte le sostanze. Tali insegnamenti non dovrebbero essere tenuti con modalità "*una tantum*",[224] ma essere inseriti all'interno della programmazione annuale.

La prevenzione è efficace soltanto se reiterata: pochi

---

[224] Come avviene ancora oggi in Italia.

incontri l'anno, non consentono, infatti, di verificare il livello di ritenzione di quanto appreso. Inoltre la prevenzione per essere efficace non deve vedere gli alunni passivi utilizzatori della stessa, ma deve prevedere delle attività sia in gruppo sia individuali che possano rendere i bimbi e gli adolescenti, "attori del loro processo di apprendimento". Un intervento di modificazione della cultura dell'alcool non può avere solo i più piccoli come target bersaglio: se a casa i livelli di accettazione e naturalizzazione dell'uso-abuso permangono eguali, il rischio è che quanto appreso a scuola venga, di fatto, vanificato al rientro in famiglia. Per tali motivi, vanno messi in atto e programmati interventi di prevenzione anche nei confronti dei genitori e dei padri, in particolare. Anche in questo caso la modalità attiva è preferibile a quella passiva: devono essere organizzate riunioni, giochi di ruolo, attività varie, costruzione di piccoli video, dove le persone possano sentirsi protagoniste, partendo sempre dal principio che l'esperienza di prevenzione diventi un atto partecipato e non subito. Un altro elemento che deve assolutamente essere modificato è quello relativo al tipo di comunicazione sociale riguardante le problematiche oggetto della ricerca: spesso gli spot e le campagne televisive contro l'abuso di alcool in Perù, utilizzano linguaggi assolutamente incomprensibili per la maggior parte delle persone di origine campesina residenti a Sicuani.

Essi sembrano rivolgersi a nuclei urbani, ricchi e bianchi in cui nessun individuo a queste latitudini, può riconoscersi e immedesimarsi. Tali linguaggi vanno "ritarati" e modificati avendo bene in mente i destinatari finali di tali messaggi preventivi: inoltre per rendere questi più efficaci non si esclude l'utilizzo della lingua *Quequa,* tenuto conto che ancora oggi una buona percentuale di uomini e donne residenti nella provincia di Chanchis non parlano perfettamente la lingua castigliana.

Ritengo, rispetto al tema in oggetto, che la radio sia potenzialmente lo strumento di comunicazione sociale, più diretto ed efficace visto e considerato che ancora oggi a Sicuani continua a riscontrare indici di ascolto altissimi. In tal guisa possono essere previsti piccoli interventi settimanali in radio di esperti o delle vere e proprie rubriche d'interazione, aperte al pubblico del tipo "l'esperto risponde".[225] Non penso di aver offerto la risoluzione ai problemi legati all'uso-abuso: so bene che i processi di trasformazione della cultura sono lentissimi. Malgrado ciò,

---

[225] Nell'anno 2011, al tempo del mio primo soggiorno a Sicuani, sono stato invitato per ben due volte a parlare di sostanze ed alcool all'interno dei locali di Radio Sicuani.

credo che sia un dovere cercare di modificare, anche sensibilmente, "la cultura dell'alcool" a Sicuani. Forse fra venti anni, quando questi bimbi, che oggi dovrebbero essere il target bersaglio degli interventi di tipo preventivo, saranno a loro volta padri, avranno sviluppato un pensiero differente rispetto alla presunta "naturalità" dell'uso e abuso di alcool.

Rispetto al consumo degli adolescenti credo che ci si debba muovere in due direzioni: da un lato vanno progettate azioni multi disciplinari tese al riconoscimento pedagogico e culturale dell'adolescenza come periodo della vita di fondamentale importanza, che le istituzioni hanno il dovere di tutelare. Riconoscere l'adolescenza come elemento non estraneo al frame culturale locale, può indurre una rilettura di tutti i comportamenti messi in atto da tale gruppo da parte del mondo "adulto". Rispetto alle azioni preventive da mettere in campo nell'immediato riguardo al fenomeno della *borrachera* credo sia necessario implementare un sistema di osservazione permanente che agisca direttamente nei luoghi di consumo: altresì è necessario che tale sistema, per essere efficace sia inserito in una rete più ampia che comprenda la scuola, le istituzioni, la polizia, i servizi sociali. La formazione di educatori di strada può rispondere, alla necessità di garantire un'osservazione continua del fenomeno: all'interno di questo quado funzionale possono essere previsti interventi educativo-preventivi e di riduzione del danno, direttamente nei luoghi di maggior consumo. Gli obiettivi a breve e medio termine saranno i seguenti: conoscenza e mappatura del fenomeno; trasmissione di concetti basilari circa la pericolosità dell'abuso declinati con modalità molto informali e simmetriche; eventuali intercettazioni di situazioni di abuso già tendenti verso la dipendenza da rinviare ai servizi pubblici che si occupano di PPAC a livello cittadino; misurazione e descrizione della modalità di uso e abuso, della correlazione con altre sostanze e del significato "interno" di alcuni comportamenti, difficilmente interpretabili dall'esterno.

L'esperienza di operatore di contatto o prossimità con i tossicodipendenti di strada negli anni 2002-2010, ha rappresentato per il sottoscritto una palestra di crescita personale di altissimo livello: tale declinazione del lavoro sociale e educativo, utilizza tecniche di osservazione dei fenomeni e interazione con le persone, molto vicine all'osservazione partecipante. Svolge quella funzione di testimonianza di "pura vita" nei luoghi dove questa avviene e nei confronti di particolari tipologie di persone, le cui narrazioni stentano a trovare canali di comunicazione e di ascolto non giudicanti.[226]

L'aver acquisto un bagaglio antropologico ed etnologico posteriore alle esperienze di lavoro sulla strada, mi ha aiutato a rileggere e riconfigurare questa figura professionale: oggi sono fermamente convinto che l'operatore di strada sia una sorta di "antropologo inconsapevole". Credo che questo modello d'intervento (o filosofia), ovviamente, tradotto e rimodulato secondo il contesto culturale, possa essere applicato anche nella città di Sicuani.

Un piccolo pensiero finale: prevedere quanto il riconoscimento dell'abuso "adolescente" come atto dannoso per la salute possa generare a sua volta una revisione critica del consumo adulto, oggi risulta molto difficile. Di certo, qualcosa si è mosso nel dispositivo di accettazione culturale della *borrachera*.

All'orizzonte sembra emergere un'altra problematica, anch'essa oggetto di attenzione e di allarme sociale, e anch'essa, come il "consumo" adolescente posizionata totalmente fuori dal canoni culturali andini: nei pressi del fiume *Vilcanota,* che in alcuni punti, viene utilizzato

---

[226] Un altro canale di conoscenza è quello dei servizi sociali: purtroppo però in questi frangenti raramente emergono i racconti "veri" in quanto il rapporto con l'operatore sociale è sempre funzionale all'ottenimento di un bene o di denaro.

impropriamente come discarica a cielo aperto, alcune persone sono state testimoni di un fenomeno che ha destato preoccupazione. Gruppi di ragazzi molto giovani sono stati visti aspirare probabilmente sia colla da scarpe chiamata localmente Terocal, sia il freon[227] dai frigoriferi in disuso. Questa pratica di consumo è tipica delle grandi città latinoamericane (Rio, San Paolo, Buenos Aires, La Paz, Caracas, Città del Messico, Lima, Città del Guatemala) dove i livelli di violenza fisica e materiale sono altissimi e dove la distanza fisica e geografica fra lusso più sfrenato e povertà assoluta è minima. Secondo il sociologo francese R. Luchini[228] che ha studiato a lungo il fenomeno dei *"chichos de calles"*, rappresenta una strategia come un'altra, di sopravvivenza alla schizofrenia della quotidianità in contesti tanto violentemente diseguali: questi "morti sociali", vivono utilizzando gli scarti del "mostro" rinvenibili appunto nelle discariche a cielo aperto, vero e proprio spazio di confine fra opulenza e miseria. Vivono gli interstizi fra legalità e illegalità. Si nutrono della vicinanza fra questi due mondi apparentemente distanti, ma in realtà legati indissolubilmente l'uno all'altro.

---

[227] Il freon è il gas di raffreddamento dei frigoriferi.

[228] Luchini R." Niño *de la calle: identitad, sociabilidad, droga*", Libros de la Frontera, Barcelona, 1993, pag. 36.

Credo che la comparsa di questi fenomeni a Sicuani debba essere in qualche modo ricondotta ai processi di modificazione urbana, sociale, culturale, economica in cui la città è attualmente immersa.

Ritengo però doveroso fermarmi qui: questa è un'altra storia che merita tempi, ricerche e approfondimenti adeguati.

Hasta luego Sicuani.

ALBUM FOTOGRAFICO

Figura 4: Calcio a 3600 metri, Sicuani, ottobre 2011

Figura 5: Aspettando il combi, Combapata, ottobre 2011

Figura 6: Fine lavoro, Combapata, ottobre 2011

389

Figura 7: Zona mercati indigeni, Sicuani, novembre 2011

Figura 8: Mercato domenicale, Combapata, novembre 2011

Figura 9: Ricordi elettorali, Sicuani, novembre 2011

Figura 10: Hombres, Livitaca, novembre 2011

Figura 11: Mujeres, Livitaca, novembre 2011

Figura 12: Festa promotores de salud, Livitaca, novembre 2011

Figura 13: Mercato centrale, Sicuani, marzo 2014

Figura 14: Scuola a 4000 metri, Livitaca, novembre 2011

Figura 16: Mercato della domenica, Combapata, febbraio 2014

Figura 15: Plaza de armas, Compapata, marzo 2014

Figura 17: Mesa andina, Sicuani, febbraio 2014

ALLEGATI

Si allegano in calce tutte le interviste effettuate durante la permanenza in Peru tranne quelle effettuate al R.P. L. Ibba (primo capitolo) e al Dott. Mamani Quispe (quarto capitolo) inserite per la loro importanza rispetto ad alcuni argomenti trattati, direttamente all'interno della ricerca stessa.

Prima intervista: Dott.ssa Sabina Gamarra, medico generico ospedale Pubblico di Sicuani.

Sicuani, 22/01/14

Sabina Gamarra è un medico generico dell'ospedale pubblico di Sicuani: nel suo lavoro quotidiano spesso s'imbatte in situazioni dove l'uso e l'abuso di alcool è presente in quantità elevate.

Obiettivo di quest'incontro era approfondire alcuni aspetti importanti circa l'incidenza dell'uso di alcool fra gli adolescenti a Sicuani, esclusivamente da un punto di vista medico e clinico.

D: "Com'è la situazione di uso e abuso fra i minorenni dal suo punto di vista di medico generico?"

R: "*Abbiamo avuto episodi di bambini appartenenti a famiglie con problemi ("Hogares disfuncionales") che hanno avuto vari episodi d'intossicazione alcolica. In*

396

Pronto Soccorso abbiamo visto anche tante ragazze con problemi di autostima. Spesso dietro a queste forme d'intossicazione sono celati maldestri tentativi di autoeliminazione. Vi sono stati ultimamente anche episodi d'intossicazione con ratticida.

Abbiamo riscontrato altresì anche episodi di violazione sessuale da parte dei padri nei confronti di ragazze di 14/15 anni. Bambine incinte, prodotto di violazione di famiglie disfunzionali dove i padri erano spesso dediti all'alcool".

"Vi riporto il caso, molto recente di una ragazzina di dieci anni violata dal padrino. Il problema dell'alcool è molto presente, nel campo esiste una sorta di "eguaglianza" fra uomo e donna nel consumo di alcool.

Teniamo sempre il focus molto fermo e attento sulle famiglie disfunzionali. In quei contesti l'uso di alcool sembra essere una reazione o uno sfogo alla mancanza o all'assenza di attenzioni materne/paterne".

D: "In genere chi viola è ubriaco?"

R: *"Non disponiamo di questo dato, ma le assicuro che in città il problema dell'alcool è grave. Credo che almeno il 30% degli uomini abbia problemi di alcolismo. Si beve perché il detto che "l'alcool dà forza" è una forte componente culturale, in particolare nel campo.*

Questo avviene però a livello diario ed è il consumo più

legato al lavoro".

D: "Come definisce il consumo nei week –end?"

R: *"Il problema dei week-end è l'assoluta assenza di coscienza etilica negli uomini e nei ragazzi che bevono sino a star male (i ragazzi spesso sino a morire nel loro vomito)".*

Non esiste il concetto di bere moderato, tutto è all'eccesso. Mi racconta di un episodio avvenuto pochi giorni prima di un tardo adolescente (27 anni), originario del villaggio di Marangani affogato nel suo vomito, morto per eccesso di liquido nei polmoni, per arresto cardiaco.

D: "Esiste una ragione culturale in tutto ciò?"

R: *"No, credo che non si rendano conto di quello che fanno. L'alcool rende anche la città più insicura. Spesso i ragazzi, vivendo da soli, in affitto (pagato dalla famiglia rimasta nei campi) rimangono totalmente senza controllo nei week-end. C è una grande mancanza di valori familiari all'origine.*

Seconda intervista: assistente sociale CEM (centro de emergencia Mujer di Sicuani).

Sicuani, 24/01/14

L'operatrice intervistata (che non ha voluto dire il suo nome) svolge il suo lavoro presso il CEM e in particolare si occupa della parte sociale delle prese in carico per violenza giunte al centro. L'obiettivo di questo incontro era approfondire quanto incidesse il ruolo dell'alcool nei casi di violenza intra familiare.

D: "Esiste un aspetto culturale del consumo di alcool a Sicuani?"

R: *"Il consumo di alcool è millenario nella cultura peruviana. Con gli Incas l'uso di alcool era legato ad aspetti più cerimoniali, ed era molto presente la chicha, anch'essa aveva un effetto inebriante. Questo "cerimoniale" è continuato anche con gli spagnoli. Attualmente questo "uso rituale" si è trasformato in un uso diurno e per questione climatiche e festive. Inoltre il consumo è diventato molto più liberale. Oggi non è più com'era ancestralmente. Ora è un problema, prima no. Si è convertito in un problema sociale che colpisce non soltanto chi beve ma tutto il suo intorno sociale".*

D: "Esiste un aumento del consumo di alcool nella donna? E se sì, è un fenomeno recente?"

R: *"Spesso è l'uomo che "spinge" la donna a bere. Prima la donna beveva in maniera occulta. Oggi al contrario non è raro vedere donne bere nelle cantine. L'alcolismo è un problema che peggiora, vi è una normalizzazione e accettazione culturale del fenomeno. Ci* sono gruppi di bevitori assidui che si riuniscono con il solo scopo di bere e ubriacarsi. Un altro problema è quello della libera vendita di alcool nei locali pubblici: è al vaglio (da anni) una proposta di restringimento e di ritiro delle licenze di vendita.

Ad esempio qui vicino, dove abito io, c'è una piazza vicino a una chiesa, dove c'è una taverna continuamente frequentata da alcolisti".

D: "Ha osservato differenze fra le modalità urbane e quelle rurali di approccio all'alcool?"

R: "Nel settore rurale è più presente la chicha, il consumo è più legato al "dare forza e calore" in condizioni climatiche tremende. Si beve in maniera più solitaria. In città, al contrario si riscontra un consumo più di gruppo. Credo comunque che la situazione del consumo nei campi sia poco conosciuta."

D: "Quando iniziano a consumare gli adolescenti"?

R: "In genere iniziano intorno ai 15/16 anni. Non ci sono stati casi di consumo inferiore ai 10 anni"

D: "Quanto è connesso l'abuso di alcool con la trasmissione di malattie sessualmente trasmissibili?"

R: "Non ho dati a riguardo. Credo però che queste variabili siano in qualche modo relazionate, ma non ho nessun tipo di spiegazioni al riguardo".

D: "Ci sono nella sapienza indigena, strumenti che possono essere utilizzati per combattere l'abuso di alcool?"

R: *"Posso solo dire che anticamente non era un problema, era presente nella cosmovisione andina".*

Terza intervista: Dott.ssa T.Coque Tiquera, psicologa, modulo di trattamento dei problemi alcool correlati ospedale di Sicuani.

Sicuani, 24/01/14

La Dott.ssa Tiquera è psicologa in forza all'ospedale di Sicuani, oltre al tema dell'alcool si occupa di gravidanze precoci.

L'obbiettivo di quest'incontro era approfondire e conoscere la tipologia delle persone seguite dal centro, il tipo di accesso, l'incidenza dei giovani, i dati totali del 2013.

"Il modulo di trattamento dei problemi alcol correlati dell'ospedale è stato inaugurato il 10 ottobre 2012. Il modulo è stato aperto dopo aver rilevato dal punto di vista numerico e statistico un netto incremento del consumo di alcool, in particolare fra i giovani. In alcuni collegi della città è emerso che gli scolari avevano ingerito alcool e la polizia aveva incontrato adolescenti scolari lontani dalla città, a bere alcool in zone periferiche della città.

All'inizio nel modulo era prevista soltanto la presenza

del medico, di conseguenza si offriva soltanto un intervento di tipo sanitario. Dall'aprile del 2013 è stata inserita anche la figura dello psicologo.

Si è eseguita in questi mesi (lavoro ancora in corso), un'indagine sul consumo a livello scolare, nei collegi, dove è stato segnalato un forte consumo a livello adolescente.

La persona che ha problemi con l'alcool spesso non riconosce quasi mai di avere tali problemi, pensa soltanto che sia un buon modo di socializzare e trova normale passare di generazione in generazione questa "usanza" (pensando che questo sia assolutamente normale).

Pensano che in ogni riunione sociale sia necessario avere bevande alcoliche. Questo fa si che sia molto difficile lavorare per noi visto che non esiste consapevolezza del problema né nella persona né nel suo "Entorno" familiare, questa normalità del consumo viene trasmessa di padre in figlio.

Molto difficile anche muoversi "verso" di loro, ovvero il servizio che si muove alla ricerca di chi consuma".

D: "Il ruolo dei dati: secondo i dati il consumo di alcool fra gli adolescenti nella città, sembra alto. Esiste una comunità per problematiche alcool correlate?"

R: *"In Sicuani no, esiste a Cuzco"*

D: "Si tratta di un aspetto culturale? E che forma prende

questa trasmissione del modello fra padre e figlio?"

R: *"I padri affermano che l'alcool da più forza per il lavoro che fanno (in particolare nei campi). Spesso un luogo dove "apprendere" questa modalità di consumo (teso all'ubriacatura) è all'interno delle feste di costume e tradizione. Qui apprendono, imitano, questa modalità di consumo".*

D: "Esiste una differenza fra il consumo della sierra e il consumo urbano?"

R: *"Il consumo urbano è ormai pari a quello della sierra".*

D: "Esiste una differenza di genere fra il consumo urbano e quello della sierra?"

R: *"Le donne bevono di più nell'ambito urbano, perché nell'ambito urbano vi sono più luoghi "tentatori" che possono rappresentare un incentivo al consumo delle donne, che io chiamo I FATTORI STIMOLANTI DEL CONSUMO. Nel settore rurale non si riscontra la presenza di fattori stimolanti e quindi bevono di più gli uomini".*

D: "Che tipo d'intossicazioni arrivano in ospedale? E per quale tipologia di bevanda?"

R: *"in particolare per rhum, superalcolici e alcool metilico, poche le persone ricoverate per intossicazione di birra"*

D: "Esistono differenze nel modo di utilizzare l'alcool fra i giovani o i giovani seguono il modello degli adulti, imitandoli?"

R: *"Gli adulti bevono adducendo alcune motivazioni più comuni: perché' da forza nel lavoro; perché hanno avuto problemi nella casa; per festeggiare, per compromiso; per dimenticare i problemi economici. I giovani in particolare per curiosità o alcuni per dimenticare la violenza che vivono in casa, o per mancanza di un adeguato supporto emozionale o nella comunicazione con gli adulti di riferimento. In ogni modo questi sono ragazzi che non riescono a vivere serenamente all'interno del proprio nucleo"*

D: "Nell'utilizzo finale i giovani mostrano preferenze per alcuni tipi di bevanda alcolica che li possano differenziare dagli adulti?"

R: *"Credo che il fattore più importante in questo caso sia quello economico: chi non può permettersi la birra, opta per il più economico alcool metilico".*

D: "I luoghi dove si consuma sono differenti fra giovani e adulti?"

R: *"Gli adulti bevono alla vista di tutti, gli adolescenti lo fanno invece in luoghi molto nascosti, chiusi, come case private o discoteche".*

D: "Esiste un qualche tipo di connessione fra il fenomeno del pandillaje, delle bande giovanili e l'uso-abuso di alcool?"

R: *"Ci sono solo indizi di gruppi di giovani che da qualche tempo stanno commettendo reati contro la società, non sappiamo se questo sia connesso o no con l'uso di alcool".*

D: "Esiste una connessione fra uso-abuso di alcool e gravidanze precoci?"

R: *"Non abbiamo dati su questo aspetto, le ragazze sono seguite dal servizio di ostetricia".*

D: "Che tipo d'intervento offre il modulo di trattamento dei problemi alcool correlati? Esistono possibilità di mettere in atto interventi comunitari?"

R: *"In Sicuani non ci sono comunità. Chi necessita di un trattamento totale viene inviato alla città del Cuzco. Qui non abbiamo il medico psichiatra che possa attivare programmi di disintossicazione. Facciamo solo trattamenti piscologici ambulatoriali".*

D: "Cuzco è un centro di disintossicazione o è una (o anche) una comunità terapeutica? E' se è terapeutica, vi soggiornano anche persone con problematiche di natura psichiatrica[229]?"

---

[229] La tesi dietro a questa domanda è la seguente: vista la compresenza di persone con problemi mentali, l'abuso di alcool

405

R: *"Cuzco è una comunità dove sono curate anche persone con problematiche di tipo psichiatrico. Di solito la disintossicazione è seguita da uno psichiatra dell'ospedale pubblico di Cuzco".*

D: "Avete registrato un incremento nel consumo di alcool nelle donne? Avete pazienti donne?"

R: *"Negli ultimi anni si è visto un generale incremento del consumo pubblico di alcool fra le donne, anche se ancora molto distante da quello degli uomini. Questo aumento sembra derivare dall'elevato numero di occasioni sociali in cui si può essere agito tale comportamento, anche fra sole donne"*

D: "Le modalità di consumo sono le stesse degli uomini?

R: *"Si sono le stesse, per esempio in un gruppo di adolescenti bevitori, ormai il 50% è donna".*

---

viene di fatto associato alla malattia mentale come 20 anni nel nostro paese?

Quarta Intervista: Prof.ssa Carmen Escalante, antropologa, docente c/o Università cattolica Abad del Cusco, consulente/docente c/o Centro Bartolomè de Las Casas di Cuzco, docente Università Cattolica di Lima.

Cusco, 30/01/14

L'obiettivo di questo incontro era approfondire gli aspetti rituali del consumo di alcool nel Perù andino prima e dopo la conquista. Dopo aver spiegato in maniera abbastanza sintetica le motivazioni di fondo di questa intervista, la Dott.ssa Escalante inizia a parlare liberamente.

"Esistono prove archeologiche che l'alcool era un elemento fondante nei rituali sia incaici sia pre-incaici. Nei loro numerosi scavi molti archeologi rinvenirono questi Pokus, piattini che contenevano le offerte e i Tochul che contenevano invece liquori a base di chicha di mais.

Le varietà di chicha erano diverse: la loro gradazione alcolica non arrivò mai a essere molto alta. La chicha veniva utilizzata in particolare nei rituali di pago alla tierra. Nella cronicas de Las Indias, Huaman Poma de Ayala descrive la provincia Chanchis/Canas[230] e ci riporta di libagioni in cui l'alcool era presente. Juan Santa Cruz

---

[230] La Provincia ha preso il nome delle due principali etnie che abitavano questa zona del Peru, ovvero i Canas e i Chanchis.

Pachacutec ci decrive a sua volta, la dura vita in queste lande, dove ogni montagna sacra aveva il suo sacerdote e la chicha era anche un aiuto per resistere alle gelide temperature invernali.

Questi sacerdoti bevevano, molte immagini, infatti, raffigurano l'Inca che con il bicchiere in mano è intento a brindare al sole. Del bicchiere offerto al sole, una parte era bevuto ed una parte versata direttamente sulla nuda terra o conservata in piccoli recipienti".

Questi riti continuarono nonostante la campagna di estirpazione dell'idolatria portata avanti dagli spagnoli. Si continuò a fare offerte alla madre terra, alla montagna, al mare, ai laghi.

Particolare importanza rivestivano i rituali dedicati alla montagna: la montagna con le sue nevi eterne era inserita nel ciclo della vita. Le nevi sciogliendosi producevano acqua che era utilizzata per i campi. Acqua e vita.

Le offerte erano effettuate in particolare nei lunghi periodi di siccità. Questi riti anche se modificati, sono arrivati quasi intatti sino a oggi. Essi prevedono un forte utilizzo di alcool. Si pone l'offerta e chi la pone, versa metà contenuto di alcool per terra e metà lo ingerisce.

Da questa radice culturalizzata/ritualizzata dell'uso di alcool, nasce il problema dell'alcolismo attuale.

Le faccio l'esempio del cacciatore di condor che beve, per ringraziare gli dei della montagna, a ogni condor preso. Egli però è solito bere anche prima, per ingraziarsi il dio della caccia, quindi tutte le volte che doveva cacciare beveva, in quanto doveva ingraziarsi gli dei della montagna per ottenere una buona caccia. Inoltre le stesse persone che chiedono i suoi servizi, sono solite offrirle alcool.

Alla fine si può affermare che questo è il tipico caso di una persona divenuto alcolista per ragioni rituali e culturali. Aggiungo che l'uso e l'abuso di alcool ad altissime quote (parliamo di oltre i 3500 m) è strettamente connesso alle polmoniti e agli edemi sia polmonari che cerebrali. L'uso eccessivo di alcool, addormenta i sensi e non fa sentire il freddo. Ci sono stati casi di pastori morti assiderati dopo aver abusato di alcool. Si addormentano e poi il gelo fa il suo lavoro.

Qui emerge in tutta la sua forza, il legame culturale fra uso e abuso di alcool e proprietà riscaldanti della sostanza. L'alcool non fa sentire il freddo.

E' opportuno dire che molti di quelli che compiono i rituali diventano alcolisti, ma non tutti. Esistono intere comunità campesine che hanno scelto di diventare Evangeliche per sfuggire alla cultura dell'alcool. Gli Evangelici proibiscono l'uso di alcool. Non possono, infatti, *esistere comunità composte per il 50% di Evangelici e per il 50% da Cattolici. Gli Evangelici continuano i rituali della terra sostituendo la gassosa all'alcool.*

TH: il cambio di religione rappresenta quindi una modalità per combattere l'abuso di alcool. Anche se spesso, qualcuno fugge in città per ricadere. Il controllo comunitario sui divieti è fortissimo."

D: "C'e' differenza fra il consumo urbano e quello rurale di alcool? Oggi e anticamente?"

R: "In Cusco il consumo è alto anche fra i giovani, in particolare fra i settori di basso reddito, che sono soliti utilizzare alcool metilico, champagne di bassissima qualità, in relazione alle loro modestissime capacità economiche. Bevono e si ubriacano solo nel fine settimana. A Cusco però, beve anche la classe media, sempre con le stesse modalità delle classi povere. Cambiano i luoghi di consumo, esistono anche persone che fanno un uso giornaliero, come i professori dell'università e i funzionari statali pubblici.

In Cuzco ci sono anche gli Alcolisti Anonimi.

TH: Sembra che il consumo "problematico, personale, privato" sia un affare più cittadino che rurale"

"Nella gioventù è un problema per mancanza di distrazioni. La differenza fra la sierra, le comunità campesine e la città è che l'alcolismo è più diffuso sia fra gli

410

uomini che fra le donne. Nei piccoli centri come Sicuani è più facile vedere donne e uomini bere insieme, mentre nelle comunità campesine piccolissime (100-300) si rileva un consumo apparentemente solo maschile. Sembra che ci sia un uso più alto fra i cholos/meticci che fra gli indigeni.

Nelle città come Sicuani dove esiste, una sorta di "Parità" sia di fatto che lavorativa, le donne hanno acquisito comportamenti da uomo (in particolare nei mercati dove la presenza di donne è numerosissima), che le porta a bere pubblicamente. In particolare le donne che lavorano e che hanno ingressi economici propri. Nelle comunità campesine la donna che beve e mastica molta coca è criticata. La parità è anche parità nel bere, vedi il fenomeno tipico dei mercati dei grupos de amigas (gruppi di amiche)."

D: "L'abuso di alcool può essere una sorta di anestetico alla povertà, è una tesi corretta?"

R: "*Si, per Cusco può essere una tesi obbiettiva, è un problema sociale ed economico. Per i giovani per esempio, bere è realmente un modo per dimenticare la loro situazione di assenza di prospettive, questo in particolare nelle classi medio-basse. A Cusco il bere eccessivo può essere anche sintomo e prodotto della frustrazione di vedere, il mondo che arriva e parte in contrasto alla tua immobilità permanente.*"

D: "Il fatto che Sicuani, sia una città che sta cambiando, e perdendo un po' le sue radici campesine, può essere una ragione che spinge le persone a bere?"

R: *"Mi lasci dire una cosa: qui molte persone girano con la loro borsetta della coca; il consumo di coca era proibito ai bambini adolescenti e alle donne, e anche oggi qualcosa di questa tradizione è rimasta perché in effetti il consumo di queste due componenti sociali è più attenuato. Nelle città il consumo di coca si è totalmente de-ritualizzato e sta diventando solo un vizio. Un processo analogo lo sta attraversando il consumo di alcool."*

D: "Esistono differenza fra il consumo attuale di alcool e quello di 25 anni fa?"

R: *"40 anni fa qui non avevamo mai sentito parlare di marijuana, c'era tanto alcolismo, questo si non lo posso negare, ma in particolare nei settori Boehmienne, fra artisti, musicisti, attori ecc."*

D: "Lei rileva una connessione fra l'aumento del consumo di alcool e la mancanza di opportunità lavorative decenti?"

R: *"Personalmente collego l'inizio o l'aumento dell'uso di alcool alla fine del nostro periodo del terrore e della guerra sporca fra Stato e Sendero Luminoso: in quel periodo orrendo per la nostra storia, era pericoloso soltanto uscire* di casa. *Inoltre nelle comunità campesine controllate da Sendero l'uso di alcool era severamente proibito, pena la morte.*

L'esplosione e l'aumento del consumo negli ultimi 25 anni può essere visto come una sorta di liberazione dopo un periodo tanto oscuro "

D: "L'approccio all'alcool di Incas e spagnoli era differente; apparentemente più moderato il secondo, più teso all'estasi il primo. Può essere che lo scontro fra queste due modalità ha prodotto lo stereotipo del campesinos indigeno Borracho?"

R: "La differenza principale sta nel fatto che per gli Incas era comunque un atto rituale e legato al lavoro nei campi, per gli spagnoli era soltanto un diversivo e una distrazione.

Gli spagnoli importarono l'uva e la canna da zucchero totalmente sconosciuta sino ad allora. Da questo preciso momento anche la chicha viene in qualche modo inquinata, sporcata con l'immissione di alcool puro. La stessa idea di connettere gli indigeni con la borrachera implica una discriminazione basata su fatti e dati non reali: nella città io conosco personalmente tanti alcolisti che non sono indigeni, sono mestizos o persona di classe alta. Sono alcolisti puri e non consumatori rituali o sociali come gli indigeni".

D: "Ha colto differenze fra il bere sociale della sierra e il bere urbano?"

R: *"Una molto semplice: nelle comunità esiste una modalità di approccio all'alcool molto più collettiva. Nelle grandi città come Cuzco, s'incontrano anche persone che bevono in maniera solitaria".*

D: "Secondo lei esiste una connessione fra il problema dell'abuso di alcool e la violenza familiare?"

R: *"Esiste, in particolare nelle zone rurali. Di solito le donne accusano gli uomini di spendere male i soldi e di lavorare poco. Spesso la reazione è l'uso di violenza e l'alcool in questi casi è usato come una sorta di carburante per la violenza, la amplifica e la facilita. Conosco però situazioni analoghe successe anche in città fra persone di classe alta. Chi beve fa violenza alla sua famiglia".*

Quinta Intervista: Dott.ssa Sonia Quispe Mamani, avvocato di famiglia c/o Demuna di Sicuani (Defensoria publica de mujeres, ninas y adolecientes).

Sicuani, 03/02/14

La Dottoressa Quispe Mamani si occupa di violenza intra-familiare da circa 20 anni, svolge anche attività privata

<u>nel campo del diritto di famiglia.</u>

L'obiettivo di questo incontro era approfondire gli aspetti sociali dell'uso-abuso di alcool.

D: "La mia tesi di ricerca parte dall'assunto teorico che l'alcool sulle Ande è una sorta di anestetico alla povertà, secondo lei oltre a questa correlazione devo inserire altri indicatori?"

R: *"No, non è soltanto la povertà. Oggi grazie alle miniere, alla telefonia, alla tecnologia, ci sono molte più occasioni di lavoro rispetto a prima. Il vero problema è quello della violenza presente a Sicuani. Violenza e disgregazione familiare imperante (questi due fattori sono collegati). L'abbandono dei minori è la conseguenza ultima di questi due fattori, il prodotto finale.*

Queste problematiche sono certamente collegate alla povertà, ma fanno anche i conti con l'irresponsabilità dei genitori, che si separano dopo poco. Formano famiglie da giovanissimi e da giovani sono già separati. Esiste poi il problema dei genitori campesinos che lasciano i figli a studiare da soli qui in città, totalmente soli, senza controllo e con risorse economiche molto scarse.

Un altro problema è il fenomeno delle gravidanze precoci. In sostanza non esiste una ragione, ma una serie di ragioni e di situazioni per cui gli adolescenti, nel pieno di un'età critica spesso sentendosi totalmente abbandonati dalla famiglia cercano rifugio nell'alcool e nelle bande. C'è un forte consumo di alcool anche fra giovanissimi (10 anni)."

D: "Mi scusi, ma sembra che esista solo il consumo di alcool fra gli adolescenti. Ma non esiste un consumo problematico anche fra gli adulti?"

R: "*Sì, certo, ma oggi più fra i giovani. Prima c'era più alcolismo fra gli uomini adulti, ora il problema sono gli adolescenti, anteriormente no, i ragazzi non bevevano*".

D: "Da dove viene questa irresponsabilità degli uomini? C'entra in qualche modo il machismo?"

R*: "Certo, qui esiste il machismo. Gli uomini non hanno consapevolezza di allevare dei figli e avere una famiglia, questo produce una catena, ovvero, a loro volta i figli diverranno dei padri di questo genere. gli episodi di maltrattamento ci sono sempre stati, la grande novità è che le donne oggi non tacciono più. Denunciano. Prima il problema era occulto, le mogli subivano soprusi senza opporre resistenza.*

Malgrado questo la violenza continua a esserci, oggi però ci sono più risposte istituzionali. Il problema dell'alcolismo mantiene alto il livello di violenza, perché spesso il marito o l'uomo ubriaco non si rende conto di quello che sta facendo.

I giovani iniziano presto a consumare alcool, in particolare alcool metilico perché molto economico, che arriva dalla Bolivia e lo mischiano a bevande gassate dolci. In questo modo rischiano di diventare dipendenti."

D: "Non trova strano i casi d'intossicazione acuta da alcool accertati dall'ospedale pubblico siano stati 59 nel 2013, mentre i casi di violenza nello stesso periodo siano di quasi 2.000? Può essere che un indicatore del consumo di alcool non sia il numero di ricoverati per etilismo ma una parte dei casi di violenza intrafamiliare?"

R: *"L'abuso di alcool anche dalle istituzioni stesse, è difficile che venga considerato un problema, è parte integrante della cultura. Il problema può emergere solo nel caso che sia anche connesso alla violenza. La prevenzione è fondamentale in questo caso".*

D: "Non le sembra che il modulo di contrasto alle problematiche alcool correlate sia sotto-utilizzato?"

R: *"Il vero problema è che non esistono casi di persone che dopo un periodo di comunità al Cusco possano diventare degli esempi positivi. Qualsiasi attività dei giovani è centrata sull'utilizzo di alcool, tutto è alcool, al di fuori dell'alcool non esiste divertimento. Manca totalmente l'impegno e la presenza dello Stato. Un altro problema sono i gestori dei locali. Posso comunque dire che in tutte queste situazioni i grandi assenti sono i genitori che non sanno o non vogliono sapere dove ha dormito il figlio la sera prima. Siamo molto preoccupati per la nostra gioventù: i professori non stanno facendo gli educatori, sono solo e soltanto meri trasmettitori di competenze, senza attenzione per gli aspetti più emozionali della vita degli scolari".*

TH: ALCOOL FUNGE DA METACOMUNICATORE

D: "L'alcool (uso e abuso) ha una parte rilevante nella costruzione dell'uomo, come s'inserisce nella quotidianità delle famiglie?"

R: *"L'alcool era presente nel lavoro di campo, il campesino aveva sempre la sua bottiglia di chicha e di alcool. Credo comunque che avere un genitore alcolista non significhi per forza doverlo diventare da adulto. Ci sono stati casi di uomini che hanno avuto problemi con l'alcool che hanno comunque cercato di tenere insieme la famiglia. Le coppie attuali si lasciano alla prima lite, scordandosi totalmente dei figli. Spesso l'alcool è un forte carburante di queste liti. Si è scomposto e disintegrato il concetto di famiglia, questo fatto può portare alla lunga il paese nella povertà. Spesso nei casi di separazione si assiste a una divisione funzionale e fredda dei figli, senza nessun tipo di pensiero emozionale.*

Voglio comunque far passare il concetto che in questo momento si sta assistendo al fenomeno dell'irresponsabilità totale da parte dei genitori

Sesta Intervista: Leonardo promotore educativo CEDIF di Sicuani (centro integrato di sviluppo della famiglia).

Sicuani, 05/02/14

Il promotore educativo è una sorta di assistente pedagogico che lavora a fianco a fianco con le famiglie che giungono al Cedif. Il suo lavoro consiste nell'inserire elementi pedagogici nelle piccole attività quotidiane e di routine svolte da queste persone.

L'obbiettivo di questo incontro era approfondire un aspetto molto delicato, ovvero il ruolo dell'alcool all'interno dei fenomeni di disgregazione familiare a Sicuani.

D: "Come l'alcool è parte o diventa parte della costruzione dell'uomo e come entra, nelle problematiche di tipo familiari, in sostanza come s'inserisce nel tipo di lavoro che fai lei con i padri e i fratelli maggiori?"

R: "*L'alcool influisce molto, qui ci sono bambini che hanno varie problematiche sociali come: genitori con problematiche con l'alcool o familiari. Non solo alcolismo ma anche problematiche di tipo economico".*

D: "Mi può fornire una percentuale ufficiosa dei bambini che hanno genitori con problematiche con l'alcool?"

R: *"Molto minimo, secondo me siamo sul 2% del totale. Sono maggiori altri tipi di problematiche come l'instabilità di coppia le problematiche familiari. Credo che il solo problema dell'alcool isolato, sia raro, è interconnesso con le altre problematiche che le ho appena citato".*

D: "Ma lei cosa pensa di questo problema? Pensa che le risposte sanitarie pubbliche siano sufficienti a contrastarlo? E' nascosto/sotterraneo? Sta diventando un problema per i giovani o è un problema che ci è sempre stato? Esiste una maniera moderata di bere?"

R: *"L'alcolismo sta aumentando a Sicuani, non soltanto fra le persone di basso livello culturale ma anche fra i professionisti. La risposta dello stato non esiste, ci sono solo gli alcolisti anonimi, ma a Cuzco. Nessuno va a vedere come stanno le persone che bevono nelle taverne, nessuno mette un occhio nelle discoteche né all'interno delle mura domestiche, per prenderli per mano e aiutarli a uscire da questa problematica. Si aspettano che la gente decida di farsi curare da sola, il che qui è impossibile, qui non siamo in occidente, la gente non pensa che l'abuso sia un* problema, è una cosa naturale ubriacarsi nei fine settimana!!"

D: "Bisogna inserire la prevenzione nella fase scolare primaria? Lei lo farebbe?"

R: "*Sì, io farei anche corsi di formazione ai ragazzi e ai padri. Questo va fatto assolutamente perché come le dicevo prima, la società adulta ritiene il consumo di alcool normale, lo normalizza. Nei centri educativi e nelle scuole poco è stato fatto per la prevenzione sull'alcolismo*".

D: "Da quanto detto è emerso che per la maggioranza delle persone ubricarsi nei week-end sia un fatto normale, per lei invece?"

R: "*L'alcool si è convertito da non tanti anni in un uso/abuso del week end,prima non era proprio così, si aspettavano gli eventi rituali o le feste familiari per bere e ubriacarsi, oggi no. Ci sono gruppi di ragazzi che giocano a calcio, il sabato, e alla fine della partita si ubriacano. Mi lasci dire una cosa ma mi prometta di non divulgarla troppo: l'uso e abuso di alcool è anche uno strumento di corruzione pubblica e istituzionale, Con l'offerta prolungata di alcool si riescono a comprare amici e compari. Come vede l'alcool è sempre protagonista, sta avanzando a grandi passi, è diventato un abito sociale, un costumbre cultural*".

Settima Intervista: Dott. Baca, giudice minorile, procura minorile del tribunale civile di Sicuani, docente di diritto minorile presso varie università private in Sicuani.

Sicuani, 07/02/14

Il Dott. Baca rappresenta la nostra procura minori, ma a differenza dell'Italia, entra anche nella definizione e nella costruzione del provvedimento giuridico rispetto al minore: svolge in contemporanea sia funzioni di giudice, sia funzioni di procura minorile.

L'obbiettivo di questo incontro era approfondire, dal punto di vista sociale e penale, il ruolo dell'alcool nei casi di violenza familiare e la sua diffusione nella quotidianità. Dopo aver spiegato in maniera abbastanza sintetica le motivazioni di fondo di questa intervista, Il Dott.Baca inizia a parlare liberamente.

"l'alcool metilico viene venduto sulla strada, in recipienti azzurri[231]. Una volta l'alcool era utilizzato per cucinare, ora si utilizza soltanto il gas, anche nelle comunità campesine più disperse. L'alcool puro arriva dalla Bolivia e viene adulterato in Juliaca, vera capitale illegale del Perù[232]. Da lì

---

[231] Fatto confermato dallo scrivente.

[232] Narcotraffico, tratta, prostituzione, pirateria, contraffazione, sembra che tutto ciò che sia illegale nel sud del Perù, passi da Juliaca.

una volta adulterato, arriva a Sicuani e Cusco. Spesso all'interno delle normali bottiglie di Rhum Cartabio si trova alcool metilico. Da un controllo effettuato circa sei mesi prima a tre locali, era emerso che dentro le bottiglie di birra non si trovava birra, basta mettere il tappo e venderle come birre"

D: "Quanto s'imbatte i situazioni di violenza familiare, mi può dire in quale percentuali l'abuso di alcool vi è in qualche modo connesso?"

R: *"Almeno il 70%, anche se non esistono statistiche, ne dati al riguardo. A volte l'uso di alcool rimane intrappolato all'interno della denuncia, e del racconto, non emerge, anche perché viene dato per scontato dalle stesse donne. Spesso è colpa anche nostra che le sembrerà strano, "naturalizziamo a nostra volta questi comportamenti". Es della tale situazione dove…" mi ha colpito quando era ubriaco" che spesso non viene preso come indicatore, l'unico indicatore che si prende è il tipo di relazione fra i due denunciati. Le dico questo ma mi rendo conto che è un grosso errore e che dovremmo iniziare a farlo, in questo senso, molto potrà servire il suo lavoro, una volta ultimato"*

Sembra che l'utilizzo di alcool metilico interessi più la zona alto-andina della sierra. In città si utilizza più birra e rhum[233] (in particolare fra gli adulti).

Abbiamo denunzie di situazioni dove alcuni muratori finito un lavoro festeggiavano ubriacandosi, spendendo spesso il 50% di quanto guadagnato. Tornati a casa, spesso litigano con le compagnie e questo produce a sua volta violenza. Questa è una situazione assolutamente tipica qui a Sicuani. Quando sono di turno nei fine settimana, spesso veniamo chiamati per denunzie di persone che si sono aggredite reciprocamente. Questo avviene anche in situazioni tipiche come i matrimoni, dove scorrono fiumi di birra e superalcolici."

D: "Come mi spiega che al CEM non emergono correlazioni fra abuso di alcool e violenza?"

R: *"E' un problema di non poco conto quello che lei mi prospetta. Spesso fra gli stessi operatori vi è la tendenza a far emergere altri indicatori, che vengono ritenuti più importanti. Ad esempio vengono considerati l'età, il sesso, il lavoro, il tasso di scolarità, mano questo. Dovremmo, anche noi, ma spesso non lo facciamo".*

D: "Le faccio ora una domanda scomoda, alla quale se vuole può non rispondere: è possibile, che sia fra gli operatori del CEM, sia fra di voi, l'abuso di alcool sia

---

[233] Anche questo fatto è stato confermato durante la ricerca.

considerato tanto normale e quindi tanto "normalizzato" da non essere nemmeno messo in correlazione con la violenza e quindi indagato in sede di colloquio?"

R: *"Può essere: l'uso e l'abuso sono talmente radicati a livello culturale che è difficile vederli come problemi. Ad esempio all'interno di una festa anche l'abuso non è considerato un problema in quanto inserito in un contesto culturale e tradizionale specifico. Tutto quello che è inserito all'interno di compromisos non viene considerato un problema medico o sociale, è appunto solo un compromisos!!!*

Mi riporta un esempio molto significativo: un signore ricoverato in ospedale che alla domanda se era un alcolista aveva risposto dicendo di no assolutamente. Lui beveva solo e soltanto nei compromisos. La stessa persone era stata ricoverata in coma etilico il sabato precedente, dopo aver avuto almeno due episodi di ubriacatura grave (lunedì un battesimo, venerdì un compleanno). Sabato invece aveva bevuto perché era il fine settimana e il fine settimana si "doveva bere". Questa persona NON SI CONSIDERAVA AFFATTO UN ALCOLISTA. Poi esistono anche fenomeni assurdi come il foolbaso: ragazzi che finita una partita di calcio a sette, festeggiano, letteralmente ubriacandosi."

D: "E' corretto dire che l'alcool rappresenta un marcatore

di confine fra l'attività ordinaria del lavoro e della vita di tutti i giorni e l'attività straordinaria della festa?"

R: *"E' presente in ogni momento e il grande problema è di quanto si eccede, la gente non sa distinguere questa linea, questo "confine" come lo hai chiamato tu, e passa spesso la linea che porta all'eccesso e a situazioni di violenza non solo familiare ma anche di gratuita aggressività fra completi estranei"*

D: "Il consumo degli adolescenti è considerato un problema, il consumo degli adulti, molto meno, ma quest'ultimo produce danni ora, mentre il primo potrà farlo in un ipotetico futuro. Forse, questo è dovuto a una "Normalizzazione" del consumo adulto?"

R: *"Le rispondo in maniera chiara: nel nostro paese l'uso e l'abuso di alcool non sono considerati un problema sociale. Punto. Nel nostro Perù lo Stato non ha mai finanziato programmi, progetti e interventi nell'area della salute mentale, area di afferenza delle problematiche sull'alcool. Dalla politica non ci sono mai state risposte, ma solo proclami. Inoltre non ci sono strutture adeguate per queste problematiche, e il numero di psicologi per abitanti è bassissimo. Non vengono fatte campagne permanenti di sensibilizzazione circa le problematiche dell'uso e abuso".*

D: "Forse l'alcool è talmente tanto integrato nell'identità

e nella cultura e nel costume peruviano che gli stessi legislatori non lo vivono come un problema?"

R: *"Antropologicamente l'uso di alcool è molto innestato in quella che lei chiama costruzione dell'uomo, è una sorta di passaggio di testimone fra padre e figli. Spesso sono gli stessi padri che iniziano in età precocissime i figli all'uso di alcool. Sembra che all'interno del "recinto" dei compromisos, vengano meno tutti quei doveri di attenzioni genitoriali che invece fuori da questo recinto sono considerati importanti. Ciò spiega come mai dei bambini di 12-13 anni possano essere iniziati all'alcool. Quindi nessuno si può meravigliare se i figli a 17 anni bevono, diventa anche impossibile per i padri fare interventi pedagogici, manca uno dei pilastri: l'esempio. In Perù la data d'inizio del consumo si sta spostando sempre più in basso. Ora siamo a 10-13 anni.*

Le vendite ai minori non sono controllate, benché siano sanzionate e sanzionabili. I commercianti che vendono alcool non chiedono mai la carta d'identità e non fanno distinzioni, in rare occasioni ho visto non vendere alcool a ragazzini.

D: "Questo fenomeno dei bambini che vanno in discoteca e bevono è una continuazione in altri contesti della tradizione familiare?"

R: *"Non si rendono conto di quello che fanno e della pericolosità dell'atto del bere (forse perché è un atto tanto incorporato nel senso comune)."*

I genitori sull'aspetto del consumo sono molto permissivi, molto più che in altre aree, dove invece sono più rigidi ed esigenti e pongono molte regole. E' tradizione che in alcuni momenti della formazione e delle tappe della vita di un giovane l'alcool diventi una sorta di rito d'iniziazione o rito di passaggio. Il consumo di alcool è associato a tutte le attività festive e di celebrazione. Nella mia non tanto (ormai) breve vita, non mi ricordo una celebrazione che sia una, senza uso e abuso di alcool.

Non vi è in Perù una politica seria che consideri questo come un problema, anche se nel mio lavoro, come le dicevo all'inizio, il 70% dei casi di violenza avviene sotto l'influsso di alcool.

D: "Come si possono spiegare le differenze fra uso moderato e uso compulsivo presenti qui in America Latina? Perché, in particolare gli uomini si accostano all'alcool con il solo obbiettivo di ubriacarsi? E' una ragione di tipo culturale?"

R: *"E' complicato determinarlo, le porto l'esempio dell'uomo che esce con gli amici con l'intento di non ubriacarsi, poi finisce per farlo. C'è una forte spinta del gruppo e ancora di più del contesto e dell'evento all'interno del quale si consuma.*

Molti uomini la prima cosa che fano dopo avere percepito lo stipendio è di andare a berselo, almeno una buona parte, quando non tutto. Un fenomeno molto preoccupante è quello dei muratori che appena terminato il lavoro, vanno a bere e spesso, "l'emozione data dall'essere stati pagati" li porta a celebrare la fine dei lavori. Questi tornando a casa con meno soldi di quelli previsti vengono investiti dalle mogli e li si creano le condizioni per delle situazioni di violenza domestica. Il giorno dopo non ricordano quanto successo il giorno prima. Sono spesso violenti sotto l'influsso dell'alcool e una volta sotto quest'effetto sembrano altre persone. Il concetto di "stare in un'altra persona" è molto diffuso dal punto di vista culturale qui in Perù ed è essenzialmente riferito all'abuso alcolico."

TH: ALCOOL SLATENTIZZATORE VS ALCOOL MEDICINA PER LA FATICA

D: "Se la prevenzione si potesse fare dalle scuole di primo grado, potremmo avere qualche speranza che le prossime generazioni possano approcciarsi in modo differente?"

D: *"Certo, ma non basta farlo a scuola, va fatto anche a casa, ai genitori. Non servirebbe a nulla, se non produrre ulteriore frustrazione nei bambini, insegnare a loro a scuola che l'alcool fa male e poi tornare a casa e vedere la stessa immodificata situazione familiare, sociale, comunitaria dove l'alcool scorre a fiumi.*

Bisogna avere il coraggio di rompere con un certo tipo di cultura sociale radicata negli usi e costumi locali e legata alla normalizzazione dell'abuso di alcool, ma è una cosa molto difficile. Lo Stato può fare il suo, ad esempio facendo rispettare i limiti di vendita ai minori e chiudere tutti i locali dove viene venduto l'alcool ai ragazzi non maggiorenni. La mano dura va però collegata a serie politiche di prevenzione primaria.

E' inutile fare prevenzione se poi i bambini tornano a casa e vedono i padri bere. Quello che viene appreso a scuola viene distrutto appena rientrati a casa".

Ottava Intervista: Dott.ssa Doris, Piscologa, esperta in processi formativi, vice-coordinatrice comunità "Posada de Belem".

Sicuani,17/02/14

La Dott.ssa Doris è una delle anime di tutti i progetti gestiti dal R.P. Luciano Ibba, è il suo braccio destro. Oltre a essere la vice coordinatrice della Comunità "Posada de

Belem, svolge anche attività di tipo laboratoriale con i ragazzi del progetto S. Lorenzo.

Obiettivo dell'incontro era comprendere quanto l'uso dell'alcool fra gli adolescenti nella città si potesse inquadrare come una sorta di nuovo rito di passaggio, di continuazione di una tradizione culturale legata all'abuso o invero come qualcosa ancora non definibile.

D: "Secondo lei perché la componente maschile (in particolare) delle zone alto-andine si avvicina all'alcool solo per finire "Orizzontale", con il solo ed unico obbiettivo di ubriacarsi?

Inoltre rispetto al suo ruolo di vice coordinatrice in questa comunità quanto entra il problema dell'alcool all'interno delle problematiche familiari dei bambini ospitati?"

R: "*Parto dall'ultima domanda: diciamo fra il 50 e il 70%. Questa è la percentuale della presenza di questa problematica all'interno delle famiglie dei bambini. Ci sono stati casi di violenza intra-familiare sotto effetto di alcool, anche nei confronti dei bambini. Di solito solo in questi casi le istituzioni decidono che i bambini siano allontanati, se invece è presente soltanto violenza nei confronti della madre è più difficile che questo avvenga. Anche le istituzioni stesse "Normalizzano" la violenza dovuta ad abuso alcolico. Comunque una volta allontanati i bambini, il giudice provvede a svolgere anche delle indagini e delle valutazioni sulla famiglia, in particolare nell'ambito delle residue capacità genitoriali.*

I padri non hanno quasi mai la percezione dei loro atti ne comprendono le conseguenze degli stessi: per loro è normale picchiare, è normale bere fino a ubriacarsi. Quando i figli sono collocati qui non pensano che sia per via dei loro comportamenti, per il loro abuso. I figli devono continuare a stare con loro, se bere e picchiare è normale, perché mai porti via i miei figli? Nella concezione alto-andina i figli sono di proprietà' dei genitori, li ho fatti e li posso anche distruggere.

Purtroppo l'utilizzo di alcool nella società alto-andina è qualcosa di culturale: nel campo ad esempio è fortemente relazionato a restituire forza per poter affrontare durissime condizioni di lavoro, ma anche climatiche. Il campesino deve portare sempre con sé, un po' di alcool (anche sotto forma di chicha) e di foglie di coca. Il consumo di chicha essendo forse l'ultimo elemento rimasto di un complesso sistema di riti (è la sostanza più comunitaria in assoluto), viene anche consumata in modalità controllate, anche se ultimamente è sempre più mischiata all'alcool, anzi ti posso dire che ormai di chicha pura non se ne beve quasi più (chicha + alcool= hacto in quequa).

Dopo aver lavorato nel campo, la sera si ubriacano (nelle città è più una cosa da week-end): i bambini crescono osservando questo e iniziano a pensare che abusare di alcool sia normale. Fa freddo, quindi bevo.

Questo è anche relazionato con la giovane età con la quale i bambini iniziano a lavorare sul campo, e spesso il primo sorso di alcool viene offerto dal padre (rito di passaggio)"

D: "In questa città, ormai di medie dimensioni, permangono stili e modalità di consumo della sierra e del campo?"

R: *"No, nelle ande alte il consumo è più legato, come dicevo prima a ottenere forza. Nella città gli adulti che bevono utilizzano tutti altre giustificazioni al loro bere. Ogni celebrazione, anche la più insulsa, è relazionata con l'alcool. Anzi, sembra che la celebrazione sia solo una scusa per ubriacarsi. Ma non pensare che le celebrazioni siano riti o siano inserite per forza nel contesto familiare o comunitario, qui ogni cosa può diventare un "compromiso": un incontro fra amici nel week end è un compromiso; una partita di calcio fra colleghi è un compromiso; la fine di un lavoro è un compromiso, ecc. L'importane è bere, bere, bere."*

D: "Mi ha colpito molto il fenomeno del fool-vaso:

433

ragazzi che dopo una partita a calcetto festeggiano ubriacandosi. Ho sempre pensato che alcool e sport sono due cose che non dovrebbero mai essere connesse."

R: *"TH: LA MAGGIOR PARTE DI QUESTE PERSONE NON SI RENDONO CONTO DI AVER SVILUPPATO ORMAI UNA QUASI DIPENDENZA. NON RIESCONO AD IMMAGINARSI UN WEEK-END O UNA PARTITA DI CALCIO SENZA ALCOOL. NON SI CELEBRA UN ANNIVERSARIO SENZA L'USO DI ALCOOL CHE TERMINA INEVITABILMENTE IN UBRIACATURA.QUESTO FENOMENO E' INVARIABILMENTE CONNESSO CON LA VIOLENZA DOMESTICA.*

D: "Negli adolescenti vi è un consumo forte, ha evidenziato modalità di approccio differenti rispetto a quelle dei padri?"

R: *"Il fenomeno del bere nascosto è nuovo in effetti: in teoria potrebbe essere il risultato del fatto che ai minori è proibito bere in pubblico, ma questa norma è trasgredita quotidianamente: in famiglia, nelle feste, nelle celebrazioni esiste un livello culturale di tolleranza all'uso giovanile di alcool altissimo. Il fatto che si rinchiudano nelle discoteche o in case private, risponde a logiche diverse. Alcuni hanno le possibilità economiche maggiori e scelgono le discoteche;*

altri che non le hanno comprano l'alcool metilico a prezzi bassissimi e si ritirano a bere in luoghi appartati o nascosti (case, magazzini, sui monti, ecc.). Spesso vanno in altre comunità dove non sono riconosciuti.

Di questo ultimo fenomeno non abbiamo dati o statistiche: le abbiamo solo di quelli che sono passati per l'ospedale. In realtà, ti dico, non sappiamo cosa sta succedendo con questa tipologia di giovani, è un fatto totalmente misconosciuto, anche se le discoteche non lo sono molto di più. Tutti parlano, ma credo che a parte qualche volta le forze dell'ordine, nessun adulto superiore ai 30 anni abbia mai messo piede in quelle discoteche."

D: "Ma se mai nessun adulto è mai entrato, come si fa a dire che lì dentro succede di tutto?"

R: *"Bella domanda, semplicemente non si sa: si è creato un mostro, ma non sappiamo cosa succede la dentro, assolutamente no"*

D: "Lei è mai entrata? E il R.P. Luciano Ibba'"

R: *"Luciano!! No, credo di no, e nemmeno io d'altronde. So già cosa sta pensando: come si fa a combattere un fenomeno se non lo si conosce".*

D: "Possiamo dire che il consumo degli adolescenti è considerato un problema perché si situa fuori delle coordinate culturali di riferimento di uso e abuso?"

R: *"Certo, potrebbe essere, è un consumo nascosto, incardinato fuori dalle consuetudini e dai compromisos, elementi centrali nella cultura e nella tradizione alto-andina, è una tesi interessante".*

D: "Secondo lei cosa si può fare quindi? Si può pensare, ipotizzare, cominciando ora, come modificare i futuri comportamenti adulti di questi attuali bambini e adolescenti, fare in modo che non agiscano, domani, come i padri?

R: *"La base è lavorare con un'ottica preventiva 360°: scuola, famiglia, sociale, comunità. Si deve lavorare con metodologie differenti in base alle età e al livello culturale, perché non tutti possono comprendere una "lezione magistrale" di un docente, se tu utilizzi questa modalità preventiva con un papà o una mamma del campo, rischi che non riescano a comprendere nulla, nemmeno un concetto minimo. Bisogna utilizzare un linguaggio dedicato e delicato, non violento, che però faccia riflettere anche gli adulti sulla pericolosità dell'eccesso di uso di alcool, anche per loro stessi. Dobbiamo iniziare a lavorare a livello di scuole primarie, non secondarie, è già tardi alle secondarie. Questo perché già in età molto piccola, i bambini possono essere oggetto di "prove" o "iniziazioni" all'alcool da parte dei genitori ("Tieni assaggio"), inoltre perché già a quest'età, hanno la capacità di rendersi conto di quello che* succede a livello familiare, e devono avere la capacità di difendersi.

Per molto padri è "bello", iniziare i propri figli all'alcool. Inoltre è necessaria anche la prevenzione fatta nei luoghi di lavoro dei genitori (padri in particolare). Deve partire una campagna di bombardamento di spot pubblicitari. Anche la pubblicità, che spesso è fatta e diretta alla classe alta di Lima (bianchi, professionisti, funzionari) deve cambiare interpreti e dirigersi verso persone più umili come i campesinos della sierra. Spesso questi messaggi sono talmente tanto culturalmente "distanti" dai campesinos che nessuno di loro può riconoscersi in queste situazioni (persone ben vestite, con belle case, bei lavori, ecc.), diventa un messaggio quasi surreale.

TH: DARE MESSAGGI SULLA PERICOLOSITA' DELL'ABUSO DI ALCOOL NELLE DIVERSE FORME A SECONDA DELL'INTERLOCUTORE. QUESTA DEVE ESSERE LA METODOLOGIA DEL MESSAGGIO INFORMATIVO/PREVENTIVO

Inoltre occorre anche, dove possibile, adeguare il messaggio preventivo alle differenti culture del Perù. Esiste fra alcuni addetti ai lavori e intellettuali anche di alto livello, questa tensione a fare qualcosa rispetto a questa problematica, ma spesso rimane a mero livello di dialogo e *di pensiero e non si trasforma mai in azione. Il lavoro di statistica sul fenomeno deve essere annuale: è inutile fare uscire queste imponenti report sul consumo di alcool (che nessuno leggerà mai) una volta ogni 7-8 anni. Ci vuole qualcosa di più maneggevole ma continuo e annuale che possa fornire anche una sorta di manuale d'uso e di attualizzazione continua sui dati del fenomeno agli operatori."*

D:" Sembra chiaro da quanto osservato nel lavoro di campo e di osservazione partecipante che l'uso e abuso di alcool sembra limitare il tempo ordinario da quello straordinario. Secondo lei l'uso e abuso rappresentano una maniera di creare o formare la persona, di creare in un certo modo l'uomo andino? E' un rito di passaggio?"

R: *"Certo è come se esistessero due tipi di divieti al consumo per i ragazzi: quello legale che non rispetta nessuno dei 18 anni, e quello culturale per cui è normale che molti ragazzi possano partecipare attivamente ai compromisos, vero teatro della borrachera, una volta che i loro padri decidono e pensano che sono pronti. Certo, il significato di queste concessioni degli adulti ai bambini è anche sancire il loro ingresso nel mondo degli adulti (anche se spesso parliamo di bambini di 12-14 anni).*

In questo caso, si può ragionevolmente parlare di RITO

DI PASSAGGIO, di transizione fra un'età e un'altra. I pochi genitori (in particolari le madri) che cercano di proibire l'uso dell'alcool ai figli(anche se loro seguitano a bere e ubriacarsi), lo fanno non spigando assolutamente il perché ma appellandosi unicamente al limite legale dei 18 anni, per poi lasciare il figlio libero di distruggersi nei fine settimana una volta raggiunta la fatidica maggiore età, permettendo in questo modo un eterna riproposizione delle dinamiche paterne di approccio all'alcool!!"

TH: L'ALCOOL QUI FUNZIONA COME UN "TERMOMETRO" DELLE RESPONSABILITA: sei maggiorenne, quindi puoi distruggerti come tuo padre, perché ora sei uomo e responsabile delle tue azioni.

Anche i messaggi promozionali contengono effetti fortemente simbolici al loro interno: continuare a ripetere che si può bere solo dopo i 18 anni sottintende che:

-appena hai 18 anni puoi ammazzarti "legalmente"

-non porta a ragionare prima del compimento del 18° compleanno sulla nocività di alcuni comportamenti connessi all'uso e abuso.

In questo modo si utilizza soltanto il dato normativo del divieto.

Non si prepara il futuro diciottenne a bere moderatamente e a ragionare sui danni, qui si aziona un *"filtro culturale" notevole.*

Occorre infine preparare i genitori a parlare del tema dell'alcool con i propri figli, perché oggi quest'ultimi non sono assolutamente preparati a svolgere questo ruolo pedagogico-preventivo. Spesso, quando raramente lo fanno, sanno solo dire NO senza mai spiegarne il perché.

Inoltre è importante il tema dell'esempio che qui manca assolutamente: occorre attivare dei meccanismi di riflessione consapevolezza sul fatto che questi giovani andranno ad attuare esempi di tipi di consumo e approccio alle sostanze, in base agli esempi che sono stati loro impartiti e che hanno ricevuto.

TH: PIU' UNA PERSONA E' INFORMATA PIU' E' LIBERA DI SCEGLIERE."

BIBLIOGRAFIA

Abercrombie T., *"Borrachera y Memoria: caminos de la memoria en un cosmo colonizado"*, Hisbol/IFEA, Lima, 1993.

Aime M.:

- *"Eccessi di culture"*, Einaudi, Torino, 2004.

- *"Il primo libro di antropologia"*, Einaudi, Torino, 2008.

Ament G., *"No drugs, no future: le droghe nell'età dell'ansia sociale"*, Feltrinelli, Milano, 2004.

Ansion J., *"Siete ensayos sobre la violencia en el Peru"*, Fundaciòn Friedrich Ebert/Asociaciòn Peruana De Estudio e Investigaciones Para La Paz, Lima, 1985.

Appadurai A., *"Modernità in polvere"*, Raffaello Cortina, Londra, 2012.

Arguedas A., *"Pueblo Enfermo"*, Revista del Museo Nacional, Barcelona, 1909, capitolo XIX.

Arriola G.L., *"Introduciòn al estudio (del) alcohlismo como problema social"*, in Primera reunion regional centroamericana sobre alcoholsmo, Guatemala City, 1992.

Baltasar G., *"El alma de los verdugos"*, RBA Libros, Barcelona, Buenos Aires, 2008.

Bayo C., *"Chuquisaca o la plata perulera"*, Revista del Museo Nacional, Madrid, 1912, capitolo XVI.

Bandini T., *"Delinquenza giovanile: analisi di un processo di stigmatizzazione e di esclusione"*, Giuffrè editore, Genova, 1987.

Beneduce R.; *"Antropologie del trauma. Un'antropologia del sottosuolo"*, Laterza, Torino, Roma, Bari, 2010.

Bolton R., *"50 años de Antropologia aplicada en el Perù"*, Instituto de Estudio Peruanos, Lima 2010.

Bourdieu P.:

- *"Per una teoria della pratica"*, Raffaello Cortina, Ginevra, Parigi, 2003 (1972).

- *"Il dominio maschile"*, Feltrinelli, Milano, 2014 (1980).

Bourgois P.:

- *"Cercando rispetto: Drug economy e cultura di strada"*, Derive & Approdi, Cambridge, 1996.

- *"The power of violence in war and peace: post-cold war lesson from El Salvador"*, New York, 2001.

- *"Reietti e fuorilegge: antropologia della violenza nella metropoli americana"*, Derive & Approdi, New York, 2009.

Campora R., *"l'America Latina: l'identità e la maschera"*, Booklet, Milano, 2013.

Carbajal L.M., *"Mediaciòn comunitaria: conflictos en el escenario urbano"*, Buenos Aires, 2006.

Castillo Guzman G.," *Embriaquez colectiva y sexualidad en los Andes"*, Editorial Universidad, Revista Antropohologica, Lima, febbraio 2007.

Castro A., *"Bases para una epidemiologia del alcolismo en Perù y America Latina", (Acta)*, Buenos Aires, 1967.

Castro R., *"La investigaciòn sobre violencia contra las mujeres en America Latina: entre el empirismo ciego y la teoria sin datos"* (Acta), Coordinadora de salud publica, Rio de Janeiro, 2003.

Cobo B., *"Historia del Nuevo Mundo"*, Biblioteca de Autores Españoles Madrid, 1958 (1653).

Colajanni A.:

- (a cura di) *"Le Piume di cristallo: Indigeni, nazioni e Stato in America Latina"*, Meltemi, Roma, 2005

- *"Un futuro Incerto: processi di sviluppo e popoli indigeni in America Latina"*, CISU, Roma, 2008.

Cottino A., *"Le culture dell'alcool: sociologia del bere quotidiano fra teoria e intervento"*, Franco Angeli, Milano, 1992.

Cravioto P. (a cura di), *"Del siglo XIX al tercer milenio. Las adicciones y la salud publica*: *droga, alcohol y sociedad"*, (Acta de salud mental), Buenos Aires, 4 Agosto 2001.

Curatola M., *"Mito y milenarismo en los Andes: dal Taqui Onqoy a Inkarri. La vision del pueblo invicto"*, Allpanchis, Cuzco, 1977.

Davis M., *"Planets of slums"*, Feltrinelli, Chicago, 2006.

De Acosta J., *"De Procuranda Indolorum Salute"*, Colleciòn España Misionera, Madrid, 1958(1588).

De Arriaga P.J., *"La estirpaciòn de la idolatria del Peru"*, Biblioteca de Autores Españoles, Madrid, 1968 (1609).

De Ayala Guaman Poma P., *"Nueva cronica y buen Gobierno"*, Siglo XXI/IEP, Ciudad de Mexico, 1980 (1613).

De Egana A., *"Historia de la Iglesia en America Española desde el descubrimiento hasta comienzos del siglo XIX"*, Hemisferio Sur, Roma, 1966.

De la Vega "Inca" G., *"Comentarios reales de los Incas"*, Biblioteca de Autores Españoles, Buenos Aires, 1982(1609), capitolo XXI.

De Las Casas B., *"Brevissima relazione della distruzione delle Indie"*, Arnoldo Mondadori Editore, Madrid, 1987 (1552).

De Lizarraga R., *"Descripciòn breve del Perù"*, Biblioteca de Autores Españoles, Madrid 1968 (1600).

De Sardan O., *"Antropologia e Sviluppo"*, Raffaello Cortina, Parigi, 2008 (1995).

Dei F.:

- (a cura di), *"Antropologia della violenza"*, Meltemi, Roma,2005.

- *"Grammatiche della violenza: esplorazioni etnografiche fra guerra e pace"*, Pacini, Pisa, 2013.

Della Porta D., *"L'intervista qualitativa"*, Laterza, Bari, 2010.

Dionigi A., *"Sballo: nuove tipologie di consumo di droga fra i giovani"*, Erickson, Trento, 2010.

Di Pasquale C., *"Grammatiche della violenza: esplorazioni etnografiche fra guerra e pace"*, Pacini, Pisa, 2013.

Duccio D.:

- *"Raccontarsi. L'autobiografia come cura di sé"*, Raffaello Cortina, Roma, 1996

- *"I sensi del silenzio. Quando la scrittura si fa dimora"* Mimesis, Milano, 2012.

Duviols P., *"La Lutte contra les religions autochtones dans le Pèrou Colonial. L'extirpacion de l'idolatrie entre 1532 et 1660"*, Institut Francaise d'etudes Andines, Lima, 1971.

Farmer P., *"Pathologies of power: health, human right, and the new war of poor"* , University of California press, Berkeley, 2003.

Galeano E., *"Le vene aperte dell'America Latina"*, Sperling & Kupfer, Montevideo, 1997 (1970).

Galtung J.:

- *"Trascendere il conflitto"*, Plus, Londra, 2008.

- *"Pioneer of peace research"*, Routledge, Londra, 2013.

Gatti U., *"Delinquenza giovanile: Analisi di un processo di stigmatizzazione e di esclusione"*, Giuffrè editore, Genova, 1987.

Geertz C., *"Interpretazioni di culture"*, Il Mulino. New York, (1998)1973.

Giletti Benso S., *"Ciudad Juarez. La violenza sulla donne in America Latina, l'impunità, la resistenza delle madri"*, Franco Angeli, Milano, 2011.

Giraudo L., *"La questione indigena in America Latina"*, Il Mulino, Roma, 2009.

Golte J., *"Que es la cultura frente a la historia"*, IEP Lima, 1980.

Gorza P., *"Politiche dell'identità nell'altro Occidente"*, Einaudi, Bologna, 2011.

Graves T., *"50 años de Antropologia aplicada en el Perù"*, Instituto de Estudio Peruanos, Lima, 2010.

Hannertz U., *"Esplorare la città, antropologia della vita urbana"*, Il Mulino, New York, 1980.

Harvey P.:

- *"Language and the Power of History: The Discourse of Bilinguals in Ocongate"*, London, 1987 (Tesis Doctoral).

- *"Borrachera y Memoria: Genero, Comunidad y Confrontaciòn"*, Hisbol/IFEA, Lima, 1993.

Healt D.B., *"Borrachera y Memoria: Borrachera indigena e cambio de concepciones"*, Hisbol/IFEA, Lima, 1993.

Horwitz A., *"Bases para un'epidemiologia dell'alcolismo en Peru y America Latina"*, (Acta), Buenos Aires, 1967.

Ingold T., *"Key databases in Anthropology"*, Routledge, Cambridge, 1996.

Kroeber K., *"Culture: a critical review of concept and definitions"*, Vintage Books, New York, 1952.

Lanternari V., *"Religione, magia e droga"*, Manni, Lecce, 2006.

Lavenda H.R., *"Cultural Antropology: a perspective of the human condition"* Zanichelli, Illinois, 2009.

Lewis O.:

- *"Five familias"* (Mexican case study in the culture of poverty), Fondo de Cultura Economica New York, 2010 (1959).

- *"La cultura della povertà"*, Il Mulino, New York, 1970.

Livi Bacci M., *"Conquista: la distruzione degli indios americani"*, Il Mulino, Bologna, 2005.

Luchini R., *"Niño de calle: Identidad, Sociabilidad, Droga"*, Los Libros de la Frontera, Barcelona,2008.

Malighetti R. (a cura di), *"Antropologia applicata: dal nativo che cambia al mondo ibrido"*, Unicopli, Milano, 2001.

Marconi J., *"Bases para una epidemiologia del alcolismo en Perù y America Latina"*, *(Acta)*, Buenos Aires, 1967.

Mariategui J. C., *"7 ensayos de interpretaciòn de la realidad peruana"*, Biblioteca "Amauta Lima-Peru", Lima, 2007(1928).

Martinez D'Aubuisson J. J., *"Ver,oir y callar: un año con la Mara Salvatrucha 13"*, Pepitas, La Rioja 2015.

Merton R.K., *"Teoria e struttura sociale"*, Il Mulino, Bologna, 1998 (1966).

Moffat A., *"Terapia de crisis, la emergencia psicologica"*, Libro de Ediciòn Argentina, Buenos Aires, 2007.

Morales Castro J., *"Patrones de consumo de alcohol en una comunidad campesina de Cusco"*, Revista Antropohologica, Lima, febbraio 1997.

Natò A.M., *"Mediaciòn comunitaria: conflictos en el escenario urbano"*, Editorial Universidad. Buenos Aires, 2006.

Negrete J.F., *"El alchol y las drogas como problemas de salud en America Latina"*, Boletin de la oficina sanitaria panamericana, Lima, 1976.

Pavanello M., *"Fare Antropologia"*, Zanichelli, Torino, 2010.

Pavarin Maria R., *"Sballo: nuove tipologie di consumo di droga fra i giovani"*, Erickson, Trento, 2010.

Pennaccini C., (a cura di), *"La ricerca sul campo in antropologia: oggetti e metodi "*, Carrocci. Torino, 2011.

Piasere L., *"L'etnografo imperfetto: esperienza e cognizione in antropologia"*, Laterza, 2002, Roma, Bari, 2002.

Pipitone U., *"Crescere non basta"*, Edizioni dell'Asino, Città del Messico, 2012.

Saignes T. :

- (a cura di), *"Borrachera y Memoria"*, Hisbol/IFEA, Lima 1993.

- *"Estar en otra cabezas: tomar en los andes"*, Hisbol/IFEA, Lima, 1990.

Salazar Soler C., *"Borrachera y memoria: embriaguez y visiones en los Andes"*, Hisbol/IFEA, Lima, 1993.

Scatena S., *"La teologia della liberazione in America Latina"*, Carocci, Roma, 2008.

Schonberg J., *"Reietti e fuorilegge: antropologia della violenza nella metropoli americana"*, Derive & Approdi, New York, 2009.

Sheper-Hughes N.:

- *"Death Without Weping: the Violence of Everyday Life In Brazil"*, Routeledge, San Francisco, 1992.

- *"Il traffico di organi nel mercato globale"*, Derive & Approdi, San Francisco, Parigi, 2001.

Shiva V., *"Terra madre, sopravvivere allo sviluppo"*, Feltrinelli, Torino, 2002.

Shultz E. A., *"Cultural Antropology: a perspective of the human condition"*, Zanichelli, Illinois, 2009.

Sniadekca-Kotarrska M., *"Antropologia de la mujer andina"*, Abya-Yala, Quito, 2001.

Szeminski J., *"La Utopia Tupamarista"*, Libros Peruanos, Lima, 1984.

Randall R., *"Borrachera y memoria: porque los indios ebrios hablan en Español?"*, Hisbol/IFEA, Lima, 1993.

Remotti F.:

- *"Contro l'identità"*, Laterza, Torino, Roma, Bari, 1996.

- *"Contro natura: una lettera al papa"*, Laterza, Torino, Roma, Bari, 2010.

- *"L'ossessione identitaria"*, Laterza, Torino, Roma, Bari, 2012.

- *"Per un'antropologia inattuale"*, Elèuthera, Milano, 2014.

Rodriguez Querejazù M.G., *"Mediaciòn comunitaria: conflictos en el escenario urbano"*, Editorial Universidad, Buenos Aires, 2006.

Romero V., *"El alma de los verdugos"*, Barcelona, Buenos Aires, 2008, RBA Libros.

Rouquié A., *"L'America Latina"*, Arnoldo Mondadori Editore, Parigi, 1987.

Taussig M.:

- *"Cocaina. Per un'antropologia della povere bianca"*, Bruno Mondadori, Milano, 2005.

- *"Law in Lawness: diary of a limpieza in Colombia"* University of Chichago press, Chichago, 2005.

Todorov T., *"La conquista dell'America. Il problema dell'altro"*, Einaudi, Parigi, 1982.

Valdizàn H., "*Paleopsichiatria del antiguo Perù*", Fondo Editorial Universidad Peruana Cayetano Heredia, Lima, 1990 (1935).

Van Gennep A., "*I riti di passaggio*", Bollati & Borlinghieri, Amsterdam, 2002 (1912).

Vargas LLosa M., "*Lituma en Los Andes*", Austral, Barcelona, 1993.

Zapata F., "*50 años de Antropologia aplicada en el Perù*", Instituto de Estudio Peruanos, Lima, 2010.

Zibechi R.:

- "*Disperdere il potere: le comunità Aymara oltre lo Stato Boliviano*", Intra Moenia, Buenos Aires, 2007.

- "*Territori in resistenza: periferie urbane in America Latina*", Nova Delphi, Buenos Aires, 2012.